U0524803

国家社科基金青年项目"我国省直辖县体制改革实践模式的跟踪比较研究"（11CZZ041）结项成果

中南财经政法大学中央高校基本科研业务费专项资金资助项目"省直管县改革间断的影响因素与未来走向研究"（2722019JCT032）阶段性成果

中南财经政法大学中央高校基本科研业务费专项资金资助项目"政府间权责划分及运行绩效研究"（31510000114）阶段性成果

中南财经政法大学公共管理文库

# 省直管县体制改革
## 模式、过程与走向

庞明礼 著

中国社会科学出版社

# 图书在版编目（CIP）数据

省直管县体制改革：模式、过程与走向／庞明礼著.—北京：中国社会科学出版社，2020.6

（中南财经政法大学公共管理文库）

ISBN 978-7-5203-6690-8

Ⅰ.①省… Ⅱ.①庞… Ⅲ.①地方政府—体制改革—研究—中国 Ⅳ.①D625

中国版本图书馆 CIP 数据核字（2020）第 102639 号

| | |
|---|---|
| 出 版 人 | 赵剑英 |
| 责任编辑 | 李庆红 |
| 责任校对 | 杨　林 |
| 责任印制 | 王　超 |

| | |
|---|---|
| 出　版 | 中国社会科学出版社 |
| 社　址 | 北京鼓楼西大街甲 158 号 |
| 邮　编 | 100720 |
| 网　址 | http：//www.csspw.cn |
| 发 行 部 | 010-84083685 |
| 门 市 部 | 010-84029450 |
| 经　销 | 新华书店及其他书店 |

| | |
|---|---|
| 印　刷 | 北京君升印刷有限公司 |
| 装　订 | 廊坊市广阳区广增装订厂 |
| 版　次 | 2020 年 6 月第 1 版 |
| 印　次 | 2020 年 6 月第 1 次印刷 |

| | |
|---|---|
| 开　本 | 710×1000　1/16 |
| 印　张 | 16.5 |
| 插　页 | 2 |
| 字　数 | 231 千字 |
| 定　价 | 96.00 元 |

凡购买中国社会科学出版社图书，如有质量问题请与本社营销中心联系调换
电话：010-84083683
**版权所有　侵权必究**

# 目 录

导 论 ································································· （1）

## 第一篇 新中国地方政府层级设置的历史沿革

**第一章 大行政区时期的地方政府层级设置** ·················· （29）
 第一节 大区体制概述 ········································ （29）
 第二节 大区体制的积极作用 ································ （39）
 第三节 大区体制存在的问题 ································ （42）

**第二章 地区行署时期的地方政府层级设置** ·················· （44）
 第一节 地区行署体制概述 ···································· （44）
 第二节 地区行署体制的积极作用 ···························· （48）
 第三节 地区行署体制存在的问题 ···························· （51）

**第三章 地级市时期的地方政府层级设置** ······················ （54）
 第一节 市管县体制概述 ······································· （54）
 第二节 市管县体制的积极效应 ······························ （59）
 第三节 市管县体制存在的问题 ······························ （62）

## 第二篇 "强县扩权"改革模式

**第四章 "强县扩权"改革概述** ································· （69）
 第一节 "强县扩权"改革的内涵特征 ······················ （69）

第二节　"强县扩权"改革的理论基础 …………………………（73）
　　第三节　"强县扩权"改革的客观需要 …………………………（78）

## 第五章　"强县扩权"改革的文本分析 ……………………………（81）
　　第一节　"强县扩权"改革的时间与进程 ………………………（81）
　　第二节　"强县扩权"改革的目标与原则 ………………………（85）
　　第三节　"强县扩权"改革的内容与保障 ………………………（92）

## 第六章　"强县扩权"改革与县域经济发展 ………………………（105）
　　第一节　"强县扩权"改革的权力配置效应 ……………………（105）
　　第二节　"强县扩权"改革的经济极化效应 ……………………（109）
　　第三节　"强县扩权"改革的经济扩散效应 ……………………（114）

## 第七章　"强县扩权"改革与城镇化发展 …………………………（118）
　　第一节　方法与变量、数据 ………………………………………（118）
　　第二节　实证分析过程与结果 ……………………………………（124）
　　第三节　研究结论与政策建议 ……………………………………（132）

## 第八章　"强县扩权"改革的实践困境 ……………………………（134）
　　第一节　"强县扩权"改革的权力困境 …………………………（134）
　　第二节　"强县扩权"改革的关系困境 …………………………（137）
　　第三节　"强县扩权"改革的配套资源困境 ……………………（140）

# 第三篇　省直管县财政体制改革模式

## 第九章　省直管县财政体制改革概述 ………………………………（147）
　　第一节　省直管县财政体制改革的客观要求 ……………………（147）
　　第二节　省直管县财政体制改革的理论基础 ……………………（150）

## 第十章　省直管县财政体制改革的文本分析 ………………………（156）
　　第一节　省直管县财政体制改革的时间与进度 …………………（157）

第二节 省直管县财政体制改革的目标与原则 …………（161）
第三节 省直管县财政体制改革的内容与保障 …………（167）

**第十一章 省直管县财政体制改革与县乡财政解困** …………（180）
第一节 县乡财政困难与市管县的关联度 ………………（181）
第二节 县乡财政困难缓解与省直管县的关联度 ………（189）
第三节 县乡财政解困政策选择的困境 …………………（192）

**第十二章 省直管县财政体制改革的实践困境** …………（196）
第一节 财政体制改革单兵突进 …………………………（196）
第二节 县乡财政体制尚待完善 …………………………（199）
第三节 市县支出责任划分不准 …………………………（202）

## 第四篇 省直管县体制改革的走向

**第十三章 省直管县体制改革的一般原理** ………………（209）
第一节 省直管县体制改革的基本依据 …………………（209）
第二节 省直管县体制改革的约束条件 …………………（212）
第三节 省直管县体制改革的基本原则 …………………（215）

**第十四章 省直管县体制改革的战略框架** ………………（218）
第一节 省直管县体制改革的制度设计 …………………（218）
第二节 省直管县体制改革的配套措施 …………………（233）
第三节 省直管县体制改革的实施路径 …………………（236）

**参考文献** ………………………………………………………（247）

**后　记** …………………………………………………………（256）

# 导　　论

## 一　研究背景与意义

### （一）研究背景

省直管县是指打破现有的市管县体制，由省直接管理县。它主要包括两个层次：一是财政体制层面上的省直管县，即在收支计划、转移支付、资金往来、预决算、年终结算等方面，由省财政与县直接联系，用集权的办法，通过行政控制的手段，确保县级财政优先用于县乡工资发放，并用行政控制手段约束县乡债务失控的问题；二是行政管理层面上的省直管县，即在人事权、财政权以及社会经济管理权三个方面完全实行省直管县，变"省—市—县"三级体制为"省—县"二级体制。

2005年以来，党和国家已经多次强调要探索省对县的直接管理体制（详见表0.1）。其中，党的十六届五中全会提出要优化组织结构、减少行政层级，条件成熟的地区可以实行省直管县的财政体制。财政部2009年发布了《关于推进省直接管理县财政改革的意见》，明确提出了在2012年年底前，力争全国除民族自治地区外全面推进省直管县财政体制。[①] 2010年和2011年中央一号文件中，中央数次强调要推进省直管县体制改革。高层对省直管县改革的态度已十分明确。"十二

---

① 财政部：《关于推进省直接管理县财政改革的意见》，中华人民共和国中央人民政府网，http://www.gov.cn/zwgk/2009-07/09/content_1360963.htm，2020年2月28日。

五"规划中也明确提出"在有条件的地方探索省直接管理县（市）的体制"。① 可见，着眼于城乡统筹、经济发展和政府创新，中央决策层考虑行政体制改革问题已经不局限于原有体制内部，也更关注从行政架构上寻找新的突破。

在对这项改革进行文本分析时，笔者发现，2009年中央一号文件第26条提出："鼓励有条件的省份率先减少行政层次，依法探索省直接管理县（市）的体制。"② 但在2010年的一号文件中却没有了这一条，其新的表述是："深入推进乡镇机构改革，继续推进省直管县财政管理体制改革，提高县乡基本财力保障水平，落实村级组织运转经费保障政策。""继续推进扩权强县改革试点，推动经济发展快、人口吸纳能力强的镇行政管理体制改革，根据经济社会发展需要，下放管理权限，合理设置机构和配备人员编制。"③ 笔者在查阅大量相关文献及政策文本并和基层财政部门工作人员深入交谈的基础上发现，近年中央一号文件中对这一重大改革表述差异的原因在于对省直管县体制改革试点工作的肯定。因此，2010年中央一号文件放弃2009年一号文件关于"鼓励有条件的省份率先减少行政层次，依法探索省直接管理县（市）的体制"的条文，重新思考地方行政体制改革的重点是顺理成章的事情。

从各地试点情况看，省直管县的做法主要有四种模式，即海南模式、浙江模式、湖北模式和安徽模式。湖北省的省直管县是在经济较为落后、省级财政调控能力较差的中部地区开展的，并取得了阶段性的成效。以创新转移支付制度为支点的湖北模式在全国具有普遍的意

---

① 《中华人民共和国国民经济和社会发展第十二个五年规划纲要》，《人民日报》2011年3月17日。
② 《中共中央国务院关于2009年促进农业稳定发展农民持续增收的若干意见》，《人民日报》2009年2月2日。
③ 《中共中央国务院关于加大统筹城乡发展力度进一步夯实农业农村发展基础的若干意见》，《人民日报》2010年2月1日。

义和作用。这也是笔者以湖北为例对这项重大改革做跟踪研究的主要原因。当然，湖北省省直管县体制改革尚存诸多问题。例如，过于依赖浙江经验，下放权力落实力度不够；省市之间的博弈甚为激烈；省辖市对扩权县（市）的扶持力度弱化倾向明显；催生了扩权县（市）与原来省辖市的矛盾等。

综上所述，中央对现行的省直管县体制改革持肯定和鼓励的态度，各省（区）也在积极和主动地进行改革探索。我们有必要认真总结现行的各种改革实践模式的绩效、困境、实施条件及其适用性等问题，进而形成适合不同市县特点的、差异化的制度设想和实施路径，为相关政府部门提供决策参考。

表 0.1　省直管县体制改革的官方政策详表（国家级）

| 时间 | 会议或文件 | 部门 | 议题 |
| --- | --- | --- | --- |
| 2005 年 5 月 | 全国人大十届三次会议代表议案 | 全国人大 | 省直管县取代市管县 |
| 2005 年 6 月 | 国务院农村税费改革工作会议 | 国务院 | 具备条件的地方，可以推进省直管县的改革试点 |
| 2006 年 3 月 | "十一五"规划 | 全国人大 | 减少行政层级，探索省对县的直接管理 |
| 2009 年 1 月 | 《中国共产党中央国务院关于2009年促进农业稳定发展农民持续增收的若干意见》（中发〔2009〕1 号） | 中共中央国务院 | 推进省直管县财政管理改革，将粮食、油料、棉花、生猪生产大县全部纳入省直管县财政管理改革范围 |
| 2009 年 7 月 | 《财政部关于推进省直接管理县财政改革的意见》（财预〔2009〕78 号） | 财政部 | 2012 年年底前力争全国除少数民族自治地区外全面推行省直管县财政体制 |
| 2010 年 1 月 | 《中共中央 国务院关于加大统筹城乡发展力度进一步夯实农业农村发展基础的若干意见》（中发〔2010〕1 号） | 中共中央国务院 | 继续推进省直管县财政体制改革，提高县乡基本财力保障水平，继续推进扩权强县改革试点 |

续表

| 时间 | 会议或文件 | 部门 | 议题 |
|---|---|---|---|
| 2011年3月 | "十二五"规划 | 全国人大 | 继续优化政府结构、行政层级,在有条件的地方探索省直接管理县(市)的体制 |
| 2012年8月 | 《国务院关于大力实施促进中部地区崛起战略的若干意见》(国发〔2012〕43号) | 国务院 | 深入推进省直管县财政管理方式改革,稳步推进省直管县改革试点 |
| 2017年3月 | 《国务院关于印发"十三五"推进基本公共服务均等化规划的通知》(国发〔2017〕9号) | 国务院 | 简化财政管理层级,扩大省直管县财政管理体制改革覆盖面 |

（二）研究意义

省直管县体制改革是行政体制改革的一部分,需要公共行政理论的指导并反过来促进公共行政理论的发展,受整体行政改革的影响并反过来推进行政管理科学化水平的提高。因此,研究省直管县体制改革具有重要的理论和实践意义（见图0.1）。

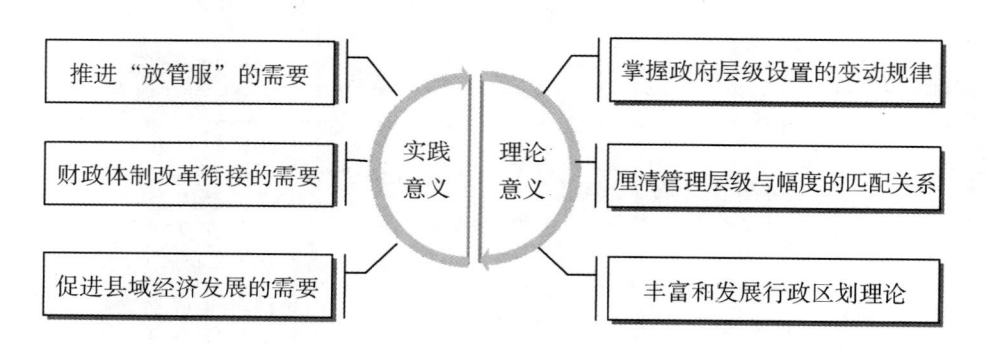

图 0.1 研究意义

1. 理论意义

（1）有助于掌握政府层级设置的变动规律。历史上政府层级设置不断变动且都有其历史背景（见表0.2）,也都可以看出其所产生的效应,这个效应构成了下一次调整的现实基础。研究省直管县体制改革的背景及效应，可以丰富我们对政府层级设置变动的认识，有助于掌握其规律，更好地指导改革实践。

（2）有助于厘清管理层级与管理幅度的匹配关系。管理层级与管理幅度的匹配是组织理论的核心问题之一，但面对二者此消彼长的反比关系，理想值会因组织要素和外部环境的不同而有所变化。对于公共组织而言，其组织要素和外部环境更加复杂，理想值更难判断。因此，综合研究全国23个省（区）的改革实践，分析省直管县与改革成效的关系，有助于厘清管理层级与管理幅度的匹配关系。

（3）有助于丰富和发展行政区划理论。行政区划的变动是渐进的过程，一旦确定，国家总是力求保持其相对稳定。省直管县体制改革本身是对行政区划理论的检验，反过来也会促进行政区划理论的丰富和发展。

表0.2　　　　　　中国政府层级设置变动规律

| 项目<br>朝代 | 地方政府层级构成 | 地方政府（实级）层级总数 |
| --- | --- | --- |
| 秦汉 | 郡—县（道） | 2 |
| 魏晋南北朝 | 州—郡—县 | 3 |
| 隋及唐前期 | 州（郡）—县 | 2 |
| 唐后期及宋 | 道—州—县 | 3 |
| 元 | 省—路—府—州—县 | 5 |
| 明 | 布政使司（直隶）—府（直隶州、安抚司等）—县（属州） | 3 |
| 清 | 省—府（州、厅）—县 | 3 |

2. 实践意义

（1）为理顺行政管理体制、有效推进"放管服"工作建言献策。"加快政府职能转变，持续推进简政放权、放管结合、优化服务"是"十三五"期间行政管理体制改革的重点，而政府层级安排和权力配置的合理性是解决这一重点问题的基本前提。本书的研究成果旨在为其提供理论支撑和政策建议。

（2）为"省直管县财政体制改革"和"推进事权与支出责任划分"提供政策衔接建议。"建立事权和支出责任相适应的制度，健全省以下财力分配机制"是"十三五"期间财税体制改革的重要内容，跟踪研究省直管县财政体制改革的成果与问题，有助于与此项工作的对接，避免政策迟滞、政策缝隙和政策冲突。

（3）为促进县域经济发展、加快推进城镇化进程提供建议。发展壮大县域经济，需要改变县域经济发展的资源配置方式。要改变县域经济发展的资源配置方式，行政管理体制和行政区划就需要有新的突破及统筹安排，在地级市这个中间领域进行改革，具有上下联动的突破效应，有利于发展县域经济的实质性推进。

## 二 概念界定

与省直管县相关的概念有县财省管、强县扩权、扩权强县、财政省直管县和行政省直管县五个。目前学媒两界在公共表达与学术研究中存在严重的概念混用与误读现象，概念上的混淆对这一问题的针对性、精细化研究带来实质性困扰。对这些核心概念进行严格区分与界定具有相当的紧迫性与重要性。

### （一）县财省管

县财省管也即省直管县财，是为壮大县域经济、提高行政效率、解决县乡财政困难而由省直接管理县的财政体制。

### （二）强县扩权与扩权强县

"强县扩权"与"扩权强县"的概念是不同的，但理论界和实践界常常将两者混用。为了改革的顺利推进，有必要对两者进行比较、分析和区分。两者的不同点很多：第一，从字面意义来看，"强县扩权"中的"强"是形容词，"强县"是指经济实力比较强的县，即指对经济实力强的县扩大自主权；"扩权强县"中的"强"是动词，"强县"是指发展壮大县市,即指通过扩大县市的自主权而发展壮大县市。第二,从发展阶段来说,"强县扩权"是省直管县改革的基础,是以经济实力强的县市的扩权改革为弱县改革提供示范效应,"扩权强县"则是在"强县扩权"的基础上更深入的改革。第三,从实践历程来谈,《中国共产党浙江省委办公厅、浙江省人民政府办公厅关于扩大部分县(市)经济管理权限的通知》(浙委办〔2002〕40号)被公认是关于"强县扩权"改革的首次政策表述,《通知》指出:"为了鼓励和支持经济强县(市)充分发挥优势,进一步做大做强……扩大经济强县(市)的经济管理权限,有利于经济强县(市)更快更好发展。"我国首个省级"扩权强县"地方政策文件出台在2009年,名为《浙江省加强县级人民政府行政管理职能若干规定》。中央和地方的政策文件和省直管县的实践进程皆表明,"强县扩权"是"扩权强县"的基础,"扩权强县"是"强县扩权"的发展阶段。

(三) 市管县、省管县与省直管县

市管县的正式叫法应该是市代管县,替省里代管。从法律上说,仍是省直管县,只是在大部分地方,省把县的管辖权委托给了地级市。所以,如果省里认为不必再劳驾市代管,完全可以收回。

省管县与省直管县意思相同,即省直接管理县,是对市管县体制的变革与突破。按照管理的不同方式可以分为以下类别。第一,财政上直管县,仅仅是财政上省直接管理县,但是既有的组织、人事、行政制度不变,是对市管县体制的局部调整。第二,行政省直管县,县彻底与地级市脱钩,完全在人事任命、项目审批、资金往来上归省级政府管理,这是对地方政府层级的变革,地方政府由省市县三级转变为省县两级政府结构。

严格意义上讲,省直管县具有财政省直管县、"强县扩权"、"扩权强县"、行政省直管县等若干改革模式。不同的改革模式之间有明显的差别,而且这些改革有递进性,需要循序渐进,先"强县扩权""扩权强县",再进行财政省直管县最后实现行政省直管县。

以改革的困难程度作为标准评判，这五种模式存在明显的区别。"扩权强县""强县扩权"属于不对旧有制度进行变革的分权改革，是在既有体制框架下进行的；而"行政省直管县"与"财政省直管县"突破了既有的行政体制，改革涉及的利益分配的变迁十分广泛，变革程度很高。"扩权强县"面对所有县，而"强县扩权"针对经济发展好的强县，改革的对象和力度有所不同，"扩权强县"包含的内容更多。行政省直管县改革是最终的全面改革。五者之间的变革程度或改革难度构成了自左至右，逐级加强的能级结构（见图0.2）。在此结构的改革与变迁均构成上一层级的增量。

强县扩权 → 扩权强县 → 财政省直管 → 行政省直管 → 省直管县

**图0.2　改革难易程度示意图**

### 三　文献述评

在改革的推进、修正与深入的过程中，各高等院校、科研院所的专家学者为省直管县改革提出了政策建议。旨在根据自身掌握的专业知识对省直管县改革进行研究并发展成为相应的研究成果和文献，进一步确定省直管县改革的模式、路径与制度安排，提供有关理论指导。现将这些文献分别从市管县体制的总评、省直管县改革的效应、省直管县改革的实践情况、对省直管县改革的反思以及省直管县改革的推进思路等方面进行梳理和综合，并在此基础上做出简要的评述。

（一）市管县体制的积极作用

所谓市管县体制，是指以中心地级市对其周围县实施领导的体制。它是我国由计划经济向市场经济转轨的特定历史阶段的产物。1982年，中共中央以〔1982〕51号文件发出了改革地区体制、试行市管县体制的通知，年底在江苏省开展试点，1983年在全国试行推广。"从此之后，市管县体制成为中国地方治理制度的常态。"①

虽然时下对市管县的批评较多，但不能片面强调市管县的弊端而忽视其在历史上及当下所起到的积极作用。陈喜生认为要客观评价市管县体制，有必要对市管县体制进行一次全面认真的分析研究，既要客观评价这一体制对经济社会发展的促进作用，也要找出新形势下它的不足之处，以避免今后出现"一刀切"式的改革。②

孙学玉等认为，市管县体制为经济和社会发展起到了一定的促进作用，突出表现在：使分割的区域经济趋于统一，规模经济得以壮大，缩小了政府机构规模，提高了行政效率，改变了省县之间准层次长期虚实不定和缺乏法律主体地位的尴尬局面，促进了城市化，加速中心城市发展。③

何显明认为市管县有其一定的积极作用，"有利于城乡统一规划发展，建立以中心城市为核心、以市域为腹地的城镇体系，推动中心城市的形成，避免市、县之间的基础设施的恶性竞争建设，及过于分散的城市化"④。

总体来看，市管县是在计划经济体制下产生并发挥积极作用的，当市场经济体制逐渐建立并完善之后，其弊端才日益暴露。

(二) 市管县体制的弊端

随着我国政治、经济及社会体制的不断改革与发展，以及社会主义市场经济的不断完善，市管县体制赖以生存的条件发生了巨大的改变，在实践中已逐渐偏离其改革初期设想的长远目标，局限性也越来越明显。

---

① 蒲善新：《中国行政区划概论》，知识出版社 1995 年版，第 349 页。
② 陈喜生：《对目前省直管县体制的五点思考》，《当代社科视野》2009 年第 3 期。
③ 孙学玉、伍开昌：《当代中国行政结构扁平化的战略构想——以市管县体制为例》，《中国行政管理》2004 第 3 期。
④ 何显明：《市管县体制绩效及其变革路径选择的制度分析——兼论"复合行政"概念》，《中国行政管理》2004 年第 7 期。

1. 管理层次增加致使行政效率降低

市管县体制造成管理层次增多、管理幅度变小,导致行政成本提高,行政效率降低。辜胜阻认为过多的行政层级造成管理效率低下,出现"市卡县"现象。一方面,行政层级过多增加了上下级之间的交易成本,而且降低了工作效率。另一方面,行政管理的层次过多容易使发展规划受到来自诸多不同上级的干扰,缺乏发展的自主性。① 皮建才认为,"省直管县制度在未来的经济发展过程中将会呈现出更大的制度优势"②。因此,市管县本意是提高各级政府的行政效率,反而导致行政效率的进一步下降,形成了所谓的"效率悖论"。③

2. 市县利益矛盾突出致使县域经济发展受阻,城乡差距拉大

市管县体制的本意是"市管理县",政策设计的初衷是想通过市管县,借助市的经济辐射能力带动和促进县的发展,最终实现市县共同发展。然而,现实中却存在较为普遍的"市卡县""市吃县"等问题。这样市管县在现实运作中就异化为"市管制县",即"以市制县",市通过其行政级别优势截留甚至剥夺县的资源,延滞县的正常发展步伐。④ 同时,由于市辖区的财政由市统揽,市领导直接对城市居民负责,首先要保证市级财政任务的完成,优先解决好城市迫切需要解决的问题,加剧了市县之间、城乡之间的矛盾与差距。因此,市管县本意是缩小城乡差距,反而导致城乡差距的进一步拉大,形成了所谓的"城乡悖论"。⑤

3. 不符合城乡分治的国际惯例

有学者指出城市和农村二者的差异巨大,主要表现在:一是城市

---

① 辜胜阻:《市管县四大弊端"扩权强县"五个问题》,《理论导报》2009年3月3日。
② 皮建才:《省管县与市管县的比较制度分析》,《中国经济问题》2015年第6期。
③ 庞明礼:《市管县的悖论与省管县的可行性研究》,《北京行政学院学报》2007年第4期。
④ 吴帅、陈国权:《中国地方府际关系的演变与发展趋势——基于市管县体制的研究》,《江海学刊》2008年第1期。
⑤ 庞明礼:《省管县:我国地方行政体制改革的趋势?》,《中国行政管理》2007年第6期。

居民比农民有更高的流动性；二是产业结构不同，城市以第二、第三产业为主，农村以第一产业为主，有很大的季节性。根据我国的治理实践，城乡合治并非城乡一体化的充分必要条件。由于存在户籍制度人为划分城乡二元身份，以及根深蒂固的重城轻乡观念，城乡合治很难达到预期的目标。"以市管县体制实现城乡合治，既不符合城乡分治的国际惯例，又违背当代中国城乡的现实。"[①]

4. 缺乏中国现行的法律依据

市管县体制缺少宪政依据，处于无法可依的尴尬状态。我国《宪法》明确规定实行省、县、乡三级地方行政区划体系。因此，严格来讲，市管县体制是"直辖市"或"较大的市"才拥有辖县权，但在目前实际操作过程中，变相地将这种辖县权扩张到其他地级市。事实上，虽然我们也可以文字游戏方式绕过宪法规定条文，且不论市管县这种体制在计划经济时代所发挥的积极作用，单从它的"合宪性"争议与制度本身而言，其固有的一些局限及制度推行过程中的障碍也越发明显。[②]

市管县因为缺乏宪法的规定而具有随意性。地级市在地方政府层级中应该处于何种定位存在争议。省级政府立足于省区的中观管理和地区调控；市级政府处于决策层与执行层之间，应该发挥管理层的作用。[③] 县级政府负责执行中央与省级政府的有关政策。

（三）省直管县体制改革的实践情况

在我国目前省直管县的改革实践中，由地级市向县部分或者全部转移，并且由于经济和社会领域管理权、财权、人事权等管理权力和部门权限下放与转移的内容和程度有所差异，各地的改革实践都有其

---

① 湖北省经委课题组：《改革市管县体制的研究报告（连载二）——市管县体制的利弊分析》，《当代经济》2006 年第 5 期。
② 郑烨、李金龙：《历史演进、现实困境与法律重构——市管县体制的合宪性问题探究》，《社会主义研究》2011 年第 5 期。
③ 罗湘衡：《对市管县和省管县体制的若干思考》，《地方财政研究》2009 年第 4 期。

特色，形成了多样化的改革模式，如海南省是实行行政省直管县，浙江以财政省直管县模式为主，通过县正职领导省直管和"强县扩权"的方式推进深化改革。近两年也有越来越多的研究成果以各地改革实践的政策介绍和经验分享的形式呈现出来。

广东省于 2009 年 8 月在佛山市顺德区启动省直管县的行政体制综合改革，鉴于改革效果较为明显，2011 年加大了改革力度和范围，价格改革试点推至全省，在 21 个地级以上市设立省管县改革试点县。①

许艳娟在其文章中针对河南省省直管县改革的实施策略和改革方向做出阐述，自 2004 年省政府在《中共河南省委河南省人民政府关于发展壮大县域经济的若干意见》中首次以政府文件形式发表对本省省直管县政策的实施细节，选择巩义市、项城市、永城市等具有较好发展条件的县进行试点，通过四年的改革，巩义市已发展成为"中原第一县"，省内县乡基础设施建设情况、省内支农项目状况较改革之前有明显改善。但出现的问题也同时暴露出来："开发热"、重复建设与无序开发，行政隶属关系剥离不清导致会议量增加，放权范围窄、细则不明确导致缺乏可操作性等现象都构成了改革推进的障碍。②

何显明在分析省管县浙江模式的生成机制时指出，当时在全国推行市管县体制背景下，浙江的选择有悖于全国统一制度安排，也因此承受了很大的政治压力，但其在操作层面长期坚持与不断完善这一体制与改革初期经济的初始发展是分不开的。一是浙江体制外增长以及由此形成的民营化的先发优势；二是浙江"民有、民营、民享"的"老百姓经济格局"在一定程度上弱化了政府间关系对区域经济的影响；三是浙江市场体系发育和市场秩序扩展的民间性和自发性特征进一步弱化了实现等级关系及其对地方经济的影响。不得不承认浙江省

---

① 叶前：《广东省直管县试点今年推至全省每市一个省直管县》，中华人民共和国中央人民政府网，http：//www.gov.cn/jrzg/2011-03/07/content_ 1818627.htm，2002 年 2 月 28 日。

② 许艳娟：《河南省"省直管县"改革道路综述》，《现代商贸工业》2011 年第 3 期。

直管县体制在农业化初期和中期会有显著的发展绩效，但难以从根本上克服产业分工格局过于分散，以及资源配置边界的县域化等局限，因此必须根据城乡分治的原则对实现的功能进行重新定位、分类管理，推动市县按照市场秩序扩展的内在规律形成中心城市与周边县市的分工合作体系。①

综上，各试点县的成绩固然有可以借鉴和参考之处，但由于各地区的经济状况和行政管理的实际情况不同，导致在改革条件具备的充分程度上也存在差异。目前，从全国范围来看，西部的改革迫切程度不及东部，各地方政府在进行改革政策的制定时切不可盲目照搬，而应进行"本土化"的思考与内化。从而在全国呈现出在条件成熟的省（区）率先试验，先行一步；条件不充分的省（区）维持市管县的制度安排，等待经济发展之后再进行改革的因地而异的梯度化改革图景。

（四）省直管县体制改革的成效

1. 提高了县级财政的资金调控能力，缓解了县乡财政困难

省直管县体制改革有助于增强县级财政的资金调控能力，减少财政运行的成本，在缓解县乡财政困难上有一定意义。吴建南等基于六省2004—2009年的面板数据分析了省直管县改革对县级政府财政自给能力的实际影响。研究发现省直管县改革的财政政策效应明显，显著提高了县级政府的财政自给率，但其政策效应呈现出边际效益递减的趋势，并据此提出省直管县改革的积极作用是通过提高财政自给率而对县级政府财政解困，这种改革需要配套措施保证改革的效果；省管县的效果会因为不同地区的经济发展情况而有所不同。各地在推行省直管县改革时应因地制宜，结合县域经济和财力情况，制定适宜的政策并采取合适的策略。②但是"财政上直管县没有摆脱市管县体制，

---

① 何显明：《省管县体制与浙江模式的生成机制及其创新》，《浙江社会科学》2009年第11期。

② 刘佳、马亮、吴建南：《省直管县改革与县级政府财政解困——基于6省面板数据的实证研究》，《公共管理学报》2011年第3期。

导致县乡财政困难不减反增加"①。

但也有人持不同意见。庞明礼认为，省管县改革可以提高行政效率，减少财政资金的中转环节，有助于缓解县乡财政困难，但是，市管县本身不是县乡财政困难形成的根本原因，用省管县作为解决县乡财政困难的根本举措本身就是一个伪命题。②

2. 有效促进县域经济发展

毛捷等人利用中国 2000—2007 年县级数据，实证分析了省直管县财政改革对地区经济和财力增长的影响。研究发现：一方面，省直管县财政改革既有助于县级地区经济增长，也促进了这些地区财力增长；另一方面，省直管县财政改革的促进效应程度存在地区差异。③ 赵建吉等人认为省直管县有助于经济发展落后和缺乏较好禀赋的县的经济增长。④ 郑新业等人运用双重差分方法分析认为经济分权是促进省直管县的县域经济发展的主要动力。⑤

甘肃省财政厅课题组认为，财政省直管县可以提升县级政府经济发展的积极性，提供发展经济的自主性。省级政府为县发展提供一定的政策优惠和支持，项目信息跳过了地级市这一层级，直接落实传达到县，增加了试点县发展县域经济的自主空间。县级也更加正确及时理解上级政府相关产业发展扶持政策，促使县级政府根据本县现实情况申请相关项目，把握省级政府相关政策和资金支持机遇，推进县域

---

① 李猛：《"省直管县"改革的经济影响》，《经济学家》2012 年第 3 期。
② 庞明礼：《省管县能解决县乡财政困难吗?》，《中国行政管理》2009 年第 7 期。
③ 毛捷、赵静：《"省直管县"财政改革促进县域经济发展的实证分析》，《财政研究》2012 年第 1 期。
④ 赵建吉、吕可文、田光辉、苗长虹：《省直管能提升县域经济绩效吗?——基于河南省直管县改革的探索》，《经济经纬》2017 年第 3 期。
⑤ 郑新业、王晗、赵益卓：《"省直管县"能促进经济增长吗?——双重差分方法》，《管理世界》2011 年第 8 期。

经济发展。①

### 3. 促进了中心城市的发展和城市化进程

明确地级市的定位是中心城市成为区域增长极，以促进我国城市化和工业化进程。地级市的创建是为了以地级市的发展带动周边农村的经济发展，形成区域增长极的辐射作用。然而市管县体制并没有实现地级市对县域经济的带动作用，反而在财政资金上与县级政府争夺资金，加剧了县级财政困难。省直管县后，地级市的职能定位主要是辖区市区的发展建设，集中精力于城市建设。通过对地级市的产业和规划的合理设置，促进地级市的经济发展，增强地级市的财政能力，为地级市的公民提供较好的公共产品和服务。正视"农村支持城市"的战略已完成历史使命的现实，不断求索独立的生存和发展之道，实现由领导型到自我发展型的转变。②叶兵等人认为"省直管县改革抑制了地级市的集聚效应功能，而发挥了县的辐射作用，这两种反方向的作用相抵消"③。

### 4. 有利于政府职能转变和建设服务型政府

省直管县改革有利于政府职能的转变，进而建设有限的、法治的、服务的新型政府。众所周知，改革动力来自受益者的推动。省直管县体制改革看起来是对政府内部管理结构的调整，"从实质上看，则是回应性政府的行为表现，是公共服务型政府的表现"④。我国行政体制改革的一个主要趋势就是不断放权，明确职责定位，建立有限政府与服务型政府。省直管县有利于增加县级政府的发展自主性，加强宏观调

---

① 甘肃省财政厅课题组：《完善省以下财政体制 增强基层政府公共服务能力》，《财会研究》2009年第14期。

② 庞明礼、马晴：《"省直管县"改革背景下的地级市：定位、职能及其匹配》，《中国行政管理》2012年第4期。

③ 叶兵、黄少卿、何振宇：《省直管县改革促进了地方经济增长吗?》，《中国经济问题》2014年第6期。

④ 杨志勇：《省直管县财政体制改革研究——从财政的省直管县到重建政府间财政关系》，《财贸经济》2009年第1期。

控，构建服务型政府。而"市县并置、城乡分治"，可以明确地级市和县的功能划分和职责定位，确保各自的职责有限性与公共服务供给的有效性。省政府统筹提供跨市县的公共产品，合理解决市县在公共服务供给上的困难。增强省市县各级政府对公共产品和公共服务需求的响应程度，提高公民对政府的信任度和满意程度。

5. 改善了市县关系和城乡统筹发展的能力

吴金群认为市管县使城乡关系成为板块式的行政合治模式。城乡之间非但没有密切城乡发展，反而产生了政治经济上的二元结构，造成土地、户籍、就业与社保等"逆向"的制度安排。"实际上，嵌入于其中同时又能为统筹城乡发展提供坚实基础和有效保障的政府体系就是省管县体制。"[①] 省直管县有利于增强对省域经济生产总值关系的统筹协调和社会公平的把握，提高城乡统筹协调的自觉性和主动性。县主要负责农业，与农村关系比较紧密，县域经济拥有较大自主权才能更好地推进农村经济的发展，实现"城乡合治"的愿景，扭转城乡之间"二元对立"。地级市与农村存在着地理距离的隔膜，对农村的真实信息了解不够，难以有效带动农村经济发展。省直管县财政体制通过省对县（市）的直接管理，减少了地级市对县域经济发展的不当干涉，以省级政府直接向县级政府传达相关发展的政策与项目信息，统筹利用各种公共资源，增强县（市）政府自主性和财政能力，有力统筹城乡发展、增加对农村地区的资源投入、增加对农村公共产品和服务供给的数量，提高农村的发展水平。

（五）省直管县体制改革的反思

与初期研究在对待省直管县问题上侧重于市管县的历史局限性、行政治理环境和行政组织管理方式的革新不同，吴兵认为市管县的弊端是体制问题，不能够以推行省直管县的方式来解决。由此可以看出，伴随着改革的深入和研究的争论，学术界的认知和观点倾向于理性和

---

① 吴金群：《统筹城乡发展中的省管县体制改革》，《经济社会体制比较》2010年第5期。

批判，现将学界对省直管县改革的反思予以归纳。

1. 省直管县体制改革并非解决市管县体制弊端的根本出路

解决问题需要找到问题产生的根源，省直管县改革是否是市管县体制的解决根本，需要理性反思。市管县暴露的情况仅仅是问题的表面特征，其根源是行政区划与经济区划之间的不完全重合。"行政区划相对稳定，且以政治和行政功能为主，经济区域以资源的优化配置与自由流动为主，具有动态可易性，二者也存在着边界的具体性与模糊性的冲突。"① 市管县体制不能够有机融合城乡发展，因此产生了诸多的负面结果。"市管县的制度具有路径依赖，其固定性影响到省直管县的作用发挥，未来的制度变迁将以制度开放实现省直管县制度的转变。"② 从改革绩效而言，省直管县体制使行政区划更加分割和多元，没有依据可以论证地级市失灵的领域省或县可以更好地发挥作用。从市县关系而言，省直管县改革可能会衍化出新的矛盾。"制度、心理、组织、体制、管理等因素都可能会加剧市县矛盾。"③ 原有的地级市之间的竞争可能会变为县级政府之间的竞争，由于省级政府直管，地级市失去了某些对县的权限，也可能会恶化市县关系。省因内耗过度而削弱竞争力，难以发挥中心城市的带动作用，推进区域的发展。而且，改革的发展目标需要理性反思，王雪丽认为"省直管县应该实现地方治理绩效最大化的区域治理体系，保证市场经济发展"④。

2. 省直管县体制可能引发区域性公共品供给危机

庞明礼认为，改革需要理性，在承认省直管县改革的必要性的同

---

① 何显明：《市管县体制绩效及其变革路径选择的制度分析——兼论"复合行政"概念》，《中国行政管理》2004年第7期。
② 吴金群：《从市管县到省管县：历史制度主义视角下的变迁逻辑》，《中共杭州市委党校学报》2016年第2期。
③ 韩艺：《省直管县体制改革进程中的市县关系——嬗变、困境与优化》，《北京社会科学》2015年第5期。
④ 王雪丽：《"省直管县"改革：目标定位、认知偏差与理性思考》，《中共浙江省委党校学报》2014年第6期。

时，还必须清醒地认识到它有可能衍生的问题，其中之一就是区域性公共品的供给问题，即实行省直管县可能引发区域性公共品供给危机。因为省直管县涉及支出责任的分配问题，推行省直管县改革前，市级财政在调度资金方面有较大余地，体制改革后，支出责任分担还不到位，市级资金调度出现紧张状况。同时，市级原有职能中承担的区域性公共事务管理与公共品的供给成本补偿出现困难，如涉及多个县的抗旱排涝、卫生防疫、科技推广、水利建设、环境保护等。① 陆军也认为，县域经济的微观利益导向可能抑制区域性公共产品的协同生产，降低区域集体福利，损失区域共同发展的物质基础，加深相对落后地区未来发展的难度。② "省直管县可能带来的放权和监管之间的问题，使县级政府在扩权的时候并不一定能够保证被良好监督。"③ 省级政府与地级市对县级政府缺乏有效监管则会增加这种公共产品供给危机。

3. 行政区划大范围调整暂时缺乏可操作性

根据组织学的相关知识可知，省级政府直接管理县级政府减少了管理层级，但是增加了管理幅度，使省直接管辖的行政单位数量激增，加大了统筹难度。为适应这种改革需要调整省的行政规模，增设省的数量。行政区划包含了行政区域、行政机构与行政建制，它的存在和运行具有很高的历史继承性，而且涉及不同地区的风俗习惯。社会经济发展水平的不同，进行行政区划调整将会存在比较大的阻力，即使进行行政区划调整也需要由试点到推广进行渐进性改革，激进的全国大范围的行政区划调整涉及大范围的利益再分配与调整，存在着理论、现实情况、操作难度的梗阻。

4. 省直管县体制改革与依法行政的冲突

政府间关系的稳定依赖健全法制下的完整有效的制度体系，省直

---

① 庞明礼：《省管县：我国地方行政体制改革的趋势？》，《中国行政管理》2007年第6期。
② 陆军：《省直管县：一项地方政府分权实践中的隐性问题》，《国家行政学院学报》2010年第3期。
③ 潘小娟：《关于推行"省直管县"改革的调查和思考》，《政治学研究》2012年第1期。

管县改革绕不过行政体制的弊端和缺陷，绕不过法制的缺失和制度的规范。① 罗豪才等对改革与法治冲突时，有三种倾向性意见：第一种倾向是"容忍改革突破法律"，认为行政改革可以不受不合时宜的法律约束，允许所谓的"良性违法"，通过事后修改法律的方式实现改革的合法化；第二种倾向是对违法的"零容忍"，要改革就得先修改相关法律，先修法、后改革，不允许超越于法律之外或者凌驾于法律之上搞行政改革；第三种倾向是一种折中态度，企图通过一种错位处理的"辩证"方式来回避矛盾，认为行政改革与依法行政二者之间固然在具体事项和特定领域等微观层面上关系紧张，但从整体和长远角度看，二者之间的冲突是暂时的，总体上可以做到并行不悖。② 也有学者提出用地方性法规的创制来解决此冲突，如周功满认为，"地方性法规将弥补宪法等法律对于地方各级人民政府具体行政权限规定的模糊性缺陷，也符合行政法规则的一致性的良法运行准则"③。

（六）省直管县体制改革的思路

为了实现建立扁平化的省直管县的公共管理体制，学术界相关学者提出了许多具有可操作性的路径。各专家学者纷纷勾勒出省直管县改革的思路，下面笔者对当前学术界关于省直管县改革的思路予以梳理。

1. 省直管县与市管县的灵活性选择

省直管县与市管县都不完美，这表明二者并非更高意义上的互相替代关系。比较现实的选择是这两种制度安排并存，各自发挥其作用。丁肇启、萧鸣政认为"新政旧策与制度的罅隙使得当前省直管县改革

---

① 寇明风、王晓哲：《省直管县改革的三维视角：历史经验、西方模式与实践问题》，《地方财政研究》2010年第3期。
② 罗豪才、宋功德：《坚持法治取向的行政改革》，《行政管理改革》2011年第3期。
③ 周功满：《论"省管县"体制改革的合法化进路》，《云南社会科学》2010年第3期。

并不能够对经济与民生改善产生较大影响"①。不同制度的选择取决于不同地区的经济发展程度,经济发展良好的地区有实力也有开展改革的现实需求,可以先行一步,实行省直管县;地区发展较差,需要发挥地级市的积极带动作用的地区,则需要市管县的制度安排,以旧制度为主,待发展起来之后再进行改革。袁政认为"市管县体制需要进行改革,根据不同地区市管县体制的困境和现实需要进行有区别的改革"②。分门别类,因地制宜,在积极探索的体制改革条件下,根据地区经济与现实发展的状况选择最满意而不是最优改革道路,实现两种管理体制的相得益彰。"省直管县改革的绩效具有差异性,会随着改革县的经济发展水平、县级政府的性质产生区别。"③ 因此需要审慎对待,不可急于求成。叶敏认为,"市管县体制适应了当时的需要,省直管县改革也出于同样的逻辑,为了推动县域经济发展,扩大县的自主权,未来的改革将以多体制并存、兼顾地区实际的方向为主"④。事实上,"需要了解省直管县改革的诸多可能的障碍与困难,比如公共产品的跨域供给、省级政府的管理幅度等,才有助于灵活摸索出适合的道路"⑤。

2. 时间表上的"三步走"战略

张占斌认为,省直管县改革从时间上来看,可以分三步走:其一,在"十一五"期间通过省直管县的改革,减少财政层级,到"十一五"末期争取把省、市、县(市)、乡镇四级财政扁平化为省、市

---

① 丁肇启、萧鸣政:《省管县新模式"全面直管"改革政策效果分析——基于河南省的研究》,《公共管理学报》2017年第2期。
② 袁政:《我国新一轮市管县体制改革思考》,《华中师范大学学报》(人文社会科学版)2012年第3期。
③ 刘佳、马亮、吴建南:《省直管县改革与县级政府财政解困——基于6省面板数据的实证研究》,《公共管理学报》2011年第3期。
④ 叶敏:《增长驱动、城市化战略与市管县体制变迁》,《公共管理学报》2012年第2期。
⑤ 姜秀敏、戴圣良:《我国"省直管县"体制改革的阻力及实现路径解析》,《东北大学学报》(社会科学版)2010年第4期。

(县)、乡镇三级。在浙江等经济发达省份或矛盾特别突出的地方，把一部分有条件的县（市）由财政体制省直管县改为行政体制省直管县。其二，在"十一五"改革的基础上，通过"十二五"，即5年的时间，把三级财政简化为省、市（县）二级财政。在东部、中部和东北地区等条件基本成熟的地方，实行由财政体制省直管县改为行政体制省直管县，乡镇政府改为县政府的派出机构；西部地方也实行财政体制省直管县，但乡镇政府可以维持现状。其三，到"十三五"末，即2020年完成向行政体制的过渡。东部、中部和东北地区，基本实现由财政体制省直管县改为行政体制省直管县；西部少数县（市）实现行政体制省直管县，多数地方实行财政体制省直管县，部分乡镇政府改为县政府的派出机构。① 宫汝凯等认为省直管县的模式需要因地制宜，考虑到不同县的经济差异、县级政府的能力差别，以及这些变量的共同影响。②

3. "复合行政"的新行政理念

鉴于省直管县体制虽然成为当前行政体制改革的热点，但同时也是制约当前实现共同发展、促进区域一体化的行政障碍，无法解决行政区划刚性与经济区域可易性的矛盾冲突，同时区域性公共品也可能面临政府缺位的问题，有学者提出"复合行政"的新行政理念，建立多元化的区域合作治理结构，从而打破市县之间的行政壁垒。王娜认为从市管县到省直管县只是解决了管理层次以及充分给予县域经济发展权利的问题，但要实现市县经济共同发展的最终目标，还要进一步将"复合行政"理念视为省直管县体制下寻求解决行政区经济现象的新思路。复合行政企图构建超越行政区与行政层级的政府间的合作机制，实现跨区域公共产品的有效供给，以自主治理为原则；其着眼点

---

① 张占斌：《"省直管县"改革的经济学解析》，《广东商学院学报》2009年第4期。
② 宫汝凯、姚东旻：《全面直管还是省内单列：省直管县改革的扩权模式选择》，《管理世界》2015年第4期。

不在于行政区划调整,而是在发挥市场资源配置优势基础上,进一步转化职能,为跨行政区公共服务的实现提供一种政府体制创新思路。①当然此理念能够得到实现并发挥作用有赖于我国政府职能转变的顺利进行以及非政府组织等社会力量的不断壮大。

4. 省直管县体制改革的配套措施

第一,做好监管工作。有关经济管理权、行政审批权和社会管理权的下放必须要做好配套监督,确保权力下放有序、规范,同时也要对承接下放权力的政府进行监管约束,防止权力的滥用。监督权力的下放过程中,防止对重要权限的假放权、不放权、交易型放权,确保权力下放落到实处。做好对接的配套措施,使县级政府可以较快地履行承接的权力,保持较快的高效运转。第二,做好增强县级财力的工作。增强县级政府的财力可以从两个方面考虑:一方面需要健全转移支付制度,增加上级对县级政府的转移支付力度,保证县级财政的充足性,使其有足够的财力供给本地区的公共产品和服务;另一方面需要明晰政府间的职责划分,对省市县各自的职责范围和管理权限进行清晰的界定,防止县级政府承担过多本不属于自身的支出责任,使县级政府的财力与支出责任相匹配。

(七) 简评

总体来看,学术界对省直管县问题的研究取得了令人鼓舞的成绩,尤其是当前随着省直管县改革浪潮的涌动,学界研究探讨省直管县改革的热情更是有增无减。大多数学者对省直管县改革持支持态度,很多专家对这项改革也进行了理性的反思,但现有的研究到目前为止缺乏对反思的问题做出的充分回答和讨论。

1. 当前学界对省直管县问题的研究存在若干不足

(1) 在研究视角上,较多学者从财政学视角研究,忽略了政治学、

---

① 王娜:《"省直管县"体制下的市县关系新发展——基于复合行政的理念》,《惠州学院学报》(社会科学版) 2011 年第 4 期。

管理学视角。(2) 在研究方法上，偏重规范研究，忽视实证研究，如吴金群选取区域面积、县市数量、人均GDP、市场化指数、电子政务水平、高速公路密度、扩权县（市）比例和已扩权月数为量化指标，对除港澳台、直辖市及海南省以外的26个省区进行聚类研究。仅有的少量的实证研究聚焦于问题的描述和理论分析，逻辑结构缺乏严密性。(3) 在分析的思维上，过于注重对省直管县优越性（激励因素）的认识，缺乏对约束条件的反思，尤其是反面案例（如海南）的解剖。(4) 在研究内容上，多集中在利弊分析、改革尝试等方面，对改革模式和实施路线缺乏系统的、战略的思考，这是最重要也是最难的问题。

2. 下一步对省直管县改革问题的研究重点

笔者认为，下一步对省直管县改革的研究主要应该包括以下几个部分：(1) 省直管县不能一哄而上，要根据经济发展水平、省域面积、文化传统等约束条件逐步推进。(2) 省直管县财政体制、"强县扩权"到底能不能解决县乡财政困难，到底能不能缩小县与县之间的经济差距。(3) 省直管县的终极目标是什么？省直管县应如何促进县域经济发展，如何实现基本公共服务均等化？(4) 如何将省直管县置于行政与政治体制改革、市场化改革等背景下开展研究。(5) 不应仅注重制度设计，更应该研究实施路径，即不能仅限于探讨省直管县的应然状态，更要积极探索从实然走向应然的途径以及保障机制。(6) 对渐进式改革的反思。渐进式改革虽然能够缓解社会矛盾和风险的产生，在旧体制中的运作会造成利益的固化导致改革越来越艰难，可能会导致打着改革的幌子而徘徊在旧制度中不去改革，增加社会矛盾。渐进式改革的时间线路会考验社会公众的耐心，改革是否彻底也将决定渐进式改革能否走出旧制度的局限性。

## 四　数据概况

本书研究所用到的数据主要来自两个方面，一是问卷数据，二是统计年鉴。其中问卷的基本情况是：此次共发放问卷320份，收回310

份，回收率达96.9%；其中有效问卷301份，有效率为97.1%。

从性别来看，这301名财政部门的工作人员中男女比例为218∶83。

从年龄来看，年龄30岁以下的15人，30岁至40岁的91人，41岁至50岁的165人，51岁至60岁的30人。

从学历来看，本次问卷调查对象涵盖大专、本科和硕士研究生三个学历层次。其中有47人是大专学历，占被调查对象总人数的16%；29人是硕士研究生学历，占被调查对象总人数的10%；225人是本科学历，占被调查对象总人数的74%。数据选取具有一定的代表性，主要反映的是本科这一学历层次的人群对这项改革的认识，基本上能够代表广大青年财政工作人员的真实想法。

从工龄来看，本次问卷调查对象的工龄中，在1—3年的有3人，占被调查对象总人数的1%；在6—10年的有19人，占被调查对象总人数的6%；在11年及以上的有277人，占被调查对象总人数的92.6%。这和他们的年龄基本吻合，再次证明了样本的真实性，数据的可靠性。这301名基层财政部门的工作人员中，年龄30岁以下的15人（这些人的工龄基本上是6—10年），30岁至50岁的256人（这些人的工龄大多是10年以上）。其中工作10年以上的占到被调查对象总人数的92.6%，这部分人在财政部门工作时间较长，对市管县和省直管县财政体制有更加深刻的认识和独到的见解。这也为样本的客观分析奠定了基础。

从工作单位所在地来看，本次问卷调查对象工作单位所在地在省直单位的有43人（占14%），地级市的有68人（占23%），在县城的有158人（占53%），在乡镇的有30人（占10%）。此次调查样本分布遍及市、县、乡，具有广泛的代表性。调查对象主要是基层财政工作人员，故单位所在地在县城和乡镇的共188人（占63%）。

从对省直管县体制改革的了解状况来看，本次问卷的调查对象对省直管县体制改革很了解的有33人（占11%），比较了解的有123人

（占 41%），有所了解的有 133 人（占 44%），不了解的有 12 人（占 4%）。其中有 289 人对这项重大的改革有所了解，占总调查人数的 96%。充分说明样本的有效性，数据的客观性。

### 五 研究思路与结构安排

（一）研究思路

本书以行政学为主，结合政治学、公共经济学等知识进行了跨学科研究。本书研究的基本思路是：合理分工，安排好成员的各自任务，综合运用文献阅读、文本分析法、深度访谈法、田野调查等研究方法，在对中国行政层级设置的时间序列研究、现行地方行政体制进行的描述性研究以及"强县扩权"和"县财省管"实证研究的基础上，设计出我国省直管县的制度模式，并分步给出实施路径。

（二）结构安排

导论主要描述选题背景与意义，梳理与述评现有研究文献，界定相关概念，解释研究方法与数据来源，明确本书的结构安排与写作思路。

第一篇是新中国地方政府层级设置的历史沿革，共分三章，主要从体制的由来、积极效应和存在的问题三个方面分别描述了在行政区时期的地方政府层级设置、地区行署时期的地方政府层级设置和地级市时期的地方政府层级设置。

第二篇为"强县扩权"改革模式，共分五章。第四章从内涵特征、理论基础、客观需要三个方面对"强县扩权"改革进行了概述；第五章从时间与进程、目标与原则、内容与保障等方面对"强县扩权"体制改革进行了文本分析；第六章分析了"强县扩权"的权力配置效应、经济极化效应和扩散效应；第七章运用双重差分方法分析了"强县扩权"改革对城镇化的影响，并在此基础上提出了政策建议；第八章从权力、关系、配套资源等三个方面探讨了"强县扩权"改革的实践困境。

第三篇为省直管县财政体制改革模式，共分四章。第九章从中央政府的政策推动、县级政府的发展冲动、省级政府的顺势而为三个方面分析了省直管县财政体制改革的客观需求，从公共产品层次性理论、财政级次划分理论、制度经济学理论三个方面介绍了省直管县财政体制改革的理论基础；第十章从时间与进度、目标与原则、内容与保障等方面对省直管县财政体制改革进行了文本分析；第十一章研究了省直管县财政体制改革对县乡财政困难的影响；第十二章从财政体制改革单兵突进、县乡财政体制尚待完善、市县支出责任划分不准等方面论述了省直管县财政体制改革的实践困境。

　　第四篇为省直管县体制改革的走向，共分两章。第十三章从基本依据、约束条件、基本原则三个方面论述了省直管县的一般原理；第十四章详细论述了省直管县改革的制度设计、配套措施和实施路径，全面勾勒了省直管县改革的战略框架。

# 第一篇

## 新中国地方政府层级设置的历史沿革

# 第一章　大行政区时期的地方政府层级设置

大行政区是"中华人民共和国成立前后设置的管辖若干个省、自治区、直辖市的地方最高一级行政区域单位，简称大区或区"①。最早设立的大行政区是1948年8月设立的东北大行政区，以后陆续设立了华北、西北、华东、中南、西南五大行政区。各大行政区设有人民政府或军政委员会，是最高地方政权机关，并为中央人民政府政务院领导地方政府工作的代表机关。其任务是代表中央人民政府领导监督地方政府工作。在当时形势下，建立大行政区，对于迅速建立革命秩序，巩固人民民主专政，贯彻中央的政策，进行各项社会改革和恢复发展国民经济，加强文化建设等均起着重要作用。而当其任务基本完成后，1954年6月撤销了大行政区的建制。

## 第一节　大区体制概述

大行政区制是中华人民共和国成立初期对地方行政管理体制、行政区划设置、中央与地方关系展开的创新实践，这些大行政区脱胎于解放战争时期的若干大战略区。

### 一　大区体制产生的历史背景

大区体制可以往前追溯到清朝在各省巡抚之上所设的总督之职。

---

① 浦善新等：《中国行政区划概论》，知识出版社1995年版，第516页。

中华民国成立之后，并没有再设立省以上的行政层级，但是，出现过类似的权力机制。真正能够覆盖全国所有领土且具有统一制度的省级以上行政建制则是中华人民共和国成立初期所设立的大区。在1946年到1949年解放战争期间，随着战争的顺利发展，中共在长江以北建立了东北、西北、华东、晋察冀、晋冀鲁豫、中原六个大的战略区，并分别设有党政军领导机构。①

（一）东北战略区的形成

1945年日本投降之前，中国共产党已经认识到东北的战略重要性，意图把东北作为自己的战略后方，夺得在军事上转变的区位优势以及利用东北的大工业经济基础实现军事与经济间的良性互动。因此，中国共产党七大时即准备加强东北工作、创建包括大城市在内的整块东北根据地。1945年8月11日，朱德命令原在冀热辽坚持抗战的李运昌部立即挺进东北。

中国共产党进入东北后，立即武装工农，展开接管和争夺东北的工作。10月，东北军区司令部成立。东北局在1945年年底至1946年6月先后建立了东北局北满、西满与南满分局，以统一领导各地区党、政、军工作；东满地区的党组织则直属东北局领导。这样，中国共产党进入东北后，先后建立起了统揽整个东北地区的党组织，以及同级军事组织。中国共产党便开始筹划在东北建立自己领导的统一政权。1946年8月7日至15日，东北各省代表再次在哈尔滨召开联席会议，选举产生东北各省市（特别市）行政联合办事处，作为东北最高政权领导机构，并选出东北各省（市）行政联合办事处行政委员会，10月改称东北行政委员会（简称东北行委），为东北各省市（特别市）最高行政机构，此后，中国共产党在东北战略区形成。

（二）华北人民政府的成立

抗战胜利时，中国共产党领导的晋冀鲁豫区域横跨山西、河北、

---

① 范晓春：《中国大行政区：1949—1954》，东方出版社2011年版，第41—76页。

山东、河南、江苏五省，东连山东解放区，西可策应陕甘宁边区，南与苏北、鄂豫皖根据地相呼应，北与晋察冀边区接壤，地理环境上将各大解放区紧密联系在一起，为联络和沟通各大解放区发挥了重要作用。而1945年11月，华北地区中国共产党领导的另一块重要的根据地晋察冀，察哈尔和热河省政府相继成立，形成了以张家口市为中心，包括河北省大部，察哈尔、热河两省全部和绥远省、辽宁省、山西省各一部，纵横千里的战略根据地。1947年6月30日，刘（伯承）邓（小平）率晋冀鲁豫野战军12万人突破黄河天险，南下开辟中原解放区。11月10日，晋察冀野战军攻占石家庄，使晋冀鲁豫、晋察冀两大区域连成一片，从而形成了除东北以外中国共产党控制的最大规模的解放区。

1948年，党的领导中心转移到了华北。1948年2月刘少奇向中国共产党中央提出合并两区，他认为"两大解放区完全合并与统一后，即成为关内的基本解放区，发动五千万人民统一的力量，去支援西北、中原与华东，是不可限量的"①。中共中央采纳了两区党、政、军、财一律统一的建议。5月，中共中央华北局、华北军区成立，8月，成立了华北人民政府。

（三）华中战略区的形成

1945年9月鄂豫皖中央局成立后，调整建立了河南（桐柏）、鄂东、江汉三个区党委。10月30日，鄂豫皖中央局更名为中原局。1946年上半年，中原解放区在国民党军重兵包围之下日渐缩小，军队退至大别山、桐柏山和伏牛山等狭小地区，三个区党委于6月先后撤销。同年6月，中原局被迫率部突围。次年5月15日又新建以邓小平为书记的中原局，并选择地处中原的大别山区作为主要突击方向，以实现全国性战略反攻计划。此后，中原局在晋冀鲁豫野战军主力千里

---

① 中央档案馆编：《共和国雏形——华北人民政府》，西苑出版社2000年版，第64—65页。

跃进大别山后，与留在当地的原中原军区部队会合，于1947年11月、12月先后建立了鄂豫、江汉两个区党委；12月又解放了桐柏山区，再次建立桐柏区党委。同时，陈毅粟裕野战军挺进鲁西南地区后又恢复并迅速扩大了豫皖苏解放区，陈赓谢富治兵团强渡黄河后也建立了豫陕鄂解放区。至此，三路大军都打到外线，布成"品"字形阵势，并互为犄角，紧逼国民党的长江防线，直接威胁南京、武汉，把战线由黄河南北推进到长江北岸，使中原地区由国民党军队进攻解放区的重要后方变成了中共夺取全国政权的前进基地。

1948年5月9日，为加强三路大军协同作战及加强对新解放区的统一领导，中共中央发出《关于改变华北、中原解放区的组织、管辖境地及人选的决定》指出，除中原解放区现辖境地外，凡陇海路以南，长江以北，直到川陕边区，均属中原解放区。中原局以邓小平为第一书记，陈毅为第二书记，邓子恢为第三书记。将豫皖苏区党委改为豫皖苏中央分局，由中原局领导，宋任穷任书记。刘邓、陈谢两支部队组成中原野战军，华东野战军陈唐兵团暂归中原野战军指挥；另成立中原军区，刘伯承为中原军区及中原野战军司令员，邓小平为政委。中原局领导豫西、豫皖苏、鄂豫、皖西、桐柏、江汉、陕南七大区域。同年10月23日，中原局向中共中央提出，为适应客观形势发展及统一行政领导起见，中原人民民主政府有即成立必要。① 经中央同意后，11月20日，中原局向中原各区各界人民发出的《召开中原临时人民代表会议，建立中原临时人民政府建议书》称：迅速建立一个全区性的最高的人民民主政府，以"负担建设新民主主义新中原的巨大革命任务"。1949年1月1日，中原临时人民代表会议筹备委员会宣告成立，邓子恢为筹委会主任。3月3日至6日，中原临时人民代表会议在开封召开。会议通过了中原局代表李雪峰提出的中原区今后施政方针的建议，规定了中原临时人民政府以支援前线、发展生产、整顿财政

---

① 中共河南省委党史研究室编：《中原解放区史》，河南人民出版社1996年版，第275页。

为今后的三大中心工作，并选举了刘伯承、邓子恢等 21 人组成中原临时人民政府委员会。中原临时人民政府的成立，标志着中原解放区在行政上完成了最后的统一。

1949 年 5 月，中央决定以中原局为基础成立华中局，将中原军区领导机关与四野领导机关合并，改称中国人民解放军第四野战军兼华中军区。

（四）华东战略区的形成

抗日战争胜利之时，中国共产党华中局辖下淮南、淮北、苏中、苏北四个解放区已连成一片，成为拥有 3000 多万人口的大解放区。1945 年 10 月，新四军北移山东，会同原山东军区一部主力编成津浦前线野战军。10 月 25 日，山东分局与华中局合并成立华东局。1947 年前后，华中分局和华中部队主力撤出华中由苏北转入山东后，华中分局并入华东局，苏皖边区政府撤销。1947 年上半年华东局机关一分为二，一部分转移到胶东，作为中心并指挥东兵团；另外一部分转移到渤海地区，组成华东局工委。10 月 9 日，华东局又决定取消华东局工委，另组建华东后方委员会（简称华后委）。1948 年 9 月济南解放后，华北、华东两大解放区连成一片。次年 3 月至 8 月，中国共产党完全控制了华东的大局。

（五）华中战略区的形成

1948 年 10 月 23 日，"中原局向中国共产党中央提出，为适应客观形势发展及统一行政领导起见，中原人民民主政府有即成立必要"①。经中央同意后，11 月 20 日，中原局呼吁迅速建立一个全区性的最高的人民民主政府，以"负担建设新民主主义新中原的巨大革命任务"。1949 年 3 月中原临时人民代表会议接纳了中原区今后施政方针的建议，规定中原临时人民政府以支援前线、发展生产、整顿财政为今后的三大中心工作，并选举了刘伯承、邓子恢等 21 人组成中原临时人民

---

① 中共河南省委党史研究室编：《中原解放区史》，河南人民出版社 1996 年版，第 275 页。

政府委员会。中原临时人民政府的成立标志着中原解放区在行政上完成了最后的统一。

（六）西北大战略区的形成

中国的西北地区包括陕西、甘肃、宁夏、青海、新疆五省，面积342.5万平方公里。当时中国共产党在西北地区只有陕甘宁解放区作为倚重，但陕甘宁地处陕西北部，包括甘肃和宁夏东部一些地区。于是中央希望尽快占领太原，控制山西和绥蒙。但是1947年3月，陕甘宁解放区遭到国民党部队重点进攻，中国共产党迫于力量上的劣势，只得暂时放弃延安，伺机进攻。

4月底，延安光复，中国共产党西北局、陕甘宁边区政府、陕甘宁晋绥联防军司令部等党政军机关相继迁回延安。陕甘宁晋绥联防军区改编为西北军区，司令员贺龙，政治委员习仲勋，贺龙还任中国共产党西北军区委员会书记。同年2月24日，晋绥边区的山西部分与陕甘宁边区合并为一个行政单位。4月9日，陕甘宁边区参议会常驻议员会和边区政府委员会联席会议通过《陕甘宁边区政府暂行组织规程》对此进行了确认，并规定陕甘宁边区政府为陕甘宁及晋南、晋西北之最高行政机关。从1949年4月太原战役结束到同年11月6日，中国共产党先后控制了甘肃、青海、宁夏、新疆，至此西北区域形势整个在中国共产党掌握之中。

随着土地改革的进行，中国共产党的执政基础也在不断巩固和扩大。中国共产党中央机关和解放军总部迁至北平，作为各大战略区领导核心的中央局、分局也得以调整与加强。华东局迁至上海，西北局于同年5月迁至西安，东北局早于1948年年底迁入沈阳，华北局于1949年2月迁至北平，成立华中局和华南分局（1949年5月，华南分局机关从香港迁往广东梅县）；1949年7月17日，又决定成立西南局，以求经营大西南。至此，各大战略区基本成型，情况如表1.1所示。

表 1.1　中华人民共和国成立前夕中国共产党领导和控制的各大战略区情况

| | 党政军机构 | 辖区情况 |
|---|---|---|
| 东北区 | 东北局（1945年9月至1949年10月）、东北人民政府（1949年8月至1949年10月）、东北军区（1948年8月至1949年10月） | 东北人民政府下辖辽东、辽西、黑龙江、松江、吉林、热河6省和沈阳、抚顺、鞍山、本溪4个直辖市，东北局领导上述6个中国共产党省委、4个直辖市委和旅大区党委、中国共产党内蒙古工委 |
| 华北区 | 华北局（1948年5月至1949年10月）、华北人民政府（1948年9月至1949年10月）、华北军区（1948年5月至1949年10月） | 华北人民政府下辖河北、山西、察哈尔、平原、绥远5省和北平、天津2个直辖市，华北局领导上述5个中国共产党省委、2个市委 |
| 华东区 | 华东局（1945年10月至1949年10月）、华东军区（1947年1月至1949年10月） | 山东省人民政府，苏北、苏南、皖北、皖南4个行政（人民）公署，浙江、江西、福建3个省人民政府及上海市人民政府。华东局领导中国共产党山东分局，苏北、苏南、皖北、皖南4个区党委和浙江、江西、福建3个省委及上海市委 |
| 华中区 | 华中局（1949年5—10月）、中原临时人民政府（1949年3—10月）、第四野战军兼华中军区（1949年5—10月） | 华中局领导中国共产党河南、湖北、江西、湖南4个省委，武汉市委和华南分局。1949年5月，中原临时人民政府管辖湖北、河南2省 |
| 西北区 | 西北局（1941年5月至1949年10月）、陕甘宁边区政府（1937年9月至1949年10月）、西北军区（1949年2月至1949年10月） | 西北区包括陕西、甘肃、宁夏、青海、新疆省全部和山西省西部及绥远省部分地区。西北局领导中国共产党甘肃、青海、宁夏省委，陕北、陕南区党委，西安市委以及陕中地区6个直属地委 |

新中国成立前夕，全国大势已定，中央人民政府的成立已是大势所趋，而在各大解放区基本成熟后，建立省级以上行政建制的方案也是呼之欲出。

## 二　大区体制的形成过程

大行政区制设立之初有许多政治、经济因素考虑，但其最初设立的一个重要原因在于中央与地方权力重新划分的问题，即集权与分权的平衡问题。

1942年，中央认识到党、政、军"三权鼎立"局面的矛盾性后，开始确立"一元化"领导体制，即以党为核心来领导整个党政军民工作。1948年年初，中国共产党转入战略进攻后，其解决统一问题的目标是建立中央集权，而要达到这个目标又必须经过一定的分权。

1949年9月27日，《中华人民共和国中央人民政府组织法》以法律形式规定大行政区的设定："依据政务院的提议，任免或批准各大行政区和省市人民政府的主席、副主席和主要的行政人员。"12月9日，周恩来指出：在目前情况下，大行政区应该成为一级政权组织，由这级组织领导一个大的地区的工作。中国作为人口最多、疆域辽阔的大国，不同地区经济水平差异极大，需要以经济发展带动统一。1949年12月政务院第11次政务会议通过《大行政区人民政府委员会组织通则》（见图1.1），规定大行政区是中央政府派出机构，以法律的形式确定了下来。大行政区是该区所管辖的省或市高一级的地方行政机关，也是中央人民政府政务院领导地方工作的代表机关。

新中国成立前后，沿袭民国时期的基本做法，把省区的规模缩小，以便通过大行政区对地方加以控制和领导。"省级行政单位由1947年的48个（35省、1地方、12院辖市）增至1951年的53个（29省、8行署区、1自治区、1地方、1地区、13直辖市），省级区划数量众多。"① 各大区基本情况如下：

华北行政区：1948年8月26日，基本由晋冀鲁豫和晋察冀边区组成，建立华北人民政府。连同1949年8月成立的平原省，辖河北、山西、察哈尔、绥远、平原5省和内蒙古自治区及北平（1949年10月1日改为北京市）、天津两个直辖市。1950年1月27日中央人民政府委员会撤销华北人民政府，其所辖省、自治区、直辖市直属于中央人民政府统辖。1952年设立中央人民政府政务院华北行政委员会。

东北行政区：东北人民政府于1949年8月在沈阳成立。1952年

---

① 崔乃夫：《当代中国的民政》，当代中国出版社1994年版，第190页。

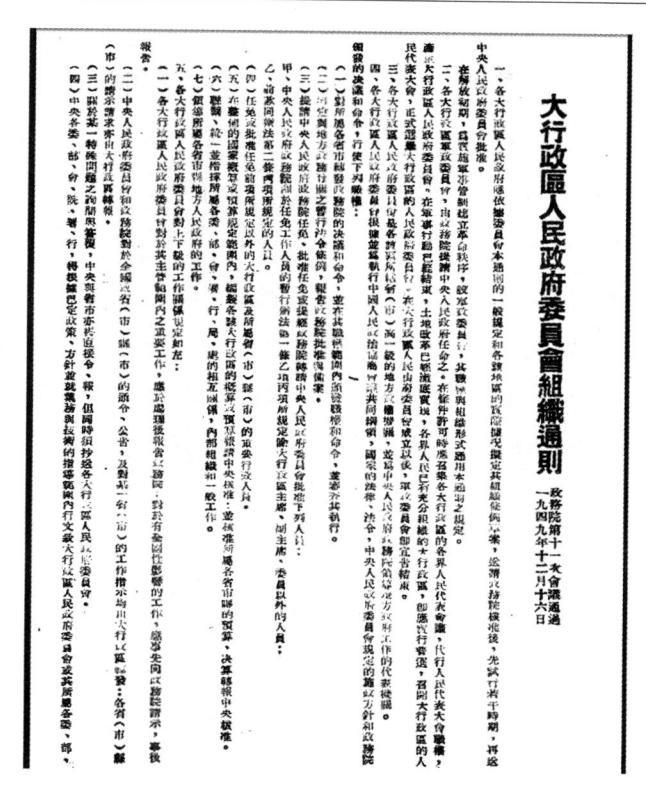

# 第一章 大行政区时期的地方政府层级设置

图 1.1 《大行政区人民政府委员会组织通则》（节选）

资料来源：中央人民政府：《大行政区人民政府委员会组织通则》，《湖南政报》1950 年 1 月 25 日。

11 月 15 日，中央人民政府委员会又将东北人民政府改为东北行政委员会。

西北行政区：1950 年 2 月，西北军政委员会在西安成立，辖陕西、甘肃、宁夏、青海、新疆 5 省及西安直辖市。下辖专区 18 个、行署 1 个、地级市 1 个、县级市 8 个、县 273 个、旗 2 个、中心区 2 个、自治区 4 个、设治局 2 个。

华东行政区：1950 年 2 月，华东军政委员会在上海市成立，辖山东、浙江、福建、台湾（尚未解放）4 省，皖南、皖北（1952 年 8 月 7 日恢复为安徽省）、苏南、苏北（1952 年 11 月 15 日恢复为江苏省）

4个行署区及上海、南京（1952年11月15日降为省辖市）两个直辖市。后变为辖6省2直辖市。

中南行政区：1950年2月，中南军政委员会在武汉市成立，辖豫、鄂、湘、赣、粤、桂6省，还包括武汉、广州2个直辖市。

西南行政区：1950年7月，西南军政委员会在成都市成立，辖西康、贵州、云南3省，川东、川南、川西、川北4个行署区。①

到1952年止，全国共设置了52个省级的行政区，6个大行政区管辖着29个省，8个大行署区，13个市，还有内蒙古自治区和西藏自治区。② 经过一年的变动后，各大区管辖情况可见表1.2。

表1.2　　　　　　　1952年全国省级行政区一览

| 六大区 | 30省、1自治区、12直辖市、1地方、1地区 |
| --- | --- |
| 华北区（北京市） | 北京市、天津市；河北省（保定市）、山西省（太原市）、绥远省（归绥市）、内蒙古自治区（归绥市） |
| 东北区（沈阳市） | 沈阳市、旅大市、鞍山市、抚顺市、本溪市；辽东省（安东市）、辽西省（锦州市）、吉林省（吉林市）、松江省（哈尔滨市）、黑龙江省（齐齐哈尔市）、热河省（承德市） |
| 西北区（西安市） | 西安市；陕西省（西安市）、甘肃省（兰州市）、宁夏省（银川市）、青海省（西宁市）、新疆省（迪化市） |
| 华东区（上海市） | 上海市；山东省（济南市）、江苏省（南京市）、安徽省（合肥市）、浙江省（杭州市）、福建省（福州市）、台湾省（台北市） |
| 中南区（武汉市） | 武汉市、广州市；河南省（开封市）、湖北省（武汉市）、湖南省（长沙市）、江西省（南昌市）、广东省（广州市）、广西省（南宁市） |
| 西南区（重庆市） | 重庆市；四川省（成都市）、贵州省（贵阳市）、云南省（昆明市）、西康省（雅安市）、西藏地方（拉萨）、昌都地区（昌都宗） |

资料来源：中华人民共和国民政部：《中华人民共和国行政区划沿革1949—1997》，中国社会出版社1998年版。

---

① 张明庚、张明聚编著：《中国历代行政区划 公元前221年—公元1991年》，中国华侨出版社1996年版，第536—537页。

② 陈岚：《锦绣山河 祖国的版图·名山》，新疆青少年出版社2004年版，第44页。

## 第二节　大区体制的积极作用

正如《中央人民政府关于撤销大区一级行政机构和合并若干省、市建制的决定》所言："自中华人民共和国成立以来,大区一级行政机构代表中央人民政府领导和监督地方政府,对于贯彻中央政策,实施人民民主建设工作,进行各种社会改革运动,恢复国民经济,以及在经济建设、文化建设和其他各方面的工作中,都起着很重要的作用,都胜利地完成了它的任务。"①

### 一　为恢复国民经济提供了有力保障

政权的巩固与发展需要丰富的政治资源和稳定的经济基础。对于饱受战争摧残、经济极其落后的新中国而言,经济建设与发展是国家建设的头等大事。然而,中国共产党在全面取得国家政权之初不仅面临着国民经济濒于崩溃的不利局面,而且还延续了基于战争需要而不顾经济发展的政区设置,这进一步增加了国家治理的难度。事实上,中国共产党在当时的时代背景下是缺乏和平建设的经验和能力的,中央政府不可能实现对如此多的省级政府直接有效的管理。因此,由大区代表中央政府领导各省(市)进行政治建设、经济建设和社会稳定工作,显然是一种具有针对性和现实可行性的管理模式。尽管大区设置的初衷并非基于经济发展而进行的行政区划,但客观上实现了政治发展与经济建设的有机整合,为接下来进行的统一财经、稳定金融、建立计划经济体制奠定了良好的国家制度基础,大大减轻了中央政府的管理难度,缓解了中央政府的管理负担。各大区政府在党中央和大区中央局的领导下,结合本大区的实际情况,对辖区内的政治、经济、

---

① 《中央人民政府关于撤销大区一级行政机构和合并若干省、市建制的决定》,《人民日报》1954年6月20日。

文化和社会等各方面事务进行了富有特色的管理和建设，在各省市重点建设、粮食调拨、灾荒救济等方面，均能在大区范围内适当集中各省力量及时予以支援。可以说，如果没有大区政府的统筹安排和高效协调，各解放区在土改、剿匪、救灾等方面的工作很难如此顺利地进展。因此，大区体制在政权稳定和恢复国民经济发展中发挥了无法替代的作用。

### 二　为处理中央与地方关系积累了经验

中国是一个幅员辽阔、人口众多、观念差异悬殊的多民族国家，各地不可避免地存在着利益冲突和发展不平衡的情况，当经历过战乱之后，迫切需要加强中央的集中统一领导。这不仅需要建立科学有效的国家政权体系，还需要做好中央集权与地方分权的尺度拿捏。设置大区一级行政建制恰好可以满足这些需要。首先，大区建制的设置实现了中央对地方的有效控制。在新中国成立之初，地方政权的建设任务主要集中在新解放区和尚未完全解放的一些地区，有必要在大区内部协调不同省份的建设步伐，根据各自工作重心的差异相互帮助，资源互补。与此同时，大区政府、大军区、中央局在区域设置上相互重叠，便于实行党政军一体化的领导体制，在客观上有利于中央政府实现对地方的强有力控制。因此，在省级行政之上设置大区政府，对于当时尚未在全国范围内建立完整政权系统的中央政府而言，起到了稳定社会、巩固政权的重要作用。其次，大区制度有助于实现中央集权与地方分权的统一。中国共产党在取得政权之后，实行了地方行政建制的四级制或五级制设置，作为最高一级地方政府，大区弥补了中央政府在新中国成立初期的体制不健全和能力有限的缺陷。此后，随着国家政权的不断巩固和国民经济的有序恢复，中央政府率先在财政领域实行集权，并逐步在更大范围内实行计划管理体制，最终形成了中央集权的政府间关系体制。正如周恩来总理所说："在目前情况下，大行政区应该成为一级政权组织，由它领导一个大的地区工作。这个地区，在经济、政治、民族等方面有许多共同点，在军事上是连成一片的。绝不会因为有大行政区这一级而成为不统一。中国是一个大国，地大人多，经济发展不平衡，必须在经济发展的条件下，才能逐渐走向完全的统一。"① 最后，大区制度的实践客观上限制了地方积极性的发挥。在大区政府存续期间，中央与地方关系矛盾比较突出。中央政府需要考虑如何实现全局和局部、中央和地方、集中统一和因地制宜的兼顾。中央政府开始在强调中央财政高度统一的前提下，充分尊重地方的财政自主权。在经济社会发展方面开始注意到不同地区的特色和困难，及时有效地采取有针对性的举措为地方发展提供保障。这些实践为此后处理中央和地方关系提供了经验。

### 三 为应对内忧外患整合了资源

新中国成立初期，中国共产党的实际影响力只限于西北、华北和东北等地，而此时的新生政权还面临着民族分裂主义和边界纠纷的严峻考验。面对错综复杂的国际和国内环境，中央政府需要建立一种能把边境地区与内地有力地联结起来的省级以上的行政建制，并设军政委员会实施军事管制，集数省之力尽快结束国内战争，整合边疆与内地的资源，消除可能出现的民族分裂和边境军事冲突，乃至消除发生大规模内乱或外敌入侵的可能。如由山东、江苏、安徽、浙江、福建和上海等省市组成的华东地区，"虽已全部解放，但盘踞在台湾及沿海岛屿的残兵败将，尚待肃清，华东军政委员会的设立，仍然负有严重的军事战斗任务"②。

大行政区体制的设定是在当时特殊的历史背景下完成的，它吸收了苏共与中国近代行政区划的优点，因时而变，因地而宜，对中共在

---

① 中共中央文献研究室：《周恩来年谱（1949—1976）》上卷，中央文献出版社 1989 年版，第 171 页。
② 马寅初：《关于华东军政委员会组织条例的报告》，《华东政报》1950 年 3 月 7 日

全面执政初期加强中央集权、巩固新生的人民民主专政政权和恢复国民经济都起了重要的历史作用，并为此后进行全方位的社会主义改造、建立计划经济体制铺平了道路。①

## 第三节 大区体制存在的问题

大区政府代表中央人民政府领导、监督所辖省、市、自治区政府，其权力范围大但没有合法性地位。因此，大行政区注定是一种临时的过渡性行政建制。

### 一 大区体制的过渡性不适合长远发展

中国共产党夺取政权后，中央政府面临着事多人少的局面，而且当时的一些建设工作还处于摸索状态，中央对地方权力的控制也在"收、放"中不断变化，而且中央设立大行政区的根本目的是能够快速实现国家的统一和中央集权，并没有把大行政区作为一种长期、固定的行政建制，因此大区的机构设置、人员配备和职能权限等始终处于一种不稳定的状态，不利于地方的长期稳定发展。同时，大区的行政区域划分基本上沿用解放战争期间战略区的划分，首先是着眼于在政治、军事上统一全国的考虑，虽然对于恢复和发展国民经济起了重要作用，但其出发点并不是为了发展国民经济的长远考虑，而且大区形成了相对分散的财经状况，这种状况是不适合夺取全国政权后形势发展需要的。②

---

① 范晓春：《新中国成立初期设立大行政区的历史原因》，《当代中国史研究》2009 年第 4 期。

② 辛向阳：《大国诸侯：中国中央与地方关系之结》，中国社会出版社 2008 年版，第 243 页。

## 二 大区体制的临时性特征降低了行政效率

中国共产党全面执政后,受国情所限,地方行政建制为大区、省、县、乡四级制或大区、省、县、区、乡五级制。管理层级的增加导致行政成本不断增加,同时管理效率也会降低。中央政府对省级地方管理时要经过大区,这也造成了中央与省的信息传递容易缺失,沟通困难。而且地方层级的增加,需要有相应的行政机构和公务人员与之相配套,这就会耗费大量的人力、物力等社会资源,社会负担也会相应增加,管理成本大大增多。

## 三 大区权力的统一性特征不利于政治稳定

大区辖区广阔、权力广泛、与中央联系的机制不健全等因素使大区负责人实际掌握了很大的权力,而且一旦大区负责人之间达成联合,便会对中央政府构成直接威胁。1953年下半年至1955年年初,"高岗、饶漱石事件"就是最典型的例子。因此,1952年年底,中国共产党认为即将结束国家经济的恢复和改建工作需要调整与增设中央机构、减少政权层次,以强化中央集权,同时取消了地方一些必要的相对独立性和因地制宜的权限。

# 第二章　地区行署时期的地方政府层级设置

地区行署是介于省与县之间，作为省、自治区人民政府的派出机构领导和监督县（市）政府工作。1951年曾达199个，以后逐渐减少，大体稳定在170个左右。1983年实行市管县体制以来，地区大大减少，1994年减至89个。① 几十年来，地区在协助省（区）人民政府领导和监督地方政府工作中发挥了应有作用，特别是在加强对农村工作的管理方面具有重要意义，是我国传统行政区划体系中的重要环节。

## 第一节　地区行署体制概述

### 一　地区行署的由来

地区行署是地区行政公署的简称，它的性质和地位曾经历过几次变化。抗日战争、解放战争时期，行政公署是中国共产党领导的革命根据地建立的地方政权机关，如胶东行政公署。中华人民共和国成立初期，行署是相当于省级的地方政权机关，如苏南、苏北、皖南、皖北、川东、川西、川南、川北等人民行政公署。1954年《地方组织法》将行政公署规定为省、自治区人民政府的派出机关，称专员公署。1975年宪法又将它改为一级政权机关，称地区革命委员会。1978年宪法规定，行政公署是省、自治区人民政府在所属各地区设立的派出

---

① 刘君德：《中国行政区划的理论与实践》，华东师范大学出版社1996年版，第374页。

机关。

现在所说的地区行署制的前身应为新中国成立初期的专员公署制。在"全国一片红"的潮流下专员公署制被改为没有受法律认可的地区革命委员会制,"文化大革命"后中央对地区层次的认识又恢复到了1954年宪法对专署作为省之派出机关的规定。1978年宪法第三十四条中指出:"省革命委员会可以按地区设立行政公署,作为自己的派出机构。"1979年五届人大二次会议通过对宪法第三十四条的修正,规定将地方各级革命委员会更名为地方各级人民政府,规定地区行政公署成为省政府的派出机构。

1982年修改通过的《中华人民共和国地方各级人民代表大会和地方各级人民政府组织法》规定:省、自治区人民政府在必要的时候,经国务院批准,可以设立若干行政公署,作为它的派出机关。其任务是代表省、自治区人民政府督促、检查、指导所属市县的工作,并办理上级人民政府主管部门交办的事项。作为省(自治区)人民政府的派出机构,地区行署并不设立人民代表大会,但设立人大工作委员会,负责联系本辖区内人大代表联络工作。同时,地区设立政协机构。

随着1983年地市合并和地改市制度的改革和推行,地区逐渐为地级市取代。但作为一种行政区划,地级市和地区作为省级以下的行政区划单位性质是一致的。

表 2.1　　　　　　1983—1999年地级市与地区合计统计　　　　单位:个

| 年份 | 1983 | 1984 | 1985 | 1986 | 1987 | 1988 | 1989 | 1990 | 1991 |
|---|---|---|---|---|---|---|---|---|---|
| 地区 | 138 | 135 | 125 | 119 | 117 | 113 | 113 | 113 | 113 |
| 地级市 | 144 | 148 | 163 | 166 | 170 | 183 | 185 | 185 | 187 |
| 合计 | 282 | 283 | 288 | 285 | 287 | 296 | 298 | 298 | 300 |
| 年份 | 1992 | 1993 | 1994 | 1995 | 1996 | 1997 | 1998 | 1999 | 2005 |
| 地区 | 110 | 101 | 89 | 86 | 79 | 72 | 66 | 58 | 17 |
| 地级市 | 191 | 196 | 206 | 210 | 218 | 222 | 227 | 236 | 283 |

续表

| 年份 | 1992 | 1993 | 1994 | 1995 | 1996 | 1997 | 1998 | 1999 | 2005 |
|------|------|------|------|------|------|------|------|------|------|
| 合计 | 301 | 297 | 295 | 296 | 297 | 294 | 293 | 294 | 300 |

资料来源：陈潮、陈洪玲：《中华人民共和国行政区划沿革地图集（1949—1999）》，中国地图出版社2003年版，第155—156页；中华人民共和国民政部：《中华人民共和国行政区划简册》，中国地图出版社2005年版，第1页。

## 二 地区行署的职权

1978—1999年，中央把地区行署的角色定位为"派出机关"，在省级人民政府领导下对县进行督导和检查。

1983年，《中共中央国务院关于地市州党政机关机构改革若干问题的通知》（中发〔1983〕6号）中首次明确规定了地区行署的总体职权，主要由四个方面组成：（1）检查了解所属各县贯彻执行党的路线、方针、政策和决定的情况，总结交流经验；（2）督促检查所属各县完成上级布置的各项工作任务，协调互相关系；（3）接受省、自治区党委的委托，管理一部分干部；（4）完成省、自治区党委和政府交办的其他事项。

1993年7月，《中共中央〈关于党政机构改革方案〉和〈关于党政机构改革方案的实施意见〉的通知》（中发〔1993〕7号）中再次提到了地区行署的职权："地区一级要按照派出机构的性质进行改革，把工作重点转向监督、指导、检查、协调等方面。"

除上述四条总体职能的规定，中央对地区行署的单项权力也做出了限定：第一，地区行署不具有企事业管理权。1983年，中央规定，因"地区党政领导机关不作为一级领导实体，今后不直接管理企事业单位，现在管理的可交给所在市、镇或者县；一时交不了的，可以暂时代管，过渡一段"；第二，地区行署不具有县级主要经济指标的制定权。"县的工作由省、自治区直接布置。计划、财政、物资等主要经济指标，由省、自治区径自下达"；第三，地区行署不具有地区直属机构编制审批权。由于新时期政府机构改革中各级机构庞大严重超编，其中即包含大量地方自行设立的机构，为此，1987年4月中央上调机构编制的审批权限，规定"机构编制的审批权限不能下放，已经下放的要上收……各省、自治区、直辖市党政机关的厅局机构，属于党群系统的，由中央组织部审核"[①]。

实际上，地区行署行使着全面的行政管理权限，起着一级政府的作用。很多地区行署比照执行《中华人民共和国地方各级人民代表大会和地方各级人民政府组织法》中的县级以上地方各级人民政府职权：（1）执行本级人民代表大会和它的常务委员会的决议，以及上级国家行政机关的决议和命令，规定行政措施，发布决议和命令。省、自治区、直辖市以及省、自治区的人民政府所在地的市和经国务院批准的较大的市的人民政府，还可以根据法律和国务院的行政法规，制定规章；（2）领导所属各工作部门和下级人民政府的工作；（3）改变或者撤销所属各工作部门的不适当的命令、指示和下级人民政府的不适当的决议、命令；（4）依照法律的规定任免和奖惩国家机关工作人员；（5）执行经济计划和预算，管理本行政区域内经济、文化建设和民政、公安等工作；（6）保护社会主义的全民所有的财产和劳动群众集体所有的财产，保护公民私人所有的合法财产，维护社会秩序，保障公民的人身权利、民主权利和其他权利；（7）保障农村集体经济组织应有的自主权；（8）保障少数民族的权利和尊重少数民族的风俗习惯，省人民政府并且帮助本省各少数民族聚居的地方实行区域自治，帮助各少数民族发展政治、经济和文化的建设事业；（9）保障妇女同男子有平等的政治权利、劳动权利、同工同酬和其他权利；（10）办

---

① 侯桂红：《1978—1999年地区行署的职权新探——以河北省为中心》，《当代中国史研究》2016年第2期。

理上级国家行政机关交办的其他事项。①

## 第二节 地区行署体制的积极作用

地区行署体制是为在特定的历史时期以完善行政体制为目的而设计的,为国家建设甚至改革开放都做出了重要贡献。《中共中央国务院关于地市州党政机关机构改革若干问题的通知》(中发〔1983〕6号)中曾评价说:"地区党政领导机关过去做了大量工作,起了重要作用。"

### 一 缩小了省级政府的管理幅度

任何国家的行政组织设置都是纵向结构和横向结构的结合,这在客观上就产生了管理层次与管理幅度的关系问题。行政组织的纵向结构形成管理层次的问题,行政组织的横向结构形成了管理幅度的问题。一般来说,二者之间是反比例关系,即管理层次越多,管理幅度就越小;反之则反。

管理层次体现了决策者与执行者之间的距离,层次越少意味着距离越短,信息沟通就越便利,信息衰减就越小,政策执行也就会越准确、迅速。管理幅度体现的是上级对下级的管理数量,由于决策者的知识技能和工作时间的限制,管理幅度是必须受到限制的。一般而言,幅度越小意味着管理效率越高。科学设置行政组织结构最根本的问题就是要处理好管理层次与管理幅度的关系问题,也就是要根据影响管理层次和管理幅度关系的各种因素的不同,寻找和确定两者最佳的结合点。

我国在1978年时共有30个省级行政单位,2231个县级行政单位。

---

① 《中华人民共和国地方各级人民代表大会和地方各级人民政府组织法》,中国民主法制出版社2004年版。

如果由省级政府直接管理县,那么每个省级政府平均管理 70 多个县。在当时的交通设施不够发达、通信技术落后、管理水平相对较低的情况下,如此大的管理幅度很容易造成工作上的疏漏。在省与县之间设置地区行署,可以分担省级政府的管理任务,从体制上则可以起到承上启下的作用。这样做既有利于省级政府加强自身建设和专注于自身事务,又有利于缓解纵向管理上的压力。

### 二 促进了县域经济的快速发展

从县域经济发展条件上讲,在原本的省、县、乡三级架构中,省政府由于所辖县数量过多,区域内自然资源、气候、社会环境、文化习俗等方面有较大的差异,不易在社会发展方面给予统一规划、领导,也无法对县提供足够的支持,县域资源也没有得到充分开发。在地区行署制实施后,地区所辖范围内物产资源、气候、民情习俗等大的环境具有较大的相似性,这种相似性能够提供互相参考、学习、借鉴的可能及机会,基本打破了县级经济壁垒,加强了县域间经济交流,充分开发了县域资源,有利于县、市的经济快速发展。

从管理体制上讲,虽然县级政府属于地区行署的下级组织,但是省级政府可以绕过行署直接将有关编制、人事、劳动管理等政策、指示直接下达到县。"行署在其辖区内对行政管理机构的设置基本上没有自主权,主要是按照上级指示行事,不论某种机构在辖区内是否有必要设置或存在,也不论机构是否重叠,行署必须按照上级的意志执行。"[1] 因此,相比于地级市,地区行署对所辖县市的约束力相对较弱。在招商引资方面,由于地区行署只是省级政府的派出机构,本身不具有一级政府的法定职权,投资主体可能会因找不到法律依据、对其存续时间的怀疑等因素的考虑,不愿与其建立长期稳定的经济联系,继而转向稳定性、合法性、积极性都更高的县市。

---

[1] 江荣海等:《行署管理——阜阳行署调查》,中国广播电视出版社 1995 年版,第 91 页。

从地区行署自身的定位上讲，地区行署往往把促进区域内经济发展、保证经济整体性和增长的长期性作为主要工作内容，会站在全局的角度考虑地区工作目标、工作重点和具体措施，根据整个区域内社会、经济、历史、资源、文化等因素进行综合研判，做出指导性、原则性较多，命令性较少的决策，这在客观上有利于发挥县市地方政府和职能部门工作的积极性、主动性。

### 三　为实行市管县体制积累了经验

1979年至2004年，宪法、地方政府组织法及其历次修正案要么规定"省人民政府可以按地区设立行政公署，作为自己的派出机构"，要么更加笼统地表示"省、自治区的人民政府在必要的时候，经国务院批准，可以设立若干派出机关"，其中甚至略去了地区行署的名字。也就是说，在我国行政系统中，地区行署的法理身份是派出机构，不是实际意义上的一级政府。

然而，现实中地区行署在省县之间起着一级政府的作用。对本地区的政治、经济、文化教育、社会管理等方方面面，负有完全责任，实际的职责和权力都很大，实际上履行着一级政府的职责。在很长一段时间里，地区行署与其他"实级"政府一样，兼管城市和农村两种地域的政治、经济、文化全部工作。地区行署客观上保证了省与县之间有效对接，并逐渐形成了相对稳定的运行机制，让整个行政系统和政治系统保持完整性和系统性。这为"撤地设市"后的市管县体制顺利运行奠定了基础，积累了经验。[①]

---

[①] 侯桂红：《一九七八年至二〇〇二年地区（行署）制度利弊探析》，《中共党史研究》2017年第8期。

## 第三节 地区行署体制存在的问题

地区行政公署在设立初期是作为省人民政府的派出机构设立的，它不具有一级政权实体，但是在实际运行中却具有了相当大的实权，也随之带来了一些问题。《中共中央国务院关于地市州党政机关机构改革若干问题的通知》（中发〔1983〕6号）中曾指出："在政治、经济紧密相连的一个地区和城市内，往往存在着地、市、县、镇几套领导机构，层次重叠，部门林立，行政工作人员越来越多；人为地造成城乡分割、条块分割的局面，工作中互相矛盾，抵消力量；严重地阻碍着城乡的互相支援，束缚着经济、文化事业的协调发展。"

### 一 机构庞杂影响工作效率的提高

与其他地方政府相似，地区行署的职能、人员、机构等也在不断增加，其职能部门的名称和数量基本与省政府对口，在规模上也基本与地级市规模相同。这大大增加了省级人民政府的财政负担，无形中给省政府带来很大的压力，而且随着地区行署的逐渐实质化，政令的上传下达都要经过地区这一级。行政层级的增加带来了行政成本增加、信息传递容易失真、行政效率降低等问题。

1979年，中央对地区行署的机构设置曾指示道："地区是省的派出机构，办事机构要力求精干。机构设置和人员编制要坚决贯彻精兵简政的原则，从实际出发，不要强调上下对口，不要强求上下组织形式一致。"[①] 然而，中央机构编制委员会办公室调查发现，只要是地区和地级市并存的地方，必定"两套平行机构，重复设置，矛盾突出"，"不仅党政机构如此，许多事业单位如报社、学校、医院、电台、电视

---

① 劳动人事部编制局编：《机构编制体制文件选编》（上），劳动人事出版社1986年版，第337—339页。

台也都是两套"①。以安徽省阜阳地区为例,1983年阜阳地区机构改革后,各级机构设置和人员编制又出现重新膨胀的趋势。原来从省政府机构序列中减掉的厅局,有些依然存在,不过是变成了名义上的"二级局"。其职责任务、工作关系,基本上没有改变,而且设立了名目繁多的各种非常设机构,它们同常设机构交叉在一起,形成多头指挥,职责不清,互相扯皮的局面,严重影响了工作效率。更严重的是,大多数临时机构在完成使命后,并没有即时撤销,而是成了变相的常设机构,消耗了一笔可观的财政经费,使原来就很有限的地方财政更为紧张。②

## 二 区市同城耗费管理主体的精力

地区行署虽然是派出机构,但实际行使一级政权组织的职权,相关机构设置也比较齐全,这就与同城的市存在机构、职能重叠的现象,由此造成了大量的职责不清、推诿扯皮现象,耗费了大量的精力。中编办在调查中发现:"地市并存于一地,加剧了城乡分割,阻碍了商品流通……使许多领导同志和党政综合部门的时间、精力浪费在解决矛盾、协调关系之中。"③

1982年,全国有地区行署170个,其中与省会城市同城的有4个,与地级市同城的有28个,与县级市同城的有83个。多个行政层级组成一个以城市为中心的同心环结构,其行政功能的辐射范围必然有重合和交叉,"会与所在市的城市管理工作发生直接冲突,带来区域间的城乡分割、条块分割、重复建设、盲目生产、资源浪费、流通堵塞等严重后果,影响城乡和条块的相互支持与合作,阻碍以城市为中心的

---

① 中央机构编制委员会办公室本书编写组编:《中国行政改革大趋势——行政管理体制和机构改革》,经济科学出版社1993年版,第69页。

② 江荣海等:《行署管理——阜阳行署调查》,中国广播电视出版社1995年版,第152页。

③ 中央机构编制委员会办公室本书编写组编:《中国行政改革大趋势——行政管理体制和机构改革》,经济科学出版社1993年版,第69页。

地方经济和社会发展的统筹规划与协调发展"①。

## 三 职权交叉打击管理对象积极性

地区行署本是作为省人民政府的派出机构设定的,它的主要职能应该更偏向于监督、管理所辖各县的工作。但是在实际操作中,地区行署已经具有一级政府之实,具有相当大的行政决定权,而省政府及相关职能部门与地区行署分工不够明确,这使得辖区内县级政府往往面临着双重甚至多重领导,造成政府间行政管理混乱,制约了县级政府积极性的发挥。

与此同时,从政府到企业有五个层次:行政公署—委办—局—公司—企业。由于层次多,政府的决策指令往往要经过几次关隘才能到达企业,极易贻误时机。对企业来说,管它的"婆婆"太多。多层次的行政管理,使企业迈不开步子,走不出路子,严重影响了生产力的发展。行署管理经济中出现的这种现象,在行署履行其他职能过程中也同样存在,这必然大大降低了行政效率。仅以农业技术推广一事为例,行署就有行政公署—农经委—农口各局—农技推广站四个层次。下面各县市,以至于各乡镇都存在这种情况。推广一项新技术,光审批就得经过多道关隘,真正进入实质推广阶段时,已经耽误了很长时间,其中弊端不言而喻。

总之,地区行署是基于计划经济体制下政治、经济、社会发展需要而建构的政权组织,已经不能够适应以经济建设为中心和社会主义市场经济的发展要求。"撤地设市"成为地方政府改革的走向。

---

① 钱其智:《改革地区体制 撤销地区建制》,《中国行政管理》2000年第7期。

# 第三章 地级市时期的地方政府层级设置

《中华人民共和国地方各级人民代表大会和地方各级人民政府组织法》第六十八条规定:"省、自治区的人民政府在必要的时候,经国务院批准,可以设立若干派出机关。"因此,很多省为了在信息、交通等约束条件下实现对县的有效管理,设立地区(专区)作为其派出机构。它并非一级政权组织,仅仅是代替省级人民政府履行行政督察的职能。这一派出机构所在的城市就是现在我们所指的地级市,往往是在某一区域内比较重要的工业城市。此时的地级市辖域以市辖区为主,农业人口在整个人口中所占比例很小。因此,这一时期的地级市属于真正意义上的城市。在地级市时期,市管县体制成为处理省级行政机关与县级行政机关之间关系的最主要方式。

## 第一节 市管县体制概述

市管县体制是我国地方行政层级沿革中出现的一种情形,是指在行政区划上,根据维护国家政权和行使国家职能的需要,兼顾地理条件、历史传统、风俗习惯、经济联系、民族分布等实际情况,在同一个经济区内县(市)中,找一个经济发达的中心城市,由该中心城市管辖本经济区内的其他县(市),带动周围农村地区共同发展,并使该中心城市成为由省级政府直接领导的一级地方政权的行政体制。

## 一 市管县体制的由来

中国的市管县体制萌芽于市制创立之初,1926年汉口市(今武汉一部分)辖汉阳县,开了市领导县体制之先河。中华人民共和国成立初期,作为工业中心的市和作为农业中心的县是彼此独立的,不存在隶属关系。据《中华人民共和国县级以上行政区划沿革(1949—1983)》记载,1949年年底实行市领导县体制的只有无锡市、徐州市、兰州市,分别领导无锡县、铜山县、皋兰县。此后,北京、天津、旅大(今大连)、本溪、杭州、重庆、贵阳、昆明等市先后实行市领导县体制。当时实行市领导县体制主要是为了保证城市的蔬菜、副食品供应。因此,领导县的市仅限于部分直辖市、省会城市和个别大城市,一般一个市只领导一个县,唯一例外的是旅大市曾领导过2个县。截至1957年年底,全国仅有3个市领导4个县,代管1个县级市。[①]

按照1954年宪法规定,直辖市和较大的市分为区,无论是地级市还是直辖市都不领导县,但实际上市领导县的特例并未中断。1958年,北京、上海、天津3市加上辽宁省全部(后又恢复了几个专区),经过国务院批准,先后建立了市管县体制,一些经济比较发达的地区也得到了试点和推广。此时,市管县体制的雏形已经出现,也是现行市管县体制的发端。1959年9月,第二届全国人大常委会通过了《关于直辖市和较大的市可以领导县、自治县的决定》,第一次以法规形式肯定了市领导县行政体制,推动了市领导县体制的发展。到1960年年底,全国已有48个市领导234个县、自治县,代管6个县级市,最多是武汉市领导16个县。[②] 而由于此次市领导县的行政体制产生的原因是"大跃进"和人民公社运动,缺乏客观的经济文化基础,很快就

---

[①] 浦善新等:《中国行政区划概论》,知识出版社1995年版,第398页。
[②] 吴爱明、朱国斌、林震:《当代中国政府与政治》,中国人民大学出版社2010年版,第219页。

"降温"了。

从1978年开始,以市管县为主导,我国行政层级渐渐得到恢复与健康发展。另外,1978年《中华人民共和国宪法》第三十三条指出直辖市和较大的市分为区、县。市管县体制终于第一次以国家根本大法的形式,做了比较明确的规定。1980年以后,随着改革开放和有计划商品经济政策的实施,再加上国家对城市发展的扶持,城市经济和规模得以飞速增长,同时也导致了城乡差距、地区差距不断加大。而且,长期计划经济体制下逐步形成的按行政系统、行政区划、行政层级组织经济活动的纵向管理体制,不适应社会生产力和商品经济发展的要求;长期实行市县分治的行政管理体制使城市人为地脱离周围农村孤立发展,这种城乡二元体制使经济增长日益陷入块块分割、条条分割和城乡分割的困境之中。

在此背景下,中央于1982年决定在经济比较发达的地区试行市领导县体制,以经济比较发达的城市为核心,带动周围农村,统一组织生产和流通,逐步形成以城市为依托的各种规模、各种类型的经济区。1983年年初国务院批准在江苏全省试行,并在全国试点。由于中共中央、国务院《关于地市州党政机关机构改革若干问题的通知》要求将地区改为名副其实的派出机关,由"实"变"虚",每个地区的编制由当时平均1500人左右压缩到300人,而地级市则不受此限制。因此,各地实行市领导县体制的积极性甚高,形成第二次也是迄今为止最大的一次市领导县体制改革高潮。据民政部统计,仅当年3—4月就有14个省(自治区)要求撤销33个地区,38个县级市升级为地级市,市领导的县由66个增加到427个,并将7个县级市委托地级市代管。至1983年年底,共有126个市领导517个县、5个自治县、9个旗、3个特区,代管8个县级市,平均每个市领导4.3个县,领导县的市、市领导的县分别是1982年年底的2.2倍、3.2倍。①

此后，市领导县体制的推行，犹如汹涌的潮水势不可当，并伴随着机构改革在1985年、1988年、1994年前后形成数次小高潮，截至1998年年底，全国共有219个市领导1228个县（包括县级市、自治县、旗等），平均每个市领导5.6个县，市管县成为我国地方行政体制中的普遍现象。② 在这种情况下，1999年中共中央、国务院以中发〔1999〕2号文件发出的《关于地方政府机构改革的意见》指出："要调整地区建制，减少行政层次，避免重复设置。与地级市并存一地的地区，实行地市合并；与县级市并存一地的地区、所在市（县）达到设立地级市标准的，撤销地区建制，设立地级市，实行市领导县体制；其余地区建制也要逐步撤销，原地区所辖县改由附近地级市领导或由省直辖，县级市由省委托地级市代管。"至此，我国正式实行省、市、县、乡四级地方行政建制。

## 二 市管县体制的类型

各省市在进行市管县体制改革时，是经过充分考虑的。通常是根据自然地理条件、经济联系、人文历史状况等因素确定管理幅度和管理对象的。综合来看，市管县体制的形成方式主要有地市合并、划县入市、建市领县三种类型。

### （一）地市合并

所谓地市合并就是将地区行政公署与其所在的地级市政府合并，原先地区行署所管辖的县由新建立的地级市政府来领导。这种合并主要是基于行政管理方面的考虑，在这种情况下，地级市辖县的数量一般比较多。地市合并是市管县体制形成的最主要的方式。例如，1998

---

① 刘新生：《基层地方政权机构改革的模式研究》，中国社会科学出版社2010年版，第163页。

② 同上。

年8月27日，国务院批准（国函〔1998〕73号）桂林市和桂林地区合并，组建新的桂林市，原桂林市的临桂县、阳朔县、秀峰区、叠彩区、象山区、七星区、雁山区和原桂林地区的灵川县、荔浦县、永福县、全州县、兴安县、灌阳县、资源县、平乐县、龙胜各族自治县、恭城各族自治县整体划入新成立的桂林市管辖。通过这种方式形成的市管县体制，往往都是工业基础相对较好、经济实力相对较强、工业扩散条件相对充分的市。

（二）划县入市

所谓划县入市就是将地级市附近的若干个县划归地级市政府领导。例如，1984年，黄陂县、新洲县被划入武汉市管辖；1983年，巩县、新郑、密县、登封、中牟等县划归郑州市领导。可见，划县入市改革往往发生在省会城市，通常有以下几种考虑：第一，市与划入县在经济上存在一定的内在联系，发挥大城市的工业基础优势和县的农业基础优势，形成工农业优势互补，以获得最佳规模效益；第二，大城市的辐射功能强，可以帮助县建立以农产品加工为主的企业，扶持农村中小企业的发展；第三，大城市的人口整体素质较高，相应地，管理干部的水平和能力也相对较高，具备扩大管理幅度的条件。

（三）建市领县

所谓建市领县就是在原先没有设置地级市的地方，将某个县级市或者原先地区行政公署所在的县升格为地级市，以原来的地区机关为基础，组建新的市级领导机关，然后再由地级市政府来领导附近各县。例如，1986年，许昌地区被撤销，成立了许昌市和漯河市，漯河市由县级市升格为省辖市，辖郾城、舞阳、临颍3个县和源汇区。这种方式建立的市管县体制往往并非考虑当时的经济社会发展情况，而是着眼于未来的前瞻性制度安排。漯河市是京广铁路、漯阜铁路和漯舞铁路的交汇处，交通非常发达，工业基础也比较好，未来发展前景可观，成立漯河市（地级市）有利于发挥这些区位优势，促进当地的经济社会发展。

## 第二节　市管县体制的积极效应

市管县体制的实施将"城乡合治"作为其理论基础，它的目的是通过经济发达的城市带动周围的农村经济发展，保证城市农产品的供应，促进以城市为依托以达到城乡共同发展。市管县体制的实施很好地打破了计划经济体制的制约，解决了商品经济发展的困境，很好地磨合了社会转型时期行政区和经济区，缩小了城乡发展差距，加速了农村的工业化和现代化，同时也有力地促进了社会其他各项事业的发展。

### 一　一定程度上促进了市县融合

市管县促进了市县之间的融合与交往，打破了城乡的分割僵化形式，促进工农业合作。城乡经济渐渐融合为相互依托的区域经济，城乡生产资料得到了合理的配置，一定程度上促进了县域经济的发展，有利于促进城市带动农村，城乡协调发展。以辽宁省海城县为例，在地区专署管县时，由于地区专署是省的派出机构，不是独立的经济实体，县社自己解决不了的问题，地区解决也有困难。1968 年以前全县仅有水库 9 座，塘坝 24 座，深井 837 眼，排灌站 17 座。但到 1969 年以后由于实行市管县的行政体制，特别是归鞍山这样经济实力较强的中心城市领导之后，农业建设需要的资金、物资，除国家计划统拨外，市里还能给予很大支持。1973 年以来市财政拨给海城县水利建设的投资就达 887 万元，仅修上英水库一项市财政就投资 265 万元，占全部工程费用的 1/3。到 1983 年全县已有水库 22 座，塘坝 418 座，深井 2650 眼，排灌站 56 座。[1]

---

[1]　鲍辉、赵长心：《市管县推动了农村经济的全面繁荣》，《经济管理》1983 年第 3 期。

## 二 一定程度上实现了以市带县

实施市管县体制，促进了农村自然资源的有效开发和利用，城乡一体化的进程得到了推进，同时使市政府的职能得到很好的发挥，区域间的横向经济联系也得以增强，同时城乡经济建设的统筹安排也具有了可能性，有利于统一规划城乡和建设城乡的重大基础设施，有效促进优化城乡区域发展格局。同时，有利于以城市为中心，发展不同层次不同规模的各县特色经济区。与此同时，生产资料能够在更大范围内得到聚集和配置，有利于中心城市经济规模和经济总量的增加，增强城市的辐射和带动作用，能够有效促进城镇体系的形成。

以成都市为例，实行市管县后，成都市委、市政府改变了只要郊区为城市提供农副产品、保障居民供给，敞开城门，为区县发展商品生产提供市场、开设窗口。1983年以来，成都市新建、扩建了五十多个农贸市场，使每天来市区出售农副产品的农民和商贩由前些年的一两万人增加到五万人以上。这些农贸市场实行地不分南北、业不分工商、人不分对象、量不分大小，上下左右均可交易，如青羊宫日杂交易中心，吸收十二个县在此专设样品间并常驻交易代表。外地客商到成都采购，不跑郊县，即可直接在此对十二个县的产品进行看样订货，然后由县里发货。这样既方便客商，也为县里发展商品生产提供平台。该中心1985年的销售额也由1984年的154万元迅速增至723万元，全市轻工业增长13%，产值达41.65亿元；在区县农业生产方面，生猪出栏数增长17.5%，牛奶增长18.3%，蛋增长17.5%，鱼增长83.2%，菜增长9.4%，水果增长15.4%。① 成都市以流通带县，搞活了城乡流通，促进了商品生产的发展，正是市管县行政体制的优势体现。

---

① 孙达山、林晓鸣：《成都市市管县体制改革情况调查》，《理论月刊》1986年第12期。

### 三 一定程度上有利于城乡互补

实施市管县体制，城市和农村的优势都能得到很好的发挥，有利于促进不合理经济格局的改变，形成科学、合理、有效的综合经济发展格局。事实上，市管县体制对于行政管理与经济组织两大体系的重合，具有相当大的促进作用，使得行政力量在组织经济活动与推动经济改革时能起到很大的作用。

市管县以后，城乡经济建设能够统一领导，统一规划，统一管理。这就有利于按经济区安排合理的经济布局，防止自成体系，重复建设，造成人力、物力、财力上的浪费①，而且市管县体制在很大程度上解决了社会转型初期行政区和经济区的磨合问题，同时也推动了社会其他各项事业的迅速发展。这一体制使城市有了较大的发展腹地，并逐步形成不同规模的开放式、网络式行政经济区，扩大了城市自主发展权，这在计划经济条件下尤为重要。市管县体制有效地发挥了城乡结合的优势，城市利用自己的经济实力，通过行政隶属关系，加强了对农业的支援，同时合理地组织商品流通，建立了多渠道、少环节的商业体制，城市对农村的教育、科技、卫生等工作也都提供了十分宝贵的资源。

市管县体制实现了市场体系发育不成熟的条件下生产要素在行政区范围内的优化组合，使城乡、市县的优势得以互补，一些乡镇等弱小企业在中心城市的支持和帮助下，通过联合、重组等形式，规模迅速扩大，技术含量不断提升，经济效益明显提高。②

---

① 高文伟：《常州市实行市管县的情况调查》，《政治与法律》1984年第3期。
② 梁小青：《市管县体制演变与利弊分析》，《现代商业》2008年第36期。

## 第三节  市管县体制存在的问题

被寄予厚望的市管县体制在实施之初确实产生了积极的效应，对密切城乡关系、加强城乡合作、促进城乡共同发展确实起到了一定的促进作用。然而，市管县体制的后续发展虽不能说是完全失败的，但至少没有完全实现当初的设计目标，而且在实施过程中又衍生了一系列新的问题和矛盾。经济体制改革的深入和国内外行政环境的改变对政府的责任性、回应性以及服务质量和效率都提出了更高的要求，使得这一带有浓厚计划经济体制色彩的行政体制的弊端日益暴露。

### 一  导致城乡悖论

市管县的最初目标之一是利用中心城市的优势地位带动所辖县的经济社会发展，实现城乡差距缩小的目标。部分城市很好地回应了这一目标，但更多的经济相对不够发达的市回应得并不理想。很多地级市自身经济发展水平不高，仍然处于靠资源集聚实现发展目标的阶段，没有能力带动县的发展。尤其是县级市升格为地级市的升级合并型地级市多以农业为主，工业和服务业均不够发达，很难有能力将资源向农村地区倾斜。更有甚者，许多地级市并未将县视为具有独立地位的一级政府，要求县的各项工作都要服从和服务于中心城市的建设，使本就落后的县域经济雪上加霜。同时，由于市辖区的财政也是归市统一管理，而地级市领导又更加倾向于满足城市居民偏好，优先解决市区的经济社会问题，加剧了市县之间、城乡之间的矛盾，拉大了发展差距。1978年城乡差距为2.57倍，在1985年曾缩小为1.86倍，以后基本处于逐年扩大的形势（见图3.1）。曾有调查显示，1994—2004年，中国的年均家庭收入增长了147%，同期的年均家庭储蓄增长了

67%。但是，全国储蓄的增长几乎全由城市居民拉动。① 可见，市管县的出发点是缩小城乡差距，但最终结果是反其道而行之，形成了所谓的"城乡悖论"。

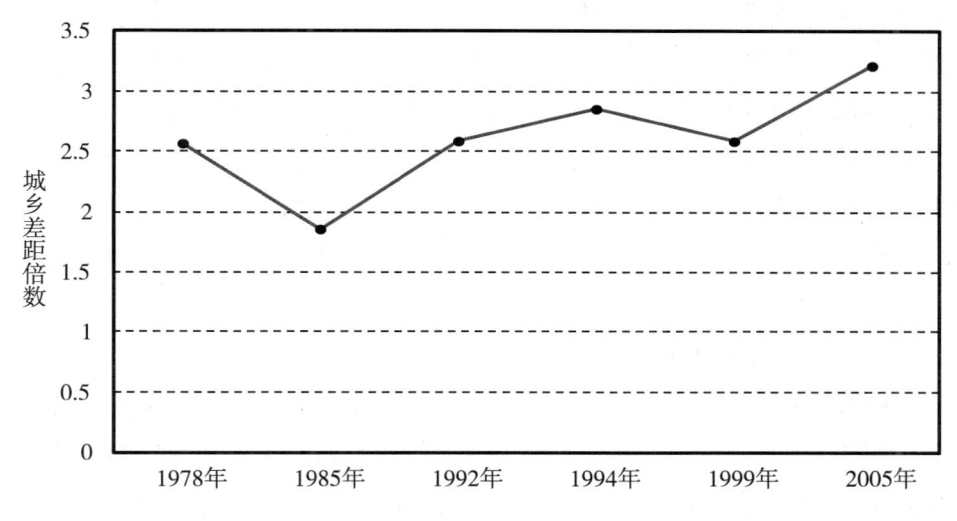

**图 3.1　1978—2005 年中国城乡收入差距倍数**

资料来源：权衡：《"收入分配—经济增长"的现代分析——转型期中国经验与理论》，上海社会科学院出版社 2004 年版，第 251 页；汝信等：《2007 年：中国社会形势分析与预测》，社会科学文献出版社 2006 年版，第 327 页。

## 二　导致财政悖论

市管县的最初目标之二是利用城市的财力优势在县财政困难的情况下给以帮助，帮助其走出财政困境。然而，由于整个国家"强中央、弱地方"的财政体制格局，给地方政府树立了"比照执行"的行为指向。一些地级市领导基于政绩显示的需要，倾向于集中县的财政资金来发展中心城市，从而富了一个地级市，穷了诸多县和乡镇。"市刮县""市卡县"的现象由此而生。通常的做法是，地级市利用自身的行政权力，采用行政手段将物资、项目与资金等资源截留下来，在行

---

① 王瑾、丁开杰：《社会建设与和谐社会》，浙江人民出版社 2007 年版，第 122 页。

政项目审批、招商引资等方面自然地向地级市倾斜，使得县的税源越来越少，财政收入难以满足经济社会发展的需要，甚至难以满足基本运行的需要。更有甚者，部分地级市自身财政比较困难，对于中央的税收返还不按规定确定预留比例，而是采取非规范化的借款办法，或者人为地压低资金比例，截取正常的应当给县的返还；同时，一些地级市利用其行政优势或借开发区之名，随意改变企业隶属关系，扩大城市税源，县级财政直接受损；再加上市往往利用其强势地位截留中央和省对县的转移支付资金，到达县级时已所剩无几。这些雁过拔毛的举措，使资金难以及时落实到位，进一步加剧了县的财政困难。

### 三　导致效率悖论

根据我国《宪法》的有关规定，我国政府的层级安排应该是以四个层级为主，在较大的市或自治州可以实行五个层级。我国当前实行的五个层级的行政管理体制是从1982年推行市管县体制后形成的。这种行政管理体制对县乡两级基层政府的发展起到非常不利的影响，妨碍了其发展的积极性和创造性，在很大程度上降低了行政管理的效率。从管理层次与管理幅度的角度来看，要想管理的效率最高，需要信息由决策层直接传递到执行层，行政组织每多出一个层次，信息的真实性和传递速度就会受到不同程度的影响。从实践上来看，地方层级的增加使信息传递的速度与效率受到影响，并且当政府职能没有得到转变时，对行政力量的过多倚靠，常常会导致较高的资源配置成本，较低的效益。像市管县体制在省与县之间多出一个中间层级，信息传递增加了一套程序，影响了信息传递速度，信息的失真率就会成倍增加，严重降低了行政效率。同时，过多的管理层级的节制，也会影响人员的积极性和创造性的发挥，容易造成人浮于事的情况，也在主观上降低了行政效率。目前，在全国范围内，市管县的幅度基本比较小，一般没有超过10个，江苏平均4个左右，而安徽则不到3.6个。管理幅度过小会导致管理效益降低，管理成本大幅度增加。越是经济发达的地区，其中心城市的发展越好，数量越多，因而其管理幅度相对会比较小，结果会导致资源较大的浪费。而相对的，经济不太发达的地区，其中心城市的发展相对缓慢，城市数量也比较少，结果导致市的管理幅度相对较大，难以辐射到，其带动效果也相对会变差。因此，市管县本意是提高各级政府的行政效率，反而导致行政效率的进一步下降，形成了所谓的"效率悖论"。

综上可知，市管县体制已经不能适应新形势下的现代经济和社会的发展。它是在新旧体制交替进行当中的一种过渡体制，随着我国市场经济的不断完善和成熟，政府职能也在转变，其必然会有所改变。

# 第二篇

## "强县扩权"改革模式

# 第四章 "强县扩权"改革概述

"强县扩权"就是政府间关系的调整，将原属于省、市的权力下放给县，使县级政府拥有更大的发展自主权，为进一步发挥县级政府的经济发展和社会管理职能奠定基础。本章主要阐述"强县扩权"改革的内涵特征、理论基础和实践意义。

## 第一节 "强县扩权"改革的内涵特征

学术界常常将"强县扩权"与"扩权强县"混用，其实二者的内涵并不相同。"强县扩权"中的"强"字是个形容词，意思是指对本身经济实力比较强的县，通过扩大其自主权，帮助其实现更好的发展，在一定范围内成为做大做强的典范；"扩权强县"的"强"字是个动词，意思是指通过将原属于省、市的经济社会发展权限下放给县，让扩权县能够有更强的经济实力。由此可见，二者的主要区别在于扩权的对象。前者扩权的对象是目前的经济实力已经较强的县；后者扩权的对象则不一定，可能是有潜力但目前经济实力并不强，省市政府希望其成为强县。因此，"强县扩权"改革往往具备如下特征。

### 一 改革的对象是强县

既然"强县扩权"中的"强"是形容词，那就要有一套衡量强县的标准。在各省推进改革的过程中，并没有给出令人信服的标准。事实上，最重要的衡量指标仍然是经济评价，因为只有经济发展水平提高了，才有推动其他方面发展的动力和源泉，才能为社会全面、协调、可持续发展提供条件。工信部赛迪顾问县域经济研究中心在发布《2019年县域经济高质量发展指数研究成果》时说明了其指标体系，主要包括经济实力、增长潜力、富裕水平和绿色水平。笔者认为，这一指标体系具有一定的科学性。首先，经济实力强才能称为强县。强县必须经济总量大，优质企业多，财政收入有相当的规模，而且要有一定的经济开放程度。同时，经济发展还要有质量，这种质量就体现在人均GDP、地区GDP、第三产业增加值占GDP的比重和一般公共预算收入占GDP的比重。其次，增长潜力大才能一直是强县。可持续发展能力一直是衡量区域竞争力的重要标准。强县必须在固定资产投资、企业研发能力、投资热度等方面有比较优势。再次，居民富裕才能配得上强县。经济社会发展的最终目的是满足人们对美好生活的需求，居民的收入水平和消费水平高低是衡量强县的重要标准。最后，在全面建成小康社会的大背景下，衡量幸福的标准不再简单地是物质生活水平，还包括生态文明在内的宜居程度。

表 4.1　　县域经济高质量发展评价指标体系

| 一级指标 | 二级指标 | 具体指标 |
| --- | --- | --- |
| 经济实力 | 经济规模 | 地区生产总值 |
| | | 规模以上工业增加值 |
| | | 一般公共预算收入 |
| | | 进出口总额 |
| | 发展水平 | 人均GDP |
| | | 地均GDP |
| | | 第三产业增加值占GDP比重 |
| | | 一般公共预算收入占GDP比重 |

续表

| 一级指标 | 二级指标 | 具体指标 |
|---|---|---|
| 增长潜力 | 投资强度 | 近三年平均固定资产投资额 |
| | | 近三年平均工业投资额 |
| | | 金融机构本外币各项存款余额 |
| | 创新活力 | 新增专利授权量 |
| | | 研发投入占比 |
| | | 新增企业数量比例 |
| 富裕程度 | 收入水平 | 居民人均可支配收入 |
| | | 人均存款余额 |
| | 消费水平 | 人均社会消费品零售额 |
| | | 居民人均可支配收入占人均 GDP 比重 |
| 绿色水平 | 宜居程度 | 空气质量优良天数比例 |
| | | 建成区绿化覆盖率 |
| | 节能环保 | 许可排污企业数量 |
| | | 万元 GDP 能耗 |

资料来源：《2019 年中国百强县名单出炉》，搜狐网，https://www.sohu.com/a/328389400_468675，2020 年 2 月 28 日。

## 二 改革的内容是扩权

从内容上看，"强县扩权"是一种公共权力关系的调整。就是省市政府的权力、责任、资源被不同步下放、委托或分解给县级政府。需要说明的是，这里不涉及权力的转移。公共权力的转移是指上级政府将公共权力转交给具有自治或半自治特征的地方政府。我国是单一制国家，地方各级人民政府从属于国务院。因此，这里的权力下放只是使用权的变化，而非所有权的变化。

目前，中央层面并没有具体的有关"强县扩权"改革的较为详细的实施方案，也没有完善的政策，提到过相关内容的只有《中共中央国务院关于地方政府机构改革的意见》《国务院批转发展改革委关于2011年深化经济体制改革重点工作意见的通知》以及"十二五"规划等，这也使各个地区在逐步推行这项改革时没有可照搬照套的来自上级的模板，只可去学习或借鉴先行先试者的经验与做法。在地方层面，许多扩权改革省份已经取得了较为成功的经验，其改革的主要内容会涉及财政管理、计划管理、项目管理、税收管理、证照发放、统计数据的发布、环评审核、价格管理、干部选拔任用及机构编制核定等。

所有的扩权改革省份的改革内容都涉及项目管理，多达18个省份有关于证照管理、土地和矿权管理的内容，15个省份有计划管理，涉及财政管理和税收管理的省份也分别有13个和11个省份。由此可见，项目管理、证照管理、矿权和土地管理、财政及税收管理、计划管理属于各地区"强县扩权"改革的较为关键的内容。许多省份在推行"强县扩权"改革的同时还进行了省直管县财政体制改革，重点涉及财政管理和税收管理体制。

### 三　改革的目的是发展

发展是一个由低级向高级的变迁。"强县扩权"改革的目的是促进县域经济、社会水平向更高阶段迈进。它不仅是物质资源和经济能力的量的增加和扩张，还意味着其质的方面的变化，包括社会创新能力、经济结构变迁和人们的文明意识。因此，作为"强县扩权"改革目的的发展是在经济增长的基础上，县域经济结构和社会结构持续高级化的创新过程或变化过程。

在各省市的政策文本中，"促进县域经济发展"，"提高县（市）经济社会管理和公共服务能力，增强县（市）自主发展能力"，"促进城乡经济发展和区域经济统筹协调发展，加快推进城市化、城镇化进程"，"扩大对外开放，提高国际竞争力"等都是直接与经济发展相关的目标。另外，通过对各省份政策文本的解读可知，在各省出台"强县扩权"改革的政策之前，相应省级党委和省政府会出台类似于《中共安徽省委安徽省人民政府关于进一步加快县域经济发展的若干意见》的文件，之后该省政府根据前述文件精神再出台关于扩大县（市）经济社会管理权限的政策。这点也充分反映了各地推行"强县扩权"改革的经济发展导向性的特征。

当然，"强县扩权"是一项触及多方利益的改革，特别是省和地级市的利益。绝大多数改革省份在改革目标体系中着重阐述的是发展壮大县域经济以及全省经济社会统筹协调发展的期望，少有给地级市在这项改革中明确定位，即便是有所提及，也只是强调地级市要继续支持县（市）发展。这样可能会导致地方利益的冲突。

总体而言，"扩大县（市）经济社会管理权限"已成为中央政府和多数地方政府的共识，在中央的倡导下以及取得了改革经验省份的启示下，将有更多的地方政府参与到这项改革中来。但由于中央层面缺乏比较完善的指导性政策，各省份的经济社会发展水平不一，推行改革的力度、改革实践的进程、采取的改革模式不一，以及制定政策的不科学，使现阶段的改革过程中存在着一些问题与矛盾，如地方利益的冲突与矛盾，地市在扩权改革中的定位，地市支持县（市）发展的积极性和力度下降等。这些问题从客观上限制了"强县扩权"改革的效果。

## 第二节 "强县扩权"改革的理论基础

任何改革都是在某种既有理论指导下进行的。改革开放初期，我们本着"摸着石头过河"的理念进行社会主义市场经济的探索，这种探索并非没有任何准绳的，而是尝试市场经济理论嵌入社会主义制度的可能性。同样的道理，"强县扩权"改革本质上是政府间权责关系的调整，是政府间利益的再分配，也必然要遵循政府间关系调整的相关理论。归纳起来包括分权理论、委托代理理论、增长极理论等。

## 一　分权理论

分权是在多层次、多机构的决策系统中权力分配问题。分权是相对于集权而言的。集权是一切公共事务的处置权集中在上级组织，下级组织只能根据上级组织的决策和指示实行自己的行为。分权则是按照一定规则把权力分派给不同组织，上级组织只对关于全局的重大问题做出决策，下级组织在自己的管辖范围内有一定的自主权。

分权具有如下六个方面的优点：（1）有利于促进居民参与当地事务。在全国范围内，个人对政策制定和执行的影响微乎其微，人们因此常常扮演"免费搭车者"；而在地方事务上，事关每家每户，居民也比较了解，他们因此更有兴趣也更有信心参与，地域范围小、人数少还有利于克服集体行动的困难，解决"免费搭车"问题，居民参与当地事务，可清晰地表示自己的偏好。（2）有利于促使地方政府对各地居民负责。居民参与本地事务可以迫使地方政府对他们的声音更加重视，并尊重他们的偏好。（3）有利于发挥地方政府官员的信息优势。地方官员对当地的情况比中央官员更加了解，在集权的情况下，他们可以运用其信息优势蒙骗、误导中央；分权可以发挥他们的信息优势，为满足本地居民的偏好服务。（4）有利于制度创新。在集权体制下，实行什么政策、怎么实行政策统统由上级政府决定，分权使得各地有机会进行种种政策试验，从而更可能出现别开生面的思路和做法。各地之间的竞争有利于促进新制度的传播和采纳，使之能更好地满足民众的要求。（5）给人们更多的选择。集权体制下，人们无法依据自己的偏好进行选择。分权则带来百花齐放的局面，各地的情况出现差异，给人们带来选择的机会，如果在一个地方过得不称心，可以迁移到另一处，即"用脚投票"。（6）有利于缩小政府的总体规模。集权削弱了对政府的制约，使它们有可能扩大干预范围。因此越集权，政府的总体规模越大（预算支出占国民生产总值的比重越大），分权带来了地方政府间的竞争，从而打破了中央政府一统天下的局面，这意味着将市场关系引入政府部门,结束了垄断,其结果必然是政府效率的提高和政府规模的缩小。①

市管县体制是典型的集权的组织形态,为了追求行政上的效率,它强调以领导为中心进行管理,并采取严格的等级控制。该体制可较高效地处理由上级分配给下级的任务和指令,但很难适应信息的双向交流及多元化的管理主体。因此,市管县的体制会对管理者的自主性和创造有一定的削弱作用,从而制约县域经济的发展。

用分权来弥补集权所含的缺陷的过程属于"强县扩权"。省级和市级政府的权力下放到县级政府属于纵向的变化。横向变化发生在政府部门向公民社会和市场之间的权力的分配。之后,形成了"先下放一定的权力,再使用一些权力,最终权力运用有一定的评估效果"的过程。这是无限的循环上升过程,各层级部门和政府之间,市场、政府与社会间相互作用,也会根据环境产生各种变化,逐步地修正一些授权与分权的政策,从而对权力的评估体系有一定的改善,最终对权力的行使方式有一定的完善效果。

## 二 委托—代理理论

委托—代理关系是指"一个人或一些人(委托人)委托其他人(代理人)根据委托人利益从事某些活动,并相应地授权代理人某些决策权的契约关系。其中主动设计契约的人称为委托人。被动地接受契约的人称为代理人"②。

委托—代理关系在日常运行中表现为委托人基于契约条款按照一定规则授权代理人在一定的权限、一定的范围、一定的时间、一定的空间内以代理人的名义从事契约规定的相关活动,并在此过程中形成

---

① 王绍光:《分权的底限》,中国计划出版社1997年版,第20页。
② Michael C. Jensen, William H. Mecking, "Theory of the firm: Managerial behavior, agency costs and ownership structure", *Journal of Financial Economics*, 1976, 03 (4).

一种基于契约条款权力、责任和利益关系。也就是说，委托—代理关系的实质表现就是一种"权力—责任—利益"关系。就政府间权力关系而言，委托—代理关系本质上是一种政府系统内部的授权关系，其核心要素是契约。因此，委托—代理关系是省市政府与县级政府之间基于契约而进行的一种公共权力的授予关系。

在"强县扩权"改革过程中，县级政府总是倾向于承担尽可能低的风险和尽可能小的责任，倾向于拥有更多的决策权和管理权来匹配自己的心理预期。然而，省市政府却希望县级政府能够不折不扣地执行"强县扩权"的政策目标，尽可能全面地完成委托任务（经济社会发展），以最少的行政成本实现最大的政策收益。这种目标的差异必然导致省市政府与县级政府之间存在多种多样的矛盾甚至冲突。信息不对称条件下的双方的利己动机会导致非合作倾向和非效率倾向。这些倾向被称为"道德风险"和"逆向选择"。

由于省市政府与县级政府在国家政治权力架构中的不对等关系，县级政府拥有的权力及其产生的利益总是有限的。省市政府享有契约制定权、检查验收权和激励分配权，这是对县级政府以目标任务为依托的控制权。省市政府通过检查验收权来核实契约的执行效果，并依据检查结果采取必要的奖惩措施，在整个委托—代理关系中具有绝对的主导权。因此，县级政府只能通过汇报、建议等方式争取契约目标的部分设定权，需要按照契约规定以及省市政府的授权空间开展活动。另外，县级政府不可能享有"强县扩权"改革中的全部收益，县级政府的收益是除去省市政府契约收益之外的剩余收益，还需要承担改革政策衔接过程中的社会风险和政策变更甚至失败的责任。

省市政府试图通过不完备的契约来实现其收益最大化，因为这种不完备的契约可以有效应对环境的不确定性。从县级政府的角度来看，由于在权力系统中处于受支配地位，权力、责任、收益清晰的完备契约符合其利益，而且越完备对其越有利。然而，省市政府处于中央政府与县乡政府之间，本身也不具备完整的决策权，"强县扩权"改革还要受中央与地方调整的影响,只能对有限的事项进行规定,对运动变化甚至不可预知的事项无法做到明确规定,也就不可能做到契约的完备性。而且,省市政府和县级政府所掌握的信息是不对称的,任何一方都存在隐藏信息的可能性,都想利用对自己有利的信息来获取利益,"强县扩权"改革契约在执行过程中容易发生异化和走样,变成不完备契约。

### 三 增长极理论

增长极理论是由法国经济学家佛朗索瓦·佩鲁（Francois Perroux）于1950年发表在《经济学季刊》上的一篇题为《经济空间：理论与应用》的论文中首次提出的。论文中写道："增长并非同时出现在所有的地方,它以不同的强度首先出现在一些点或增长极上,然后通过不同的渠道向外扩散,并对整个经济产生不同的终极影响。"[1] 他把抽象的经济结构定义为经济空间,它由发射离心力和向心力的中心及传输各种力的场所组成。这个中心即支配性经济单位。他认为,不同的地区、行业或部门,经济增长速度是不平衡的,增长不是同时出现在所有的部门,它首先出现和集中在具有创新能力的行业,这些具有创新能力的行业或部门常常集聚在空间的某些点上,于是形成了增长中心或增长极。

城市是最可能成为增长极的地方。城市的发展需要周围地区的土地、人口、资源等要素作为支撑,而且城市与其周围农村地区之间存在着相互依赖、功能互补的关系。县城是一定区域范围内的经济社会发展中心,具有为其所在地区提供商品和服务的功能。县城等级和规模与其所服务的区域规模存在一定程度的一致性。通常而言,所服务区域的面积越大,县城的发展等级也就相应地越高。大城市、地级市

---

[1] Francois Perroux, "Economic Space: Theory and Applications", *Quarterly Journal of Economics*, 1950 (1).

以及县城之间相互关联，形成区域空间层次相对分明、一二三产业相互关联的城镇体系结构。由此可见，县城的等级、规模、区位等都与增长极理论相关。

当城市发展到一定的阶段后，会产生扩散效应。扩散效应是指区域增长极的推动力通过一系列联动机制不断向周围腹地发散的过程。扩散效应的结果是促使周围腹地经济增长，并通过区域增长极中的推动性产业与其他被推进型产业的前向关联、后向关联和旁侧关联，对周围腹地产生乘数效应，从而推动整个区域经济发展。

"强县扩权"即"让强县更强，让弱县变强"。首先，随着县城发展水平的提高，知识和技术更新的速度随之加快，从农村流向县城的劳动力技术水平也相应地会有所提升，彼此之间面对的就业竞争压力将会逐渐加大，迫使相对低水平的劳动力回流到对其个人发展有比较优势的乡镇；其次，进城就业的劳动力仍与乡镇有着各种各样的联系，这种联系会促使其把所积累的资金转向周围乡镇，促进乡镇经济发展；最后，随着县域经济的发展，对生产资料和生活服务的需求数量和质量都会进一步提高，这也会刺激县城的要素向乡镇投入或转移，通过乡镇的发展来满足县城的需要。

## 第三节 "强县扩权"改革的客观需要

### 一 加强行政体制改革整体规划和顶层设计的需要

我国的行政体制改革已经从基层探索走向了顶层设计的新阶段。面对地方层级过多的问题，学界也提出了一些关于行政区划发展趋势的设想，得到普遍认可的主要有扩大省级行政单位的数量、实行省管县、乡镇撤并以及增设直辖市，而其中最具有可操作性的意见就是变市管县体制为省管县体制，随着市管县体制的弊端逐渐显现，削弱县域经济发展的能力，束缚了县域发展的主动性与创造性，增加行政成本，不利于城乡统筹等得到理论界和实践界的一致认可，现实迫切需要破除市管县体制对县域经济发展的限制。《宪法》在行政层级建制上与省直管县体制是相契合的，为省直管县体制提供了合宪性基础。因此，可以以此作为行政区划改革的突破口。我国行政体制改革的另一个主要趋势就是由"全能"走向"有限"，强化建立让人民满意的服务型政府。改革后的"市县并置、城乡分治"可以使地级市政府与县级政府根据更加合理的地域空间和服务对象，有针对性地提供公共服务，涉及跨市县的公共品供给由省政府统筹提供，这样可以有效地增强各级政府对民众合理诉求和需求的回应度，推进政府由结构性转变向功能性转变的过渡。

### 二　加强自身的控制力和提高省域竞争力的需要

省级政府考虑到自己的利益诉求，从自身的利益出发，可以通过省直管县改革减少行政层次、集中行政资源和经济资源，进而扩大省级政府的调节余地并加强控制能力，而且省级政府还可以在一定程度上"完善和规范省以下分税制财政管理体制"以稳定省域经济增长根基和发掘经济增长潜力。1993年开始的分税制改革主要是建立了统一的中央和省一级的分税制财政管理体制，初步理顺了中央政府与省、自治区和直辖市之间的财政分配关系。但是，没有对省级以下地方各级政府间的体制划分做出明确的原则性规定，非制度化方式下的财政资金运作使省域经济实力因区域内市县争权争利的内耗而受到不良影响，导致省级管理成本的高昂和整体竞争力的下降。为使公共财政发挥应有的功效，将县、市同置于省的直管范围，将有助于事权合理分担、以事权定财权的财政体制安排，进而各省政府可以根据辖区内市县的经济发展程度和状况建立起符合省情的分税制财政管理模式。

### 三　加快县域经济和城乡统筹发展的时代要求

县域经济发展的充分程度在我国虽然存在着较大的地域差距，但从总体水平来看，不得不承认，县域经济已经成为我国国民经济的重要基础。对县域发展来说，行政资源与经济资源能够有效匹配是至关重要的，而传统的行政结构框架使得现实中这两者的匹配总是不能达到一个比较合意的水平。面对大多数的地级市在发展过程中日渐偏离了我国推行市管县是"城乡合治、以城带乡、实现城乡经济共同发展"预期的现状，为了打破这种被固化了的政治经济体制上的二元结构——提高乡镇综合生产能力和经济水平以缩小城乡差距、实行市县并置格局下的城乡合治则是一条重要的改革出路，而县级政府处在我国社会政治结构的基层，作为联结城乡、承上启下的重要组成部分，也必然有着强烈的改革需求。因此建立对县级政府的激励机制，核心是要在增强县级财力方面有更科学和积极的作为：在建立规范化的转移支付制、增加对县级的一般性转移支付的基础上，实行激励与约束相结合的财政政策。如浙江省先后针对不同的县、市制定了"亿元县上台阶""两保两挂""两保两联"等政策，对地级市实行了"三保三联（挂）"补助政策和城建税超基数返还等措施，把地方增收、地方收益和地方官员的奖励直接挂钩，极大地调动了县、市地方政府培养财源、挖掘潜力、做大地方财政的积极性。[①]

---

[①] 张占斌：《省直管县体制改革的实践创新》，国家行政学院出版社2009年版，第58页。

# 第五章 "强县扩权"改革的文本分析*

"强县扩权"改革已经在全国推行,虽然各地开始改革的时间点不尽一致,但出台的改革政策却有诸多相似之处。学术界对于这一问题从县域经济发展、改革的问题与对策、个案调查等方面进行了研究。但是,现有的文献没有很好地回答以下问题:第一,当前各地推行的"强县扩权"改革对当地县域经济发展的贡献度有多大?或者说当地县域经济的发展成果在多大程度上受益于"强县扩权"改革?第二,各地出台的改革政策措施是否结合了当地经济社会发展的实际?是因地制宜还是"盲目跟风"?第三,目前各地实行的"强县扩权"改革的模式是否具有普适性的特征?对于在全国推行改革是否能提供有价值的参照?本书将通过对政策进行解读、归纳和分析,比较各省在改革的时间进程、改革目标、改革原则、改革的具体内容、改革方式和改革的配套措施等方面的共性和差异性。

## 第一节 "强县扩权"改革的时间与进程

各省开始推行"强县扩权"改革的时间与进程不一,总体而言呈现出以下几个方面的特点。

---

\* 本章内容已发表于《北京行政学院学报》2015年第4期,在本书中略有修改。

## 一 地域范围广

截至 2012 年，全国实行"强县扩权"改革的省级行政区达到 22 个，目前，除北京、天津、上海、重庆四个直辖市和香港特别行政区、澳门特别行政区、台湾地区外，只有青海省、内蒙古自治区、西藏自治区和新疆维吾尔自治区没有实行"强县扩权"改革。这充分说明"强县扩权"改革已呈现出较为广泛的地域范围。

## 二 时间跨度大

表 5.1 所反映的是各省（区）近年来出台"强县扩权"改革政策文件的时间，可见各省（区）实施改革的时间普遍集中于 2003—2012 年。这一时间段与我国经济发展的转型期基本吻合。2003 年，福建、山东和湖北三省开始实行，2004 年开始实行改革的分别是黑龙江、河南和湖南，2005 年是河北、广东、吉林和甘肃，2006 年是江苏、辽宁和安徽，2007 年只有四川和陕西，2008 年为海南，2009 年是宁夏和云南。2010—2012 年这三年分别有广西、山西和贵州启动改革。从时间点的分布而言，2007 年是一个分界点，2007 年（含）之前有 16 个省推行改革，2007 年后推行改革的只有 6 个。在推行改革的时间进度上也存在着特殊情况，如浙江省早在 1992 年为了发展壮大县域经济，就下发了浙政发〔1992〕169 号文件，对萧山、余杭、鄞县、慈溪等 13 个经济发展较快的县、市进行扩权，重点扩大基本建设、技术改造和外商投资项目等方面的审批权，简化审批手续，降低经济发展成本。

## 三 梯队式推进

"强县扩权"改革区域差异特征明显，从时间上呈现出明显的"梯队"特征（见表 5.1）。目前已经推行"强县扩权"改革的各省（区）中，率先推动并进展较快的主要是浙江、山东、广东、福建等东部沿海经济发达省份；中部的湖北、湖南、河南三省也较早地推行了改革；

东北的黑龙江省为推动对外开放，与湖南省同时开始给县级政府扩权，赋予黑河、绥芬河两边境城市在外商投资领域的省级审批权限，吉林与辽宁则与中部省份大致同期启动改革；西部省份中，除甘肃在 2005 年启动改革之外，其他省（区）均在 2007 年之后，特别是广西和贵州，分别在 2010 年和 2012 年才开始推行改革。对此，我们认为，这一特征主要与东中西部的经济发展水平相关，东部沿海省份的县域经济最为发达，其县级政府有"扩权"和"要权"的冲动[①]；中部和东北的省份经济发展水平适中，有部分县域经济发展水平较高的县（市）在东部沿海省份县域经济发展成效的刺激下，以及国家实施"中部崛起"和"东北老工业基地振兴"战略的鼓励下，更加积极主动地推行改革；西部省份经济发展水平要落后于东部和中部，地方经济的发展更大程度上依赖于政府的主导和推动，在东部和中部成功经验的引领下，部分西部省份也开始试水"强县扩权"改革。

表 5.1　　　　　　　　　　改革的时间与进程

| 时间<br>省（区） | 2003 年<br>及之前<br>（6 个） | 2004 年<br>（9 个） | 2005 年<br>（12 个） | 2006 年<br>（8 个） | 2007 年<br>（8 个） | 2008 年<br>（5 个） | 2009 年<br>（11 个） | 2010 年<br>（5 个） | 2011 年<br>（9 个） | 2012 年<br>（7 个） |
|---|---|---|---|---|---|---|---|---|---|---|
| 浙江 | 浙委办〔2002〕40 号；浙委办〔2006〕114 号 ||||||||||
| 山东 | 鲁发〔2003〕25 号；鲁发〔2006〕13 号 ||||||||||
| 湖北 | 鄂发〔2003〕10 号；鄂办发〔2003〕35 号；鄂发〔2004〕8 号；鄂发改政策〔2004〕742 号；鄂发〔2005〕11 号 ||||||||||
| 福建 | 闽委办发〔2003〕11 号；闽委发〔2003〕11 号；闽建法〔2004〕56 号；龙政综〔2004〕70 号；闽计投资〔2004〕389 号；闽劳社函〔2007〕369 号；未知文号（福建省委、省政府） ||||||||||
| 河南 | 豫发〔2004〕7 号；豫政〔2004〕32 号；豫政办〔2007〕108 号；豫政办〔2011〕66 号 ||||||||||
| 湖南 | 湘发〔2004〕17 号；湘办发〔2005〕18 号；湘府令第 249 号 ||||||||||

---

[①] 庞明礼：《对"省直管县"改革问题的理性反思》，《武汉科技大学学报》（社会科学版）2009 年第 11 期。

续表

| 省(区) \ 时间 | 2003年及之前(6个) | 2004年(9个) | 2005年(12个) | 2006年(8个) | 2007年(8个) | 2008年(5个) | 2009年(11个) | 2010年(5个) | 2011年(9个) | 2012年(7个) |
|---|---|---|---|---|---|---|---|---|---|---|
| 黑龙江 | | 黑政发〔2004〕18号；黑发〔2006〕16号；黑政发〔2006〕75号；黑政发〔2006〕79号；黑政发〔2010〕31号；黑政发〔2012〕28号 | | | | | | | | |
| 河北 | | | 冀政〔2005〕8号；冀政函〔2005〕83号 | | | | | | | |
| 广东 | | | 粤府令第98号〔2005〕；粤府办〔2007〕109号；粤府令第158号；粤府令第161号；粤办发〔2011〕2号；粤府令168号 | | | | | | | |
| 吉林 | | | 吉政发〔2005〕10号；吉政发〔2005〕16号；吉政发〔2005〕17号；吉政发〔2005〕33号；吉政办发〔2005〕38号；吉政办发〔2005〕46号 | | | | | | | |
| 甘肃 | | | 甘肃省委〔2005〕33号；甘政发〔2007〕51号；甘政发〔2009〕9号；甘政发〔2009〕47号；甘政办发〔2009〕224号；甘政发〔2011〕1号；甘政发〔2011〕21号 | | | | | | | |
| 江苏 | | | | 苏政办发〔2006〕30号；未知文号（两办文件） | | | | | | |
| 辽宁 | | | | 辽委发〔2006〕9号；辽政发〔2009〕22号；辽委办发〔2010〕33号 | | | | | | |
| 安徽 | | | | 皖发〔2006〕14号；皖政〔2006〕126号；皖政办〔2007〕28号；皖政〔2009〕73号；皖政办〔2010〕15号 | | | | | | |
| 四川 | | | | | 川办发〔2007〕74号；川府发〔2007〕58号；川财预〔2009〕46号；川府发〔2009〕12号 | | | | | |
| 陕西 | | | | | 陕政发〔2007〕25号；陕政办函〔2008〕19号 | | | | | |
| 海南 | | | | | | 海南省政府令216号〔2008〕；未知文号（海南省委）；未知文号（海南省人大常委会） | | | | |
| 宁夏 | | | | | | | 宁党发〔2009〕65号 | | | |
| 云南 | | | | | | | 云政发〔2009〕112号 | | | |
| 广西 | | | | | | | | 桂政发〔2010〕72号；桂政办发〔2012〕20号；桂政办发〔2012〕27号 | | |

续表

| 时间<br>省（区） | 2003年及之前（6个） | 2004年（9个） | 2005年（12个） | 2006年（8个） | 2007年（8个） | 2008年（5个） | 2009年（11个） | 2010年（5个） | 2011年（9个） | 2012年（7个） |
|---|---|---|---|---|---|---|---|---|---|---|
| 山西 | | | | | | | | | 晋办发〔2011〕35号 | |
| 贵州 | | | | | | | | | | 黔党办发〔2012〕1号；黔经信法规〔2012〕8号；黔能源法规〔2012〕42号 |

资料来源：作者整理。

## 第二节 "强县扩权"改革的目标与原则

### 一 "强县扩权"改革的目标

政策目标（Policy Goals）是政府为解决公共政策问题而采取的行动所要达到的目的、指标和效果，具有问题的针对性和未来的预期性。①"强县扩权"改革是地方政府主动实施和中央政府倡导推行相结合的改革过程，且部分省份的改革试验要远远早于中央政府对该改革议题的倡导。因此，在这项改革中存在地方利益与中央利益、微观目标和宏观目标相交叉的状况。

---

① 宁骚主编：《公共政策学》，高等教育出版社2003年版，第327页。

我国"十二五"规划中指出，改革是加快转变经济发展方式的强大动力，必须以更大决心和勇气全面推进各领域改革。继续优化政府结构、行政层级、职能责任，降低行政成本，在有条件的地方探索省直接管理县（市）的体制，是推进我国行政体制改革的重要内容。而当前我国大范围内推行的"强县扩权"改革，是在经济和社会事业方面实行省直管县体制的重要探索。通过对22个省（区）有关"强县扩权"改革政策文本的分析，可看出各省（区）在这一改革过程中的共性目标主要有：（1）促进县域经济发展；（2）完善行政管理体制机制，提高政府行政效能，降低行政成本；（3）提高县（市）经济社会管理和公共服务能力，增强县（市）自主发展能力；（4）促进城乡经济和区域经济统筹协调发展，加快推进城市化、城镇化进程；（5）探索省（区）直管县管理体制改革经验；（6）扩大对外开放，提高国际竞争力（见表5.2）。这些政策目标有如下特点：

表 5.2　　　　　　　　　　改革的共性目标

| 省（区） | 政策目标（文本表述） | 政策目标（本文归纳） |
| --- | --- | --- |
| 安徽、福建、甘肃、广东、广西、贵州、海南、河北、河南、黑龙江、湖北、湖南、吉林、江苏、辽宁、宁夏、山东、山西、陕西、四川、云南、浙江（共22个） | 加快县域经济发展，增强县域经济发展的活力，提高县域经济占国民经济的比重；经济实力明显增强，人民生活明显改善；把改革作为促进县域经济发展的动力；推动全省县域经济又好又快发展 | 促进县域经济发展 |
| 安徽、广东、广西、海南、河北、河南、湖南、江苏、辽宁、宁夏、四川、浙江（共12个） | 深化审批制度改革，创新行政管理体制机制，行政运行机制和管理方式更加规范有序；减少管理层次、提高行政效能、创造良好体制和政策环境 | 完善行政管理体制机制，提高政府行政效能、降低行政成本 |
| 安徽、福建、甘肃、广东、广西、黑龙江、湖南、吉林、宁夏、山西、四川（共11个） | 增强县级政府的经济社会管理职能，提高统筹协调、自主决策和公共服务能力；可持续发展能力明显提高；增强县域自我发展能力 | 提高县（市）经济社会管理和公共服务能力，增强县（市）自主发展能力 |

续表

| 省（区） | 政策目标（文本表述） | 政策目标（本文归纳） |
|---|---|---|
| 广西、河北、河南、湖北、江苏、辽宁、陕西、四川、浙江（共9个） | 促进城乡经济和区域经济统筹协调发展，促进城镇化跨越发展，推进城市化进程 | 促进城乡经济和区域经济统筹协调发展，加快推进城市化、城镇化进程 |
| 宁夏、云南、浙江（共3个） | 探索和积累省（区）直管县管理体制改革经验；探索县级行政管理体制改革的有益经验 | 探索省（区）直管县管理体制改革经验 |
| 黑龙江、浙江（共2个） | 推动进一步对外开放；扩大开放，提高国际竞争力 | 扩大对外开放，提高国际竞争力 |

资料来源：作者整理。

（一）政策目标设计的经济发展导向性

在上述6项共性目标中，"促进县域经济发展""提高县（市）经济社会管理和公共服务能力，增强县（市）自主发展能力""促进城乡经济和区域经济统筹协调发展，加快推进城市化、城镇化进程""扩大对外开放，提高国际竞争力"这4项是直接与经济发展相关的目标，且目前实行"强县扩权"改革的22个省（区）全部以"促进县域经济发展"作为实施改革的首要目标。另外，通过对各省（区）政策文本的解读可知，在各省（区）出台"强县扩权"改革的政策之前，相应省级党委和省政府会出台类似于《中共安徽省委安徽省人民政府关于进一步加快县域经济发展的意见》的文件，之后该省政府根据前述文件精神再出台关于扩大县（市）经济社会管理权限的政策。这点也充分反映了各地推行"强县扩权"改革的经济发展导向性的特征。

（二）政策目标体现了对行政体制改革相关议题的关注和推动

行政体制改革的问题长期以来都是我国理论界和实践界所共同关注的重要研究议题。在22个改革省（区）中，有广东、河北、江苏、四川、浙江等12个省（区）提出了"深化审批制度改革，创新行政管理体制机制""使行政运行机制和管理方式更加规范有序"以及"减少管理层次、提高行政效能、创造良好体制和政策环境"的改革目标；

福建、广东、吉林、宁夏、山西、四川等11个省（区）将"增强县级政府的经济社会管理职能，提高统筹协调、自主决策和公共服务能力""可持续发展能力明显提高，增强县域自我发展能力"作为关键目标之一；浙江、云南和宁夏等省（区）明确提出要通过改革"探索和积累省（区）直管县管理体制改革经验"和"探索县级行政管理体制改革的有益经验"。上述这些目标的提出正是对《中共中央国务院关于地方政府机构改革的意见》《国务院批转发展改革委关于2011年深化经济体制改革重点工作意见的通知》以及我国"十二五"规划中关于行政体制改革内容的具体实践。另外，国内学者从"强县扩权"改革的动因、可行性、必要性、理论基础、与县域经济发展的关系、改革实践中的问题与突破、改革个案调查等方面进行了研究。

（三）政策目标体系的趋同性高，地区特性体现较少

所有的改革省（区）都以"促进县域经济发展"为首要目标，这一方面是受"浙江模式"的影响，另一方面也体现了各地（特别是中西部省份）发展本地经济的冲动与渴望。但是否每个省（区）都适合推行"强县扩权"改革？各个试点的县（市）是否具备了推行改革的相应条件？通过对各改革省（区）政策文本的解读可以看出，各省（区）出台的改革政策的相似性很高，甚至是"依葫芦画瓢"，而非"量体裁衣"。在22个改革省（区）的政策目标中，仅有黑龙江和浙江根据其发展外向型经济的实际需要，提出了"扩大开放，提高国际竞争力"的目标。

（四）政策目标体系的设计缺乏科学性

"强县扩权"改革属于"省直管县（市）"改革的一条重要探索途径，是一项触及多方利益的改革，特别是省和地级市的利益。因此，从这一层面上而言，政策目标应体现对利益相关方的关切。但实际情况是，绝大多数改革省（区）在改革目标体系中着重阐述的是发展壮大县域经济以及全省（区）经济社会统筹协调发展的期望，少有给地级市在这项改革中明确定位，即便是有所提及，也只是强调地级市要

继续支持县（市）发展。这样可能会导致地方利益的冲突，如山东省滕州市（县级市，原为滕县）在争取扩权、成为省辖县（市）的过程中就遇到了所属枣庄市（地级市）的阻挠，在国务院已经下文批准的情况下，由于枣庄市的阻挠，在山东省的批文中，虽然同意将滕州市升格，但仍然附加了"由枣庄市代管"的条件。这体现了现有政策目标体系的不完善。另外，部分省份的政策目标较为笼统，没有注意到政策目标的多元性和层次性。

总体而言，"扩大县（市）经济社会管理权限"已成为中央政府和多数地方政府的共识，在中央的倡导下以及取得了改革经验省（区）的启示下，将有更多的地方政府参与到这项改革中来。但由于中央层面缺乏比较完善的指导性政策，各省（区）的经济社会发展水平不一，推行改革的力度、改革实践的进程、采取的改革模式不一，以及制定政策的不科学，使得现阶段的改革过程中存在着一些问题与矛盾，如地方利益的冲突与矛盾，地市在扩权改革中的定位，地市支持县（市）发展的积极性和力度下降等。这些问题从客观上限制了"强县扩权"改革的效果。

## 二　"强县扩权"改革的原则

"强县扩权"改革会触及多方面的利益，如果处理得不好，势必会影响到改革的效果，甚至事与愿违。这样，改革过程中应当遵循的改革原则就显得尤为重要。通过对22个改革省（区）政策文本的分析，我们发现各改革省（区）在改革过程中有以下共性原则：（1）能放都放；（2）权责统一；（3）重心下移；（4）依法合规；（5）规范管理；（6）促进发展；（7）分类指导，分步实施；（8）减少层次，增强活力；（9）改善民生，富民强县（见表5.3）。这些共性原则有如下特点。

（一）充分体现了各省（区）推行改革的决心与力度

在22个改革省（区）中，安徽、黑龙江、湖北、吉林、浙江等15个省（区）突出了"能放都放"的扩权原则，部分省（区）在政策文本中采用了"对该放的坚决放""能放尽放"等语气坚定的表述。此外，还有广东、河北、辽宁、山西等8个省（区）强调了"重心下移"的原则，规定"现行须由省辖市审批或管理的经济社会事项，均由试点县自行审批、管理，报市备案；现行需经省辖市审核、报省审批的，均由试点县直接报省审批，报市备案"，并明确要求省直部门和地市级政府做好与扩权县（市）的对接工作，积极出台放权的配套措施。

（二）"强县扩权"改革是一种审慎的渐进式改革

虽然各省（区）对"强县扩权"改革表现出了较大的决心和力度，但同时对改革也保持着应有的谨慎态度。一方面，各改革省（区）强调了权力的规范使用和责权一致。海南、四川、云南等17个省（区）将"权责一致"或"责权一致""责权利一致"作为改革的重要原则。安徽省在文件中明确指出"对该管的切实负责管好"，广东省在文件中指明，必须做到"理顺政府条块之间、部门之间的关系，做到权力与责任对等"，广西明确要求"对下放到县级管理的事项，建立严格的管理制度和责任机制，坚持放管结合、权责一致，做到职责明确，责任落实，有责可查"。此外，还有安徽、海南、河北、贵州等省强调了"依法合规"和"规范管理"的原则，要求"加强行政执法检查，确保县（市）正确行使权力"。另一方面，各改革省（区）分批分次地推行改革。广东、海南、福建三省在文件中突出了"分步实施，整体推进"的原则。其他的改革省（区）虽然没有明确说明"分步实施"的改革原则，但实际上也是分批次、分步骤在全省（区）范围内推广扩权改革的，如黑龙江省在2004年和2012年先后出台《黑龙江省人民政府关于扩大十强县（市）经济管理权限的决定》《黑龙江省人民政府关于第二批赋予省直接管理试点县（市）经济社会管理权限的通知》，分两批进行了扩权改革。

（三）改革原则体现了发展导向和民生导向

各省（区）推行该项改革的首要目的在于发展壮大县域经济，促进省（区）内经济社会协调发展。福建、四川、吉林等5省明确将"减少层次，扩权简政，增强县域经济发展活力"作为改革原则，贵州、吉林、福建3省提出了"促进发展"的原则；福建、四川和云南还分别提出了"以人为本，改善民生"以及"富民强县"的改革原则，提出要"不断提高公共服务水平，确保富民与强县的有效统一，确保人民群众幸福指数与经济发展水平同步提高"。这充分体现了改革原则以发展和民生为导向。

表5.3　　　　　　　　改革的共性原则

| 省（区） | 基本原则（文本表述） | 基本原则（本文归纳） |
| --- | --- | --- |
| 安徽、甘肃、广西、贵州、海南、河北、黑龙江、湖北、吉林、江苏、辽宁、宁夏、山东、山西、浙江（共15个） | "对该放的坚决放"；能放都放；能放则放；能放尽放 | 能放都放 |
| 安徽、甘肃、广东、广西、海南、河北、黑龙江、湖南、吉林、江苏、辽宁、宁夏、山东、山西、陕西、四川、云南（共17个） | "对该管的切实负责管好"；责权利统一 | 权责统一 |
| 安徽、广东、海南、河北、黑龙江、辽宁、宁夏、山西（共8个） | 重心下移 | 重心下移 |
| 安徽、广西、贵州、海南、河北、湖南、吉林、江苏、辽宁、宁夏、山西、四川、云南（共13个） | 依法行政；依法合规；依法依规；合法 | 依法合规 |
| 广西、贵州、江苏（共3个） | 规范管理 | 规范管理 |
| 贵州、吉林、福建（共3个） | 政策激励，促进发展 | 促进发展 |
| 广东、海南、福建（共3个） | 分类指导，积极稳妥，分步实施，整体推进 | 分类指导，分步实施 |
| 湖南、福建、四川、云南、吉林（共5个） | 合理分权；简政放权；增强活力；扩权放活 | 减少层次，增强活力 |
| 福建、四川、云南（共3个） | 以人为本，改善民生；富民强县 | 改善民生，富民强县 |

除了上述共性原则之外，部分省（区）还根据自身省情提出了个性化原则，如吉林省"与外省协调一致"的原则，提出"凡属外省取消、下放或调整管理方式的行政审批，我省也要取消、下放权限或调整管理方式"，这反映了吉林省在推行改革上的开明态度，时刻关注国内改革的最新动向，并相应做出调整。再比如，湖南省提出了"集中扶优扶强"的改革原则，"按照集中力量、突出重点的要求，在扩大县（市）经济管理权限的同时，赋予经济强县（市）相当于省辖市的经济社会管理权限"，也即单独给经济强县（市）赋予更大的权限和给予更加优越的政策条件。

总体而言，"强县扩权"改革属于推进省直管县（市）体制改革的重要途径，但也只是一种过渡和渐进式的改革形式，并非最终的管理体制。各改革省（区）在改革过程中既表现出了很大的决心与力度，同时也保持着应有的理性和审慎的态度，注意到了可能会出现"一放即乱"的风险，普遍强调"责权一致""依法合规"和"规范管理"的原则，并坚持"分类指导"和"分步实施"。只有循序渐进地推动改革，保持经济社会的平稳有序发展，时刻关注民生福祉，才能保证改革取得预期成果。

## 第三节 "强县扩权"改革的内容与保障

### 一 "强县扩权"改革的主要内容

政策目标的实现关键在于政策执行，政策目标为政策执行指明了方向，而政策内容则构成了政策执行的详细行动指南。目前，中央层面没有关于"强县扩权"改革的详细实施方案，也没有完善的政策，提到过相关内容的只有《中共中央国务院关于地方政府机构改革的意见》《国务院批转发展改革委关于2011年深化经济体制改革重点工作意见的通知》以及"十二五"规划等，这也使得各地在推行该项改革时没有上级的模板可照搬照套，只能学习借鉴先行先试者的经验与做法。在地方层面，许多扩权改革省份已经取得了较为成功的经验，其改革的主要内容涉及计划管理、财政管理、税收管理、项目管理、统计数据发布、证照发放、土地和矿权管理、价格管理、环评审核、机构编制核定和干部选拔任用等（见表5.4）。

由表5.4可知，所有的扩权改革省份的改革内容都涉及项目管理，多达18个省份有关于证照管理、土地和矿权管理的内容，15个省份有计划管理，涉及财政管理和税收管理的省份也分别有13个和11个省份。由此可见，项目管理、证照管理、土地和矿权管理、计划管理、财政和税收管理是各地"强县扩权"改革的关键内容。由于许多省份在推行"强县扩权"改革的同时，还进行了省直管县财政体制改革，重点涉及财政管理和税收管理体制。对这两方面的改革内容，在本书的第三篇中有专门的章节详细分析研究，在此不再赘述。笔者将着重从以下几个方面对各省份"强县扩权"改革的内容进行对比分析。

（一）计划管理

计划包括各县（市）国民经济和社会发展中长期规划、专项规划、年度计划以及各业务部门的专业计划等。山西、四川、安徽、河北、湖北等省在计划管理方面的主要做法是：扩权县（市）编制的上述计划经与所在设区市衔接后，由扩权县（市）政府及有关部门直接向省级有关部门上报、衔接，同时抄报该县（市）所在设区市有关部门。省级有关部门在对扩权县（市）下达生产、投资和社会事业等各类计划时，将扩权县（市）的有关指标在所属设区市名下以"其中"形式单列下达，并直接进行平衡。

（二）项目管理

项目管理是各级政府发改委的重要职能，包括规划重大建设项目布局，拟订固定资产投资总规模和投资结构，衔接平衡需要安排政府投资和涉及重大建设项目的专项规划；安排预算内固定资产投资；按规定权限审批、核准、备案重大建设项目；研究利用外资的战略规划、总量平衡和结构优化的目标和政策等。

各地"强县扩权"改革的首要目的是发展县域经济，发展经济离不开招商引资，离不开各类项目建设。这样，扩大县（市）的项目管理权限则成为改革的一项重要内容。现阶段多数改革省份在这方面的规定较为具体，有详细的扩权事项目录（见表 5.4），而有些则只有概括性说明，如福建、贵州、甘肃等省份。各改革省份在项目管理方面的改革措施从总体上可概括为"减少审批层次，县（市）项目直接申报"，即原需要经过市（州）向省直有关部门上报的投资项目和建设项目，除国家有关法律法规明文规定的之外，均由扩权县（市）直接上报省直有关部门，并抄送所属市（州）有关部门。

表 5.4 各改革省份扩权事项目录

| 省份 | 文号 | 文件 | 扩权事项（数目） |
|---|---|---|---|
| 河南 | 豫政〔2004〕32号 | 《河南省人民政府关于扩大部分县管理权限的意见》 | 赋予35个扩权县（市）的主要管理权限项目（80项） |
| 河北 | 冀政〔2005〕8号 | 《河北省人民政府关于扩大部分县（市）管理权限的意见》 | 扩权县（市）的管理权限（62项） |
| 海南 | 琼府令216号 | 《海南省人民政府关于下放行政管理事项的决定》 | 下放市（县）行政管理事项（177项） |
| 黑龙江 | 黑政发〔2004〕18号 | 《黑龙江省人民政府关于扩大十强县（市）经济管理权限的决定》 | 给予十强县（市）扩权事项（218项） |
| 黑龙江 | 黑政发〔2006〕75号 | 《黑龙江省人民政府关于扩大县（市）经济社会管理权限的实施意见》 | 扩大县（市）经济社会管理权限（77项） |
| 黑龙江 | 黑政发〔2012〕28号 | 《黑龙江省人民政府关于第二批赋予省直接管理试点县（市）经济社会管理权限的通知》 | 第二批赋予省直接管理试点县（市）经济社会管理权限目录（124项） |
| 湖北 | 鄂办发〔2003〕35号 | 《省委办公厅 省政府办公厅关于扩大部分县（市）经济和社会发展管理权限的通知》 | 第一批扩权事项目录（239项） |

续表

| 省份 | 文号 | 文件 | 扩权事项（数目） |
|---|---|---|---|
| 湖南 | 湘办发〔2005〕18号 | 《中共湖南省委办公厅、湖南省人民政府关于扩大县（市）经济管理权限的通知》 | 扩大县（市）经济管理权限的事项（22项） |
| | 湘府令〔2010〕249号 | 《湖南省人民政府关于扩大县（市）部分经济社会管理权限的决定》 | 扩大县（市）经济社会管理权限目录（260项） |
| 吉林 | 吉政发〔2005〕33号 | 《吉林省人民政府关于第二批向县（市）下放经济社会管理权限的决定》 | 第二批向县（市）下放经济社会管理权限目录（330项） |
| 辽宁 | 辽委办发〔2006〕31号 | 《中共辽宁省委辽宁省人民政府办公厅关于扩大县域经济重点县（市）经济管理权限改革试点的意见》 | 扩大试点县（市）经济管理权限的事项（55项） |
| 山西 | 晋办发〔2011〕35号 | 《中共山西省委办公厅山西省人民政府办公厅关于开展扩权强县试点工作的意见》 | 第一批扩大县级经济社会管理权限事项目录（85项） |
| 陕西 | 陕政发〔2007〕25号 | 《陕西省人民政府关于扩大部分县（市）经济管理权限的决定》 | 扩大的具体管理权限（15项） |
| 四川 | 川府发〔2007〕58号 | 《四川省人民政府关于开展扩权强县试点工作的实施意见》 | 赋予扩权试点县（市）的经济管理权限（56项） |
| 云南 | 云政发〔2009〕112号 | 《云南省人民政府关于印发云南省开展扩权强县试点实施意见等4个文件的通知》 | 云南省扩权强县试点县的经济管理权限事项目录（91项） |
| 浙江 | 浙委办〔2002〕40号 | 《中共浙江省委办公厅、浙江省人民政府办公厅关于扩大部分县（市）经济管理权限的通知》 | 第一批扩权事项（267项） |

进一步对比分析可以发现，不同省份之间在扩权力度上存在着显

著的差异，有些省份的扩权措施较为审慎，分步骤、分批次地放权，且对于扩权、放权事项有着严格的规定和详细的说明，如云南省从总体上规定了项目备案管理、项目核准管理和项目审批管理这三大方面的管理权限：项目备案管理、项目核准管理和项目审批管理。还有一些省份在项目管理方面的扩权力度较大，较为激进而彻底，如甘肃省规定，除国债项目、财政预算内项目、统借统还国外贷款项目以及国家法律法规和产业政策限制的项目外，不论规模大小，一律不再进行审批，由投资主体自主决定，且实行财政鼓励和资金支持政策。

（三）统计数据发布

统计数据发布是各级政府统计部门的一项重要工作，关系到国民经济社会发展的各方面，确保统计数据的真实、准确、及时是统计工作部门的核心职责。实施扩权改革的陕西、山西、河北等省在这方面的主要做法是，加强扩权县（市）经济社会发展统计监测，省级有关部门在汇总和发布统计资料时，同时发布扩权县（市）的主要统计数据，扩权县（市）经济社会发展的统计数据仍统计在所属市（州），但这些数据会在所在设区市名下以"其中"形式单独列出，以示区别。此外，陕西省还赋予了扩权县（市）直接向省级有关部门上报统计数据的权力。

（四）证照管理

行政审批的层级和程序多、时间长、成本高是我国地方政府广受诟病的问题。推行"强县扩权"改革的一个重要目标即在于减少管理层级、降低行政成本、提高行政效能，优化县域经济发展投资环境和政策环境。广东、湖北、陕西、山西、河北等18个省份在证照管理方面进行了改革，其普遍做法是"证照直接发放"，除法律、法规、规章明确规定由市（州）核发的证照外，原由市（州）核发的其他证照由扩权县（市）直接审查核发；属于省级有关部门发放的证照和批准的事项，由扩权县（市）审核后，直接报省直有关部门审查核发，同时抄送所在设区市有关部门备案。

## （五）土地和矿权管理

土地和矿权管理属于国土资源管理部门的重要职能。与此相关的国土规划、土地开发整理、项目建设用地、矿产资源规划、勘查、开采、保护以及矿山生态环境恢复治理等事项均与地方经济发展有密切关联。在这方面有扩权措施的包括广东、湖北、河北、山西、陕西等18个省份，其扩权措施可概括为用地、开矿直接报批，即需省政府审批的各种用地事项，均由扩权县（市）政府直接报省政府行政主管部门；省级审批的土地开发整理项目，矿产资源勘查、开采、保护项目，可由扩权县（市）有关部门直接报省直有关部门审批。

## （六）价格管理

价格管理属于各级政府物价局的重要职能，旨在通过制定价格政策和价格计划，颁布价格管理法规，建立、健全价格管理规章制度，对价格制定、调整和执行进行有效的组织领导、协调和监督。在价格管理方面有扩权改革措施的省份主要有安徽、陕西、河北等7省，主要是将部分价格管理事项下放到扩权县（市），授权扩权县（市）制定，少数事项有特殊要求。如陕西省在授权扩权县（市）制定的同时，要求扩权县（市）抄报省及所在设区市有关部门。

## （七）环评审核

黑龙江、湖南、吉林、山西等9省在各自政策文本中不同程度地强调了环境影响评估审核权力的下放。如产煤大省山西关于环评审核的规定，对于扩权县（市）淘汰落后产能、关闭污染企业所腾出的排污总量，优先供给本县（市）新建固定资产项目，不再由市一级统一平衡；应办理建设项目环境影响登记表的项目，由项目所在扩权县（市）直接办理。

## （八）机构编制核定和干部选拔任用

山西和海南比较重视改革中的机构编制核定和干部选拔任用。山西省要求扩权县（市）设立、撤并机构直接报省编办，在市编办备案。加强对扩权县（市）干部的重点管理，注重选拔综合素质好，推动扩权强县建设的优秀干部到扩权县（市）任职，并加大治庸治懒和治散治软力度，做到严格要求、严格管理。对扩权县（市）党政正职纳入省委统一管理。对经济社会发展水平进入全国或中部地区前列，或在全省排名进位较多的，扩权县（市）党政领导干部尤其是党政正职，按照有关规定予以优先提拔或重用。

（九）政策享有

河南、河北两省强调国家和省的有关政策直接到扩权县（市）。河北省规定，今后省政府及其有关部门依据法律、法规和行政管理的实际需要，委托设区市政府及其有关部门代行的管理权限，扩权县（市）原则上同时享有。国家和省在经济社会发展和国民经济管理方面新制定的各项政策，包括经济管理体制改革中新确定的管理权限划分，凡所在设区市享有的，扩权县（市）原则上均直接享有。

（十）信息获得

安徽、福建、河北、河南、宁夏5省（区）提出有关信息要直接传达到扩权县（市）。河北省明文规定，省政府召开的综合性会议、省政府各部门召开的专业性会议、发放的各类文件、指导工作的各类信息，凡是所在设区市参加或享有的，均扩大到扩权县（市）。

## 二 "强县扩权"改革的文本特征

"强县扩权"改革的文本特征指的是各省份采取何种方式向改革试点县（市）扩权。扩权方式的不同，反映改革省份给试点县（市）扩权和放权的力度、改革措施的完善程度等的不同。在实施"强县扩权"改革的省份中，有些明确说明了扩权的方式，且扩权事项的安排也按照扩权方式的不同进行了划分，如浙江、吉林、宁夏等省（区），笔者将其归为"明确表述型"扩权类（见表5.5）。

表 5.5　　　　部分省（区）扩权形式和类型的对比

| 省（区） | 扩权类型（本书归纳） | 扩权形式（文本表述） |
| --- | --- | --- |
| 安徽 | 明确表述型 | 下放权限；减少层级 |
| 广西 | 明确表述型 | 直接下放；委托下放 |
| 浙江 | 明确表述型 | 直接交办；减少层级 |
| 湖南 | 明确表述型 | 直接下放；取消；减少层级 |
| 宁夏 | 明确表述型 | 直接下放；授权；委托；减少层级 |
| 吉林 | 明确表述型 | 取消；暂停执行；下放；授权；委托；分级管理；改变管理 |
| 辽宁 | 未明确表述型 | 县（市）自行审批、报市备案；县市自行审核、报省审批、报市备案 |
| 广东 | 未明确表述型 | 县（市）直接审批或核准、报市备案；县（市）直接报省审批（审核、核准）、报市备案 |
| 湖北 | 未明确表述型 | 县（市）自行审批、报市州备案；县市自行审核、报省审批、报市州备案 |
| 黑龙江 | 未明确表述型 | 县（市）自行审批、报地市备案；县市自行审核、报省审批、报地市备案 |

部分省份虽然没有明确说明进行扩权的具体形式是什么，但是将扩权事项按照其所属的职能部门领域进行了明确划分，且相应地区分了每个职能部门扩权事项的扩权形式，这样，我们根据其出台的扩权措施，可以归纳出其扩权形式与类型，如湖北省（见表 5.6），笔者将这些省份归为"未明确表述型"扩权类。

表 5.6　　　　湖北省县（市）扩权的事项及其分类

| 扩权事项 \ 扩权形式 | 扩权县（市）自行审批、报市州备案事项（数目） | 扩权县（市）自行审核、报省审批、报市州备案事项（数目） |
| --- | --- | --- |
| 发展计划审批管理权限 | 2 | 13 |
| 经济贸易审批管理权限 | 9 | 35 |
| 外经贸审批管理权限 | 6 | 18 |

续表

| 扩权形式<br>扩权事项 | 扩权县（市）自行审批、报市州备案事项（数目） | 扩权县（市）自行审核、报省审批、报市州备案事项（数目） |
|---|---|---|
| 国土资源审批管理权限 | 2 | 6 |
| 交通审批管理权限 | 8 | 7 |
| 建设审批管理权限 | 2 | 11 |
| 税务、财政审批管理权限 | 13 | 2 |
| 农、林、水利审批管理权限 | 9 | 28 |
| 劳动、人事、民政审批管理权限 | 12 | 7 |
| 教育、科技、信息产业审批管理权限 | 4 | 10 |
| 工商、技术监督、药品监督审批管理权限 | 5 | 17 |
| 旅游审批管理权限 | 4 | 2 |

还有一些省份，则只有扩权的事项目录，既没有对这些事项进行分类，也没有明确表述其扩权形式，如《河南省人民政府关于扩大部分县管理权限的意见》，只分条列述了赋予扩权县（市）的权限项目，并没有将这些项目按照所属的职能部门或领域进行分类，相对其他省份的政策而言显得较为笼统而不够明晰。但通过分析其政策文本，也可以归纳出这些省份的扩权形式和类型，我们可发现这些改革省份普遍采用的扩权形式也主要是"直接下放"和"减少层级"这两大类，即部分省份所采取的"扩权县（市）自行审批，报地市州备案"和"扩权县（市）自行审核、报省审批、报地市备案"这两种扩权形式。

此外，也有省份对扩权形式有详细而严格的划分，如吉林省为推进放权工作有序进行，规范行使下放权限，确保下放的权限落到实处，真正发挥促进县域经济社会发展的积极作用，特制定了《吉林省人民政府办公厅关于印发下放经济社会管理权限操作办法的通知》，对扩权方式做了如下规定：吉林省下放的经济社会管理权限区分不同权限和设定文件层级，采取取消、暂停执行、下放、授权、委托、分级管理、改变管理方式等形式进行放权。

各改革省份之所以主要采取上述两种扩权形式，结合相应扩权事项的类型与特点，我们认为主要有如下几点考虑：第一，充分调动县（市）发展本地经济的积极性、主动性和创造性。"直接下放"类的扩权事项大多属于县域内的经济社会发展项目，将这些管理权限直接下放给县（市），使县级政府能够创造性地开展工作，因地制宜谋发展。第二，提高县级政府行政效能和服务水平，为地方经济发展创造良好的政策环境。"减少层级"类的扩权事项大多属于行政审批事项，通过减少行政审批层级，能够降低过程成本，提高县级政府办事效率和服务经济发展的能力与水平。第三，提高县级政府整合县域资源，统筹协调县域经济社会发展的能力。

### 三 "强县扩权"改革的配套措施

"强县扩权"改革的配套措施旨在保障改革内容的贯彻落实和改革事业的顺利推进，取得预期的改革成果。通过对比各改革省份政策文本中的配套措施，可以看出各省份在配套措施上有着较多的共同之处，如统一思想，加强组织领导和监督检查等。下面就各改革省份实施的几种主要配套措施予以介绍（见图5.1）。

#### （一）统一思想和行动

从总体上而言，各级各部门都要统一思想，提高认识，加强组织领导。广西、贵州、四川、江苏等省指出，开展扩大经济社会管理权限试点工作，是省委、省政府着眼于加快全省县域经济发展做出的一项重大决策和重要举措，各级、各部门要统一思想，提高认识，顾全大局，加强领导，分解责任，密切配合，认真落实，为扩大县（市）经济社会管理权限改革工作创造良好环境。

### (二) 做好督促和帮扶

各省直有关部门的配套措施包括：(1) 加强对县市政府行政行为的检查监督，对扩权县（市）实行动态管理，强化考核力度。福建、广西、江苏等省要求省级部门要认真落实省委、省政府的决策部署，加强对扩权县（市）的领导和监督，确保扩权工作落到实处。四川省制定了《扩权试点县（市）动态管理考核办法》，根据平原、丘陵、山区三类地区的经济发展特征建立考核指标体系，对扩权县（市）考核指标体系扩权前后成效进行量化对比分析，再根据权责统一的原则，引入竞争机制，建立退出机制，对低于全省县域经济发展平均水平的扩权县（市）给予告诫，对连续两年达不到全省平均水平的，不再列入扩权强县（市）试点范围。(2) 加强培训指导。江苏、广西、四川等省十分重视对扩权县（市）干部的业务培训，提升其素质和能力，以适应"强县扩权"改革给县级政府管理与服务提出的新要求。(3) 加大对扩权县（市）的金融支持力度。云南、辽宁等省专门出台了银行业金融机构支持县域经济发展的政策意见，确定了加大对县域经济发展的贷款支持力度，充分发挥政策性银行的功能，重点支持涉农企业、基础设施建设、综合开发等方面的贷款，鼓励股份制商业银行参与构建县域金融资源体系，做好政府投融资工作，做大做实融资平台，完善贷款条件，积极创新金融产品，发挥农村信用社支持县域经济的主力军作用，提升金融服务水平，建立对县域银行业金融机构的考核机制等措施。(4) 增加扩权县（市）为政务信息直报点。如陕西省将15个扩权县（市）增设为省政府办公厅政务信息直报点，有助于及时、准确、全面地反映全省县域经济社会发展情况。

### (三) 市县要找准定位

各省辖市要继续领导、扶持和督查扩权县（市）。安徽、贵州、陕西等省要求各省辖市应继续加强对扩权县（市）经济社会发展规划、跨县域重大基础设施和生态环境建设以及重大突发事件处理等方面的组织协调工作，努力提供优质服务，促进扩权县（市）经济又好又快发展。

扩权县（市）要以扩大管理权限为契机，强化发展意识，积极转变政府职能，加快建立健全行政服务中心、服务大厅等服务窗口，推行"一站式"办公，实行限时办结，不断提高工作效率和服务水平，努力从内外两个方面营造良好的发展环境。

（四）及时解决新问题

要及时解决改革中出现的问题。如河南省在2004年下发了《河南省人民政府关于扩大部分县（市）管理权限的意见》后，赋予扩权县（市）的主要管理权限总体落实情况较好，有力地激发了全省县域经济的发展活力，县域经济实力迅速壮大，但部分下放的管理权限没有落实到位。于是，河南省又在2007年出台《河南省人民政府办公厅关于进一步落实扩权县（市）政策的通知》，督促各省辖市和省级有关部门继续执行豫政〔2004〕32号文件中规定的应予以下放的管理权限，并对存在问题的地方予以解释说明。这就解决了改革中"文件打架"的问题，避免了扩权县（市）"无所适从"，延误改革政策的实施和改革的推进。

综上所述，从目前各省份出台的改革政策来看，各地在改革目标、改革原则、改革内容、扩权的方式和内容以及配套措施等方面都存在很多共同之处。各省推行改革的核心目标是发展县域经济，增强县市经济发展和社会管理能力以及自我发展能力，采取的主要改革措施在于扩大县级政府的经济社会管理审批权限，直接将原属于地市一级或省直部门的审批权限下放给县（市），或者采取减少管理层次的方式，以提高行政管理效能，为县域经济发展营造良好的政策环境和投资环境。这些改革措施的初衷都是于地方有利的，也取得了一些较为显著的经济社会发展成果。但就政策文本而言，体现当地经济社会发展特征的只有少数省份。就推进结果来看，当前我国各地推行的"强县扩权"改革取得了一些可资借鉴的经验，但各地的改革政策措施还存在着完善的空间。只有完善的改革政策，才能够保障改革的顺利推进，

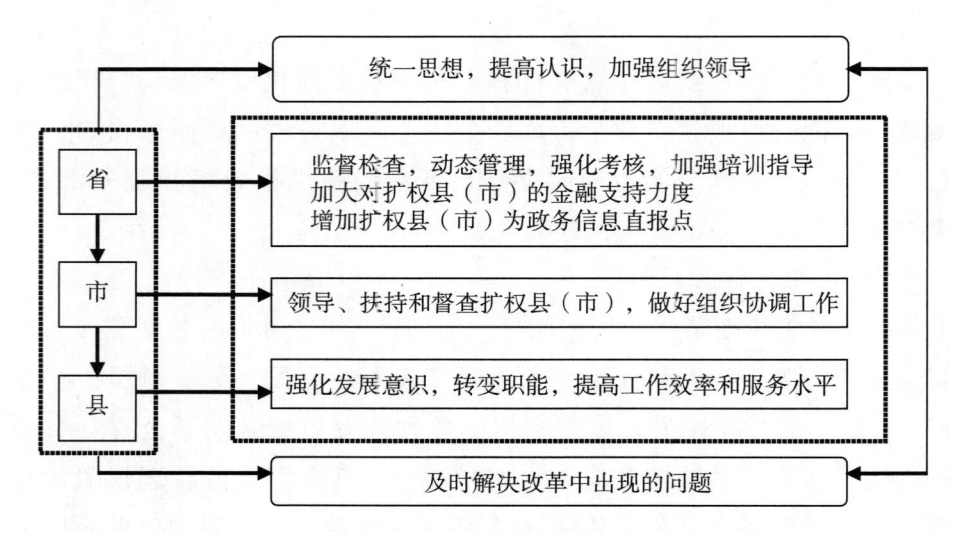

```
┌─────────────────────────────────────────────────────┐
│            统一思想，提高认识，加强组织领导          │◄─┐
└─────────────────────────────────────────────────────┘  │
 ┌──────────────────────────────────────────────────┐    │
┌──┐│ ┌──────────────────────────────────────────┐ │    │
│省│├►│ 监督检查，动态管理，强化考核，加强培训指导│ │    │
└┬─┘│ │ 加大对扩权县（市）的金融支持力度          │ │    │
 ▼  │ │ 增加扩权县（市）为政务信息直报点          │ │    │
┌──┐│ └──────────────────────────────────────────┘ │    │
│市│├►┌──────────────────────────────────────────┐ │    │
└┬─┘│ │ 领导、扶持和督查扩权县（市），做好组织协调工作│ │  │
 ▼  │ └──────────────────────────────────────────┘ │    │
┌──┐│ ┌──────────────────────────────────────────┐ │    │
│县│├►│ 强化发展意识，转变职能，提高工作效率和服务水平│ │  │
└──┘│ └──────────────────────────────────────────┘ │    │
 └──────────────────────────────────────────────────┘    │
┌─────────────────────────────────────────────────────┐  │
│            及时解决改革中出现的问题                  │◄─┘
└─────────────────────────────────────────────────────┘
```

图 5.1　改革配套措施

才会有助于改革取得预期的成效。

# 第六章 "强县扩权"改革与县域经济发展

县域经济是以县级行政区划为地理空间，以县级政权为调控主体，以市场为导向，优化配置资源，具有地域特色和功能完备的区域经济。县域经济在国民经济体系中占有特殊重要的地位，它是城市经济与农村经济的接合部，是国家经济发展和社会稳定的重要基础。[①] 2002年11月党的十六大报告提出了"发展农产品加工业，壮大县域经济"，这是将县域经济正式纳入国家经济建设和经济体制改革范畴的重要标志。此后，各级地方政府着眼"体制突破"进行了发展县域经济的实践探索，形成了各具特色的发展模式。[②] 为此，全国有22个省（区）进行了"强县扩权"等不同形式的放权改革，其核心在于将一部分归属于地级市的经济管理权和社会管理权直接赋予县，扩大县级政府的自主权，增强县域经济发展的活力。本章将分析"强县扩权"改革促进县域经济增长的机理及效果。

## 第一节 "强县扩权"改革的权力配置效应

如前文所述，"强县扩权"改革扩大了县级政府的权限。从县域经济发展的角度来看，这种权限的扩大既符合政府间分权化改革的趋势，也能够与县级政府的角色定位相契合，产生政府管理与经济社会发展

---

① 王一鸣：《对发展县域经济的几点认识》，《宏观经济研究》2002年第12期。
② 王青云：《县域经济发展的理论与实践》，商务印书馆2003年版，第4—13页。

的积极效应。

## 一 "强县扩权"改革顺应了政府间分权化的趋势

"分权"观念的形成主要是对社会分工与协作这样一种客观现实的反映。① 根据 Hanson 的定义，分权化是"决策权力、责任和任务从高层组织到低层组织或者同级组织之间的转移"。他把分权化分为三种主要的形式，分别是：(1) 分散 (deconcentration)，是指任务和工作向组织的其他部门转移，但不包含权力的转移；(2) 授权 (delegation)，是指决策权从高层部门转移到低层部门，但是授权部门可以收回决策权；(3) 下放 (devolution)，是指决策权向自主部门的转移，该部门可以独立自主行事，也就是说，可以在不需要事先允许的情况下行动。②

何盛明曾在《中国财政改革 20 年》中概括了分权化改革的全貌，认为："中国的经济改革，不仅是行政性分权的过程，而且是经济分权的过程。中央与地方之间的分权，是行政分权；政府与企业间的分权是经济分权。行政分权，涉及计划管理权、财政管理权、信贷管理权、外贸管理权、外汇管理权、价格管理权、投资管理权、人事管理权等。但是，行政分权的重点是中央政府与地方政府之间的财政关系，因此财政分权是行政分权的重点。"③

20 世纪 50 年代中期，分权就已经被一些国家用来调整本国的政府结构。70 年代以后，越来越多的发达国家开始了权力下放或地方分权化的进程，即使是有较强中央集权传统的法国，在 80 年代也开始在全国范围推行地方分权改革。80 年代中后期，计划经济国家在向市场经

---

① 朱光磊：《以权力制约权力——西方分权论和分权制评述》，四川人民出版社 1987 年版，第 5 页。
② Hanson, E. M., "Strategies of Educational Decentralization: Key Questions and Core Issues", *Journal of Educational Administration*, 1998 (5).
③ 何盛明：《中国财政改革 20 年》，中国古籍出版社 1999 年版。

济转轨的过程中也大规模地进行了分权化改革。近年来，全球范围内的分权化改革趋势已经越来越明显。当前，纵观世界各国，无论是发达国家还是发展中国家，无论是联邦制国家还是单一制国家，无论是成熟的市场经济国家还是转轨经济国家，分权都已成为其政治经济生活中的一种普遍存在但又十分复杂的现象。

"强县扩权"改革是省市与县之间的分权化改革。这种分权化改革迎合了全球范围内的分权化改革趋势，改变了政府间的利益结构和信息结构，使得县级政府的行为和角色发生了一定的变化，开始扮演推动地方市场化进程及各项事业发展的"初级行为团体"① 的角色。

## 二 "强县扩权"改革匹配了县级政府的角色定位

从行政建制的角度看，县是中国历史上最稳定的政权组织。自秦朝开始实行郡县制以来，县级政府的存续时间已经超过了2000年，其治理范围和治理结构都保持了相对稳定，大体上同山川河流、风俗习惯保持一致。实际上，中国的行政区划变动总体上还是比较大的，但并没有因此而引起大规模的社会动荡，一个很重要的原因就在于县级政区的相对稳定。基于此，要注重发挥县域人文地理环境的相对独立性，把县发展成为经济社会发展的排头兵。

从政府角色来看，由于不确定性和不完全信息的存在，在对地方居民偏好的认识上，高层政府处于更加不利的地位，在一个由高层政府对其所属的各个地区提供地方性公共产品的社会中，一般都存在向所有地区提供统一公共产品的倾向，而较少考虑地区偏好的差异，从

---

① 初级行为团体又称第一行动集团，它是一个决策单位，它们的决策支配了安排创新的进程，这一单位可能是单个人或由单个人组成的团体，正是行动团体认识到存在一些收入（这些收入是它们的成员现在不可能获得的），只要它们能改变安排的结构，这些收入就可能增加。详见［美］科斯等《财产权利与制度变迁——产权学派与新制度学派译文集》，上海三联书店、上海人民出版社1994年版，第296页；陈天祥《中国地方政府制度创新的角色及方式》，《中山大学学报》2003年第3期。

而造成社会经济福利的损失。因此，有必要将提供公共产品的决策分散化，从某一特定地方公共产品的收益由某一特定人口群享用这一基点出发，将其决策权分给代表这一人口群的地方政府行使，最有可能准确反映该地区居民的偏好，以保证各地区根据特定的人口群做出集体选择，并提供不同数量和品种的公共产品。因此，"强县扩权"改革后，省市政府已经不再具有过去那种控制和影响地区发展的能力，因为在省与县之间关系已经发生了结构上的变化，可以让县级政府承担更多的职责，匹配县级政府的角色定位。

县级政府的角色可以做出如下定位：（1）县级政府可以对县域经济的产业布局、产业结构、制度环境、人才引进等重大问题做出决策，制定出符合本地实际的、具有区域特色的县域经济发展政策；（2）支持企业参与市场竞争，鼓励企业"走出去"，积极拓展市场空间，加快布局国内国际市场，加强与他地市场主体的资源互补，帮助企业克服生产经营中的障碍和困难，引导企业健康发展；（3）在贯彻落实国家和省市产业政策的前提下，充分结合当地实际情况，实现国家和省市产业政策的具体化、区域化，制定出符合当地资源条件的产业政策，构筑区域产业优势，培植有区域特色的主导产业，引导县域产业的有序发展；（4）引导企业树立市场规则意识，依法加强市场监管，清扫市场障碍，充分发挥市场在资源配置中的决定性作用，同时要加大基础设施建设力度，在教育发展、职工培训、文化建设、医疗保健、环境保护等方面做好服务工作。

### 三 "强县扩权"改革满足了资源要素流动的需要

要素是一个具有丰富内涵的概念，为各门学科所广泛采用，不同的学科对于要素的内涵与种类的理解都有所不同。从区域经济学的角度，要素有两类：一是指构成区域单元的组成部分，如经济中心、经济腹地和经济网络被称为区域要素；二是指影响区域经济发展的各种要素和资源，包括自然资源、劳动力、资本、科学技术、组织管理、信息以及影响发展的区位和环境。本书所采用的区域要素的定义是后者，即区域发展要素。

要素的可流动性是指可流动的区域经济发展要素在区内和区域之间的地域空间的位移。从增长的意义上讲，是区域要素在区内和跨区域的优化配置；从流通的意义上讲，是具有比较优势的商品和劳务超越本地要素市场，向更广大的区域市场扩展。

县级政府所辖区域作为经济系统并不是独立存在的，彼此之间存在多种形式的相互作用，其中生产要素区际流动与产品的区际贸易是最重要的两种区域相互作用方式。此外，由于产业本身的发展变化、政府政策、公司策略变化以及需求与供给状况的变化，企业也可能会从一个区域迁入另一个区域。假定生产要素是不可流动的，县级政府之间只能基于本辖区所拥有的资源组织生产和分配，那么，随着"强县扩权"改革的推进和市场经济的发展，县级政府市场观念和地区竞争意识在逐步加强，为加快地方经济发展，必将努力向本地吸引资源和资本、技术和人才等生产要素，同时想尽一切办法把本地的产品外销并排斥外地产品进入本地。正是在地方化格局的基础上，面对稀缺的生产要素和富足的工业产品，县级政府之间展开了激烈的竞争，有些地方政府在没有足够的竞争优势的情况下，甚至不惜采用行政手段限制生产要素和产品的自由流动。

## 第二节 "强县扩权"改革的经济极化效应*

现有的文献没有系统地回答如下问题：第一，为什么是"强县扩权"而非"扩权强县"？第二，"强县扩权"真的能促进县域经济发展吗？第三，如果"强县"通过"扩权"发展了县域经济，那么"弱

---

\* 本节内容已经发表于《中国行政管理》2010 年第 12 期，原题为《强县扩权与县域经济发展：一个"极化—扩散"理论解释》，在本书中略有改动，感谢李明强教授对本书的大力支持。

县"怎么办？能从"强县扩权"走向"扩权强县"吗？本书将借助区域经济理论中的"增长极"理论来解释"强县扩权"与县域经济发展问题。

### 一　地级市无法兑现扩散效应预期

推行市管县体制的初衷之一是利用地级市的优势地位带动所辖县的经济社会发展，实现市县协同发展，缩小城乡差距。通过近些年的实践情况来看，有些地级市确实起到了辐射作用，带动了县域经济的发展，缩小了城乡差距。但是有更多的市并未起到这一作用，地级市往往基于本级政府的利益考虑，将其主要精力放在市区建设与经济发展上，在财税分成、基建投资、开辟新项目等方面优先考虑市区，甚至利用政治优势和行政权力汲取所辖县的资源和利益，人为地截留上级政府分配给县的资源和权力，县的发展不仅没有被带动，反而受到了一定程度的抑制，形成了所谓的"县域经济发展悖论"。

事实上，市管县体制是想发挥地级市的扩散效应，即促成各种生产要素在一定发展阶段上从增长极向周围不发达地区的扩散，从而产生一种缩小地区间经济发展差距的运动趋势。扩散效应的结果便是促使周围地区经济增长，并通过区域增长极中的推动性产业与其他被推进型产业的前向关联、后向关联和旁侧关联，对周围地区产生乘数效应，进而推动整个区域的经济发展。然而，这种扩散效应的产生是与地级市发展规模相伴而生的，目前的很多地级市尤其是分布在中西部地区的中小地级市尚不具备这一能力，这是因为这些地级市往往经济结构和功能过于单一，发展水平仍处于较低层级，科技创新力量较弱，基础设施建设相对滞后，从而使地级市与县之间经济发展的传导机制缺乏活力，经济联系与交流极为有限，难以发挥对周边地区经济发展的必要辐射作用。

如果仅仅是无法发挥扩散效应尚不能解释地级市和县发展差距进一步拉大的问题。与扩散效应相对应的还有回波效应，即发达地区凭借要素的高收益率，从不发达地区吸收劳动力、资金、资源等生产要素，而使自己不断发展壮大，引起不发达地区的衰落。这种效应不仅会阻碍落后地区发展，还会使整个经济增长放慢。从城市内部结构看，地级市作为一个经济有机体，相对于县城来讲，更加便于产业间的分工和协作，因而能够有较高的劳动生产率和经济效益，而且城市具有多方面的经济功能，并能使它们有机地结合起来，形成一种综合性的功能，推动社会和生产力的发展。从城市外部关系看，由于有比较大的腹地，由于地缘关系和文化的一致性，县级城市、县城和小城镇的企业和掌握一定资本的人，更愿意到离自己最近的城市去投资发展自己。尽管存在户籍制度的限制，地区级城市的人口增长仍不断在加快。这在一定程度上加剧了地级市和县城之间的发展差距，把县城的很多资源吸引到了地级市，制约了县域经济的发展。

### 二 "强县扩权"改革的极化效应

面对地级市的回波效应而导致的城乡差距进一步拉大，促进县域经济发展便成为解决这一问题的必然选择，"强县扩权"改革被认为是实现这一选择的重要举措。现实中，各省的"强县扩权"试点县都是该省经济实力本身就相对较强的县，省级政府本意是想通过"扩权"进一步促进这些县的经济发展，这极有可能导致强县与弱县的发展差距进一步拉大。但是，这一做法有利于将这些经济强县培育成局域范围内的增长极，符合落后地区经济发展的基本逻辑。这是因为，对于经济发展水平相对落后的大国来讲，区域经济的非均衡发展是必然选择。这是与大国地域广阔的自然属性直接相关的。大国幅员辽阔，地域间自然条件、资源禀赋差异性较大，这导致了不同区域间自身增长能力与增长速度的差异。因此，在经济的起步阶段，受经济开发能力的约束，经济增长总是集中在某些主导地区和主导产业的发展，同时大国经济内部某些增长点的极化效应尤为显著。这导致大国经济在经济发展初期乃至其后很长一段时期，表现出区域非均衡增长的显著特性。正如赫希曼在《经济发展战略》一书中指出的那样，"经济进步不会在所有地方同时出现，而且它一旦出现，强有力的因素必然使经济增长集中于起始点附近区域……一国经济要提高其国民收入水平，必须首先发展其内部一个或几个地区中心的经济力量……在发展过程中，需要这些'增长点'或'发展极'的出现，说明了国际间与区域间增长的不平衡性，是增长本身不可避免的伴随情况和条件"[①]。赫希曼认为，发展中国家应该尽心选择和优先发展国民经济产业结构中联系效应最大的产业，通过这些产业的发展诱导其他产业或部门的迅速发展。这样就可以较好地解决发展中国家资金相对短缺的问题，有利于提高资源配置效率。增长极理论主张优先发展具有优势的地区和产业，把它们培育成增长极，通过增长极的扩散效应带动周边地区和产业的发展，最终实现整个区域的经济增长。这就是著名的增长极理论。

增长极理论为我们研究"强县扩权"奠定了理论基础。加快培育县域经济增长极，对于加快县域经济发展十分重要，而且体现了在县域经济发展中的与时俱进。我国经济发展已经进入区域产业分工和区域产业专门化的新阶段，经济的集聚效应日益显著，这样可以减少空间协作成本，提高发展中的规模经济效益。当前，加快培育县域经济增长极，关键是要在县域空间上推进适度的非均衡发展，再通过强县的辐射带动作用，促进外围地区如弱县、乡镇和农村的全面发展。有必要说明的是，这并不与当前强调的区域协调发展相矛盾，毕竟县域内部各地域发展条件千差万别，应该鼓励各方面条件相对较好的县域经济优先发展，使之逐渐成为某一局域范围内的增长极，从而吸引人口、资源和其他生产要素随之转移和集聚，如果将有限的资源分散开来，势必导致集聚效应差，分工协作难，经济效益低，最终都发展不起来。所以，"强县扩权"对于县域经济发展来讲具有极化效应，符合

---

① [美]赫希曼：《经济发展战略》，曹征海等译，经济科学出版社1991年版，第166—167页。

第六章 "强县扩权"改革与县域经济发展

落后地区经济发展的基本规律，有必要继续推行并不断完善。

### 三 "强县扩权"改革的实际效果

"强县扩权"改革增强县域经济发展的自主性，为县域经济发展创造了更多公平的机会，扩权县可以直接与省级政府"对话"，提高了县域行政管理的效率，实现了点轴同时互动开发。①

"县市的发展需要哪些自主权"课题组给出了湖北"强县扩权"对于县域经济发展的贡献。"强县扩权"后，湖北省前20强县2005年GDP达1536.4亿元，占全省县域总量的45%；县均GDP为76.82亿元，高出全省县域平均72.2%；地方财政收入40.85亿元，占全省县域总量的42.6%；县均地方财政收入2.04亿元，高出全省县域平均62%。扩权县市经济活跃，也带动了整个县域经济的发展。② 中共吉林省委党校"扩权强县"政策课题组以磐石为例解释了"扩权强县"的成效。2006年第一季度，全市GDP完成18.1亿元，同比增长24.1%，全社会固定资产投资累计完成3.46亿元，同比增长50%。在建或完工千万元以上项目12个，同比增长4个。由此可见，"扩权强县"政策实施以来，对促进县域经济突破已经产生了明显效果，无论是整体实力还是发展后劲，都有了明显增强。③

笔者在调研中的发现也证实了这一结论。

专栏6.1　HBYD市财政局领导谈强县扩权与县域经济的关系

实行省直管县财政体制之后，税收分成直接到县市，财政转移支付补助直接到县市，省级出台了一系列的措施，加大了对县域经济发展的支持力度。安排县域经济发展专项资金，从2009年

---

① 方大春、郑垂勇：《强县扩权与县域经济发展》，《农业经济》2006年第7期。
② 方大春、郑垂勇：《强县扩权与县域经济发展》，《农业经济》2006年第7期。
③ 中共吉林省委党校"扩权强县"政策课题组：《吉林省"扩权强县"政策实施情况的调查报告》，《行政与法》2006年第12期。

下半年开始安排，给我市连续安排1亿元，连续两年安排到1.2亿元，到今年安排了2亿元，这对于我市的经济增长起到巨大的推动作用。这都是财政冗余资金发挥的积极效应，这些措施充分调动了我市经济发展的积极性，加快了我市产业经济建设的步伐，有利于促进我市经济持续快速健康发展。2011年我市实现地区生产总值274亿元，2004年我市实现地区生产总值46亿元，在这个基础上翻了两番多，对经济发展的促进作用是非常明显的。年均增长达到21%，在全国县域经济排名由2004年的365位上升到2011年的142位，累计上升223位，2011年是8月公布，我们觉得应该会更进一步。在中部百强县市的排名由2004年的76位上升到2011年的16位，上升了60位。

（访谈记录编号：201204161HBYD）

## 第三节 "强县扩权"改革的经济扩散效应

增长极理论也会产生一些负效应，具体表现在以下几个方面：第一，增长极的发展导致外围地区资本筹集困难。作为增长极的地区，往往具有良好的投资环境、优厚的投资利润和较大的产品市场，这些因素会吸引资本前往这些经济发达的地区投资；而周围那些相对落后的地区，由于经济基础薄弱，投资收益率较低，往往会出现大量的资本外流，资本积累逐渐减少并日趋短缺和枯竭，经济发展可能在短期内进一步受限。第二，作为增长极的地区，往往会吸引大量的外围地区的人才流入本地，从而导致外围地区人才缺乏，经济发展受到极大制约。这是因为，增长极在就业机会、工资待遇、工作环境、个人多样化需求的满足程度、子女上学就业等方面具有很大优势，这些优势吸引着落后地区的人才资源通过各种途径纷纷流向这些地区，结果在增强增长极发展能力的同时，会将外围地区引向相当不利的境地。第三,增长极的发展还可能会导致外围地区贸易状况恶化。由于地域邻近,增长极与外围地区势必存在较为频繁的区域贸易活动,对于作为增长极的发达地区而言,往往从不发达地区输入初级产品,经过加工再输出工业品、资本品;而对于落后的地区而言,所输出的初级产品的价格低且受制于增长极的影响而显得不够稳定,因而竞争形势和交易条件有利于增长极而不利于外围地区。由此可以得出的基本结论是,增长极的极化效应往往是以牺牲外围地区的发展为代价的。然而,这一负效应的产生不可避免,毕竟它是任何经济体在非均衡发展状态下的必然产物。因此,解决这一问题的最有效的办法是促进增长极尽快地成长起来,并且有效地避免回波效应而形成扩散效应。

### 一 选择合适的县作为增长极培育对象

结合各地县域经济发展的实际状况,笔者认为,能成为增长极的县域经济主体应综合具备如下条件:第一,地理优势。考虑该作为增长极的县的空间位置及其与经济的关联度,即该县是否具备发展经济的区位条件,如产业布局、交通运输、邻县经济状况等。尤其重要的是交通运输条件,增长极最好处于若干交通线路的集散处,便捷、安全、发达的交通运输条件将会为增长极发挥其经济优势提供基础。第二,资源优势。资源是经济发展的基础,增长极的选择必须具备相对独特的资源优势,包括具有较高的经济开发价值和规模优势的自然资源或者人力资源。增长极要成为这些资源向产品转化的中介和中心,必须是能源资源相对富足的区域,可以考虑将地理上邻近的地区资源进行整合形成新的区域,从而形成一个集能源资源链、加工链、供应链、价值链为一体的区域功能组织。第三,经济发展状况。增长极的人口数量要达到一定的规模,从而确保该地区具有较大的现实和潜在市场需求,也能为经济发展提供足够的人力资源支撑;同时,增长极还必须拥有具有较强增长潜力的主导产业或优势产业。对增长极的经济增长发挥举足轻重的作用,能够体现出该地区相对于其他区域的综合竞争优势，进而带动相关产业的发展。第四，辐射范围的均衡性。培训增长极不是区域经济发展的最终目的，而是一过渡性发展阶段，其最终目的是通过增长极的辐射、带动和示范作用，促进相当范围内的经济发展，实现区域经济的均衡发展。因此，在增长极的选择上，要充分考虑地理分布上的均衡性，避免造成新的、更大的区域发展差距。

## 二 进一步加大"强县扩权"的改革力度

从目前的情况来看，地级市是强县扩权的极大障碍。部分地市在扩权后不再愿意承担配套责任，而是将市政府的财力更多地投向市辖区或划拨给了别的县，降低了对扩权县的帮扶力度，这对于强县扩权改革以及增长极的培育都极为不利。因此，要强化扩权的力度，提高各级政府对强县扩权重要性的认识，增强大局观念，强化政策落实，把应放的权限真正下放给县级政府，切实落实扩权县应有的待遇，对于涉及扩权事项的审批列项、参加会议、公文下发、信息传递等要比照省直管市对待。同时，要扩大放权范围。主要包括：一是企业投资方面，在符合国家产业政策的前提下，将规划、环保等方面的审批权下放给县，只需要向市政府备案即可。二是交通管理方面，建议将车辆牌证审批发放、驾驶员培训及驾驶证发放、农村客运线路审批等权限下放到县。三是工商、质监、电力等垂直管理部门方面，建议适当扩大县级政府部门的管理权限，尤其在电力供应方面，省级政府部门可以将计划用电指标直接分配到县，不需要经过地级市的再分配。四是在民政、劳动、人事方面，可以考虑将企业和社团组织的审批权下放给县，将中级工职业资格证发放、中级职称审批权下放到县。

## 三 逐步完善"强县扩权"改革的制度规范

以制度保障县（市）各项权益，是扩权权限真正落实到位的重要举措。目前省直管县改革中存在的问题表面是扩权县（市）与省、市的对接问题，但实际上是缺乏相关实施细则，一些应该下放到县（市）的管理审批权限没有下放，仍需到市里办理，扩权政策执行不彻底。因此，要强化制度建设，以保证强县扩权的推进力度。就目前来看，各省普遍的做法都是以省委、省政府的名义，以"通知""意见"等形式下发强县扩权的文件，这些文件虽然也有一定的效力，但无法与法律、法规相比，此种形式推进强县扩权改革，往往会因为领导人工作的调动而走样。因此，应该加强强县扩权的立法工作，使强县扩权的各项扩权工作都有明确的法律条文规定，这样不仅可以激发县（市）开展此项工作的积极性，为其扩权工作奠定坚实的制度保障，也可以避免地市在实际工作中可能出现的一些因丧失权力而产生阻挠作用。同时，目前对于强县扩权的程序性规定几乎是空白，还要加快强县扩权的程序性立法。将县级行政审批的程序以及县级政府部门审核、上报省厅、交由地市审核的工作程序以明确的法律条文的形式固定下来，以利于县（市）政府部门顺利开展工作。

综上所述，"强县扩权"改革在一定程度上清除了制约县域发展的现行经济与社会管理体制，对深化提高行政效率、促进县域经济发展具有重要意义，但由于此项改革并未从根本上触及我国现行的地方行政体制，其制度适应性必然受到诸多约束。因此，要加快推进以省管县为主导模式的地方政府体制改革，促进有条件的县（市）成为区域经济发展中的增长极，为我国县域经济发展和基层财力保障奠定坚实的基础。

# 第七章 "强县扩权"改革与城镇化发展

"强县扩权"改革是一种通过扩大经济强县（市）自主权以促进其经济社会更快发展的改革举措，把城镇化进程纳入此项政策效应是较为普遍的做法，湖北也将"加快城市化进程"明确写进了《省委办公厅 省政府办公厅关于扩大部分县（市）经济和社会发展管理权限的通知》（鄂办发〔2003〕35号）之中。其暗含的政策逻辑是：强县扩权促进县域经济发展，县域经济发展提高城镇化水平。然而，这一看似逻辑严密的理论推定是否真的成立呢？本书运用双重差分方法对2002—2013年湖北省79个县的相关经济数据进行统计分析，研究强县扩权改革以来不同县（市）的城镇化发展水平，测度此项改革对县（市）城镇化水平的影响，在此基础上对县（市）城镇化进程提出差异化的政策建议。

## 第一节 方法与变量、数据

### 一 研究方法

双重差分方法（Difference-in-difference Method）是一项非常重要的评估政策效果的研究方法。国内外现有大量的经济学和政策学研究都是基于此方法。本书所要研究的双重差分模型设置，就是构造由实施扩权的"扩权组"即"处理组"（treatment group）和其他没有被扩权的"控制组"（control group），通过控制其他因素，比对政策发生后扩权组和控制组之间的差异，从而检验政策效果。我们用城镇化率（$Y$）作为被解释变量，用变量"扩权组"（$TREAT_{it}$）反映所关注的县市是否为扩权县，取值为1代表该县是被扩权的县，取值为0代表非扩权县；用变量"改革时间"（$TIME_{it}$）反映改革的进程，于"强县扩权"政策实施的当年和此后取值1，改革前取值为0。为了检验改革效果，我们设立交互项，"强县扩权政策"（$DID_{it}$），它是"扩权组"（$TREAT_{it}$）和"改革时间"（$TIME_{it}$）的交叉项。这一交叉项的取值情况是，"扩权组"和"改革时间"两个虚拟变量同时取1时，这一变量取值为1，其他情况为0，以衡量"强县扩权"改革对城镇化率的影响。通过这种形式，我们将样本划分为4组：改革前的扩权组（$TREAT_{it}=1$，$TIME_{it}=0$）、改革后的扩权组（$TREAT_{it}=1$，$TIME_{it}=1$）、改革前的控制组（$TREAT_{it}=0$，$TIME_{it}=0$）和改革后的控制组（$TREAT_{it}=0$，$TIME_{it}=1$）。则双重差分模型为

$$Y_{it} = \beta_0 + \beta_1 X_{it} + \alpha_2 TIME_{it} + \alpha_3 DID_{it} + \varepsilon_{it} \tag{7.1}$$

其中，$\beta_0$为截距，$X_{it}$为一个控制变量矩阵，$\beta_1$是其对城镇化率的影响，$\alpha_1$控制扩权组与控制组，$\alpha_2$是控制扩权组与控制组对时间的不同反应，$\alpha_3$是我们这次实验所要得出的主要结果，它反映强县扩权对县（市）城镇化到底是有促进作用还是抑制作用，$\varepsilon_{it}$为误差项。

基于双重差分模型的假设是，"强县扩权"改革导致了某个县城镇化率在改革前后的差异，也可能存在改革县或县级市与非改革县之间的差异，对于这种双重差异形成的估计可以有效地控制两类县之间固定的差异和随机影响，其目的在于检验其因果效应。具体解释如下：

当$TREAT_{it}=0$，未实施强县扩权改革的县（市）在改革前后的城镇化率为

$$Y_{it} = \begin{cases} \beta_0, & \text{当 } TIME_{it}=0 \text{（改革前）} \\ \beta_0 + \alpha_2, & \text{当 } TIME_{it}=1 \text{（改革后）} \end{cases} \tag{7.2}$$

因此，在改革前后控制组的城镇化增长率变动为 $\alpha_2\alpha_1$，衡量未实施强县扩权前的相关因素对县市城镇化的影响。

当 $TREAT_{it}=1$，实施强县扩权改革的县（市）在改革前后的城镇化率为

$$Y_{it} = \begin{cases} \beta_0 + \alpha_1, & \text{当 } TIME_{it}=0 \text{（改革前）} \\ \beta_0 + \alpha_1 + \alpha_2 + \alpha_3, & \text{当 } TIME_{it}=1 \text{（改革后）} \end{cases}$$

(7.3)

综上，改革前后实施"强县扩权"的城镇化增长变动数值为 $\alpha_2 + \alpha_3$。那么，实施强县扩权的县市的净值就应该是 $\alpha_2 + \alpha_3 - \alpha_2$，即交叉项 $did_{it}$ 的值 $\alpha_3$。如果 $\alpha_3$ 为正，说明"强县扩权"改革政策对县市城镇化水平有积极的促进作用；反之，如果为负，则说明"强县扩权"改革政策对县市城镇化水平没有效果。此方法可有效剔除其他一般性的可以影响城镇化的因素，由此便可得到更为准确的结果来测量"强县扩权"改革对县（市）城镇化水平的影响。

## 二 变量选取

（一）解释变量和控制变量说明

本书主要研究"强县扩权"政策对县（市）城镇化水平的影响，故而需要考量"强县扩权"政策影响的时间，以及政策影响县（市），因此我们选择三个测量"强县扩权"改革效果的虚拟变量，TIME、TREAT 和 DID。其中 TIME 为改革时间虚拟变量，改革当年及以后取值为 1，改革前取值为 0；TREAT 为改革县（市）虚拟变量，进行"强县扩权"改革的试点县（市）取值为 1，未进行改革的县（市）取值为 0；DID 为 TREAT 和 TIME 的交叉项（TIME×TREAT），当且仅当改革时间（TIME）和改革县（市）（TREAT）同时取值为 1 时，DID 取值为 1，其他情况则为 0。

而为了更好地测量"强县扩权"政策对县（市）城镇化水平的影

响，本书还选取了一个控制变量矩阵来控制一些其他非"强县扩权"改革因素对城镇化的影响，具体包括人均地区生产总值（PGDP）、城镇固定资产投资（UIFA）、城镇居民人均可支配收入（PDIU）、第三产业地区生产总值比重（TIPP）。具体建立数量模型如下：

$$Y_{it} = \beta_0 + \alpha_1 TREAT_{it} + \alpha_2 TIME_{it} + \alpha_3 DID_{it} + \beta_1 \log PGDP_{it} + \beta_2 \log UIFA_{it} + \beta_3 \log PDIU_{it} + \beta_4 TIPP_{it} + \varepsilon_{it} \quad (7.4)$$

表 7.1　　　　　　　　　　　　变量说明

| 变量名称 | 定义 |
| --- | --- |
| TREAT | 虚拟变量。已经改革县（市）取值为1，其他县（市）取值为0 |
| TIME | 虚拟变量。改革后取值为1，改革前取值为0 |
| DID | 虚拟变量。改革县（市）在改革后取值为1，其他情况取值为0 |
| PGDP | 人均地区生产总值<br>反映地区市场规模 |
| UIFA | 城镇固定资产投资<br>反映城镇发展的资金约束 |
| PDIU | 城镇居民人均可支配收入<br>反映人均消费和购买力水平 |
| TIPP | 第三产业地区生产总值比重<br>反映城镇产业的延伸性、城镇功能的完善水平 |

（二）被解释变量说明

本书的被解释变量为城镇化率。关于城镇化的发展情况，不仅体现在它的城镇化水平和实现城镇化速度，同时还应考虑地区差异、城镇的数量和规模结构以及城镇的空间分布等众多因素，如何科学、系统地来衡量地区城镇化的发展情况是十分重要的，而鉴于研究所能获取的资料与数据，本书选取学界大多数采用的城镇化率来作为分析变

量,其统计方法为城镇总人口占全部人口百分比①:

$$Y_{it} = \frac{U_{it}}{R_{it}} \times 100\% \qquad (7.5)$$

式(7.5)中,$Y_{it}$表示$i$县在$t$年的城镇化率,$U_{it}$表示$i$县在$t$年的城镇人口数量,$R_{it}$表示$i$县在$t$年的总常住人口数量。

### 三 数据说明

为了充分研究"强县扩权"改革对县(市)城镇化的影响,本书选取了较早开始推行"强县扩权"的湖北省作为研究对象,湖北省由于实行的是渐进式改革,分批次进行试点推行"强县扩权"[2003年6月在大冶、汉川、宜都等20个县(市)推行强县扩权改革;2005年7月,郧县、公安县、洪湖市等12个县(市)被湖北列为第二批扩权县(市)。2006年4月鄂政发〔2006〕26号文件,新增阳新县、谷城县、远安县等10个县(市)为扩权县(市)],因此更有利于我们对其进行政策分析和效果评估。该数据集包括湖北省实施和未实施强县扩权体制改革的所有县(市)2002年到2014年与社会经济有关的数据。本书用到的数据来自《湖北统计年鉴》(2002—2014)②。

表7.2　　　　　　　　湖北省主要变量统计特征描述

| 主要变量 | 观测值 | 均值 | 标准差 | 最大值 | 最小值 |
| --- | --- | --- | --- | --- | --- |
| 城镇化率($Y$) | 988 | 0.29 | 0.11 | 0.54 | 0.10 |

---

① 2001年国务院在《国务院批转公安部关于推进小城镇户籍管理制度改革意见的通知》(国发〔2001〕6号)就推进小城镇户籍管理制度改革提出意见。随后湖北省政府发布《湖北省人民政府批转省公安厅关于全面推进小城镇户籍管理制度改革实施意见的通知》(鄂政发〔2001〕64号)。两个文件的发布均在本书选取的数据发生之前,因此本书选取城镇人口占全部人口百分比作为被解释变量没有因为政策原因导致户籍制度的突然变化带来误差。

② 强县扩权改革推行县的当年缺省,之后年份取1,之前年份取0。之所以将当年缺省,是因为改革往往在年中宣布(第一批为2003年6月,第二批在2005年7月),从宣布到落实,涉及实施细则的制定、各部门的衔接,需要一段时间。因此,更适宜将改革当年的年份视为过渡期。

续表

| 主要变量 | 观测值 | 均值 | 标准差 | 最大值 | 最小值 |
|---|---|---|---|---|---|
| 改革县（市）（TREAT） | 988 | 0.45 | 0.32 | 1.00 | 0.00 |
| 改革时间（TIME） | 988 | 0.50 | 0.50 | 1.00 | 0.00 |
| 强县扩权政策效果（DID） | 988 | 0.38 | 0.33 | 1.00 | 0.00 |
| 人均地区生产总值（PGDP） | 988 | 14033 | 12696 | 103823 | 2100 |
| 城镇固定资产投资（UIFA） | 988 | 503523 | 608146 | 4333700 | 19632 |
| 城镇居民人均可支配收入（PDIU） | 988 | 10030 | 4153 | 23063 | 3445 |
| 第三产业地区生产总值比重（TIPP） | 988 | 0.34 | 0.06 | 0.56 | 0.16 |

由于湖北省先后进分三批次进行"强县扩权"改革，其中2003年是第一批，2005年为第二批，而第三批则是在2006年（详见表7.3）为了更好地研究"强县扩权"改革对县（市）城镇化率的影响，本书不仅从单个批次的角度研究"强县扩权"改革的县（市）城镇化率有什么变化，还试图分析不同批次进行"强县扩权"的县（市）之间城镇化率的影响有什么联系或者不同，从而更加全面地研究"强县扩权"改革对县（市）城镇化率的影响。湖北省纳入县域经济评价考核范围的76个县（市、区）中，有县39个，县级市24个，林区1个，县改区12个。

表7.3　　　　　　　　湖北省"强县扩权"改革情况

| 第一批"强县扩权"县（市）（2003年6月） | 第二批"强县扩权"县（市）（2005年7月） | 第三批"强县扩权"县（市）（2006年4月） |
|---|---|---|
| 省直：天门、仙桃、潜江 | | |
| 黄石：大冶 | | 黄石：阳新 |
| 荆州：石首、监利 | 荆州：公安、洪湖、松滋 | |
| 十堰：丹江口 | 十堰：郧县 | 十堰：竹溪 |
| 孝感：汉川、应城 | 孝感：云梦、安陆 | 孝感：大悟、孝昌 |

续表

| 第一批"强县扩权"县（市）（2003年6月） | 第二批"强县扩权"县（市）（2005年7月） | 第三批"强县扩权"县（市）（2006年4月） |
|---|---|---|
| 随州：广水 | | |
| 黄冈：武穴、麻城 | 黄冈：黄梅、团凤 | 黄冈：罗田、浠水 |
| 荆门：钟祥、京山 | | 荆门：沙洋 |
| 恩施：恩施市 | 恩施：利川 | |
| 襄樊：枣阳、老河口 | 襄樊：宜城 | 襄樊：谷城 |
| 宜昌：当阳、宜都 | 宜昌：枝江 | 宜昌：远安 |
| 咸宁：赤壁 | 咸宁：通城 | 咸宁：嘉鱼 |

## 第二节 实证分析过程与结果

### 一 随机性检验

为了更好地验证扩权组和控制组是否是随机选择，使用 Logit 的相关模型进行检测：选取实施"强县扩权"的湖北省各县的变量数据，变量设为"是否属于扩权县"，将用来衡量县域经济发展水平的"财政总收入增长率"作为该关系式的解释变量，选择"城镇化增长率"为其他变量，由此验证一个县被选作扩权县是否受该因素的影响。相应的二元选择回归模型结果如表 7.4 所示。

表 7.4    二元选择回归模型结果

| | 回归模型 1 | 回归模型 2 | 回归模型 3 |
|---|---|---|---|
| 财政总收入增长率（$FIRGR$） | 0.0C0346***<br>（-4.24） | | |
| 人均财政收入（$PFR$） | | -0.00012***<br>（-3.64） | |

续表

| | 回归模型 1 | 回归模型 2 | 回归模型 3 |
|---|---|---|---|
| 城镇化增长率（UGR） | | | 0.0064\*\*\*<br>(0.78) |
| 常数项（t） | -0.75<br>(-0.79) | 0.76<br>(-0.34) | -0.54<br>(-0.35) |
| Pseudo R$^2$ | 0.57 | 0.37 | 0.40 |
| 观测值（Yi） | 988 | 988 | 988 |

注：括号内均为 $t$ 值，\* $p<0.05$，\*\* $p<0.01$，\*\*\* $p<0.001$。

表 7.4 回归结果表明，人均财政的收入与城镇的财政总收入所含有的系数符号都是负的，可以表明改革的试点会选取财政经济偏于突出的县，这也与"强县扩权"的定义和初衷相符合。此外，与城镇化增长率有关的估计系数有不显著的反应结果，这说明选择扩权县无须以城镇化水平为依据。所以，此处证明了湖北省"强县扩权"试点的选取具有随机性，符合双重差分检验方法的首要条件。

## 二 第一批扩权县城镇化效果

湖北省第一批"强县扩权"改革在 2003 年 6 月，考虑到政策出台到地方落实的过程中的衔接和具体工作安排过程，政策的效果反应具有一定的滞后性，故本书将 2004 年作为改革的第一年进行分组。由于改革期间城镇化率波动较大，故选取 2002—2003 年和 2004—2013 年这两个阶段的面板数据进行实证检验。

表 7.5　　　　　　　未施加控制变量的回归结果

| | 实施"强县扩权"改革前 | | | 实施"强县扩权"改革后 | | |
|---|---|---|---|---|---|---|
| | 扩权组 | 控制组 | 一阶差分 | 扩权组 | 控制组 | 一阶差分 |
| 城镇化率（Y） | 0.31 | 0.21 | 0.10 | 0.37 | 0.27 | 0.10 |
| D | 0.000 | 0.072 | | 0.000 | 0.071 | |

续表

|  | 实施"强县扩权"改革前 | | | 实施"强县扩权"改革后 | | |
|---|---|---|---|---|---|---|
|  | 扩权组 | 控制组 | 一阶差分 | 扩权组 | 控制组 | 一阶差分 |
| $R^2$ | 0.00013 | | | | | |

表7.6　　　　　　　　施加控制变量回归结果

|  | 实施"强县扩权"改革前 | | | 实施"强县扩权"改革后 | | | DID |
|---|---|---|---|---|---|---|---|
|  | 扩权组 | 控制组 | 一阶差分 | 扩权组 | 控制组 | 一阶差分 |  |
| 人均地区生产总值（PGDP） | 7999 | 5056 | 2943 | 20644 | 13540 | 7104 | 4161 |
| 城镇固定资产投资（UIFA） | 143303 | 66437 | 76866 | 872589 | 423642 | 448947 | 372081 |
| 城镇居民人均可支配收入（PDIU） | 5950 | 5368 | 582 | 11484 | 10340 | 1144 | 562 |
| 第三产业地区生产总值比重（TIPP） | 0.34 | 0.31 | 0.03 | 0.32 | 0.34 | -0.02 | -0.05 |
| $R^2$ | 0.015 | | | | | | |

表7.5和表7.6分别表示减少城镇固定资产投资等控制变量的双重差分回归结果分析和添加城镇固定资产投资等控制变量的双重差分回归结果分析。

如表7.5所示，未施加城镇固定资产投资等控制变量时，单纯从第一批改革县（市）的城镇化发展变化来看，"强县扩权"改革的影响系数基本为0，改革前后域镇化的增长率基本不变。但这显然与事实不符，从数据来看，这是因为第一批改革前的数据较少，2002年的湖北省城镇人口数量无从知晓，统计数据有一定的缺失，同时，部分数据出现明显离群,再加上没有控制住其他队城镇化率有影响的变量,导致最终结果无法准确反映改革的实际效果。

因此我们施加控制变量,并通过差分定义进行再次回归分析,求出 $\alpha_3 = 0.022$,即实施"强县扩权"的县(市)的净值,"强县扩权"改革政策对县(市)城镇化水平有积极的促进作用。

如表 7.6 所示,在施加城镇固定资产投资等控制变量后,与表 7.5 中未施加城镇固定资产投资等控制变量的双重差分模型对比,R 的平方值提高到 0.015,即表示施加城镇固定资产投资等控制变量后,此双重差分的模型解释力更高。我们还可以看出,在"强县扩权"改革还未开始的时候,扩权组的人均地区生产总值等指标均高于控制组,表明实施"强县扩权"改革前扩权组的相应经济实力均高于控制组,这也符合"强县扩权"的"强县"定义。而在实施"强县扩权"改革后,除了第三产业产值指标外,其他指标的改革影响系数均为正值,也就是说改革使这些扩权县的相应指标获得了更大的提高,起到了积极促进的作用,而通过表 7.7 我们可以清楚地看到各控制变量对城镇化率的影响系数:人均地区生产总值($PGDP$)、城镇固定资产投资($UIFA$)、城镇居民人均可支配收入($PDIU$)、第三产业地区生产总值比重($TIPP$)的系数分别为 0.023、0.018、0.137、-0.185,且 $t$ 值均显著,由此可知人均地区生产总值、城镇固定资产投资、城镇居民人均可支配收入、第三产业地区生产总值比重对城镇化率均有一定的促进作用,按影响大小从高到低排列依次是城镇居民人均可支配收入($PDIU$)、人均地区生产总值($PGDP$)、城镇固定资产投资($UIFA$)和第三产业地区生产总值比重($TIPP$)。但由表 7.7 可知,第三产业地区生产总值比重($TIPP$)的 $t$ 值为 0.171,在 4 个控制变量 $t$ 值中第二大,表明在第一批"强县扩权"进程中改革县(市)的第三产业的作用还没有真正发挥,导致扩权县(市)第三产业产值比重低于未改革县(市)。

表 7.7　　　　　　　施加控制变量的双重差分结果

| 变量 | 系数 |
| --- | --- |
| 常数项（t） | -0.007（-0.112） |
| 人均地区生产总值（PGDP） | 0.023（0.123） |
| 城镇固定资产投资（UIFA） | 0.018（0.075） |
| 城镇居民人均可支配收入（PDIU） | 0.137（0.346） |
| 第三产业地区生产总值比重（TIPP） | -0.185（0.171） |
| 观测量（Yi） | 988 |
| F 值 | 0.956*** |

注：括号内均为 $t$ 值，* $p<0.05$，** $p<0.01$，*** $p<0.001$。

### 三　第二批扩权县城镇化效果

表 7.8　　　　　　　未施加控制变量的回归结果

| | 实施"强县扩权"改革前 | | | 实施"强县扩权"改革后 | | | DID |
| --- | --- | --- | --- | --- | --- | --- | --- |
| | 扩权组 | 控制组 | 一阶差分 | 扩权组 | 控制组 | 一阶差分 | |
| 城镇化率（Y） | 0.24 | 0.21 | 0.03 | 0.31 | 0.26 | 0.05 | 0.02 |
| d | 0.08 | 0.02 | | 0.08 | 0.01 | | |
| $R^2$ | 0.0001 | | | | | | |

表 7.8 和表 7.9 分别表示减少城镇固定资产投资等控制变量的双重差分回归结果分析和添加城镇固定资产投资等控制变量的双重差分回归结果分析。

如表 7.8 所示，未施加城镇固定资产投资等控制变量时，"强县扩权"改革的影响系数为 0.02，并且 $t$ 值显著，表明湖北省第二批实施"强县扩权"改革的县（市）平均每年可以使本地城镇化率增加 0.02 个百分点，而同期城镇化率的均值为 0.31，贡献率为 7%。而且我们还可以看出在"强县扩权"改革还未开始的时候，改革前的一阶差分是 0.03，表明扩权组的县（市）在改革前的平均城镇化程度就高于控制组的县（市）。而在实施"强县扩权"改革后，一阶差分变成 0.05，意味着实施"强县扩权"改革后扩权组对城镇化率的影响已经明显超过了控制组对城镇化率的影响。

可见对于经济实力较强的县（市），实施"强县扩权"后对城镇化率增加的影响大于经济实力偏弱的县（市），也就是常说的"强者更强"。但如前文所述，鉴于湖北的样本数量较小，改革的时间跨度还不够大，所以在未施加控制变量时，改革的效果分析还不完全准确，与上文相同，对第二批扩权县城镇化效果分析同样选取 2002—2005 年和 2006—2013 年这两个阶段的面板数据进行实证检验，求出 $\alpha_3$ = 0.007，即实施"强县扩权"的县（市）的净值，"强县扩权"改革政策对县（市）城镇化水平有积极的促进作用。

表 7.9　　　　　　　　施加控制变量的回归结果

| | 实施"强县扩权"改革前 | | | 实施"强县扩权"改革后 | | | DID |
|---|---|---|---|---|---|---|---|
| | 扩权组 | 控制组 | 一阶差分 | 扩权组 | 控制组 | 一阶差分 | |
| 人均地区生产总值（PGDP） | 5666 | 5280 | 386 | 15225 | 15592 | -367 | -753 |
| 城镇固定资产投资（UIFA） | 97208 | 62529 | 34679 | 636541 | 423642 | 212899 | 178220 |
| 城镇居民人均可支配收入（PDIU） | 5540 | 5750 | -210 | 11629 | 11341 | 288 | 490 |
| 第三产业地区生产总值比重（TIPP） | 0.34 | 0.33 | 0.01 | 0.33 | 0.36 | -0.03 | -0.04 |
| $R^2$ | 0.015 | | | | | | |

如表 7.9 所示，在施加城镇固定资产投资等控制变量后，与表 7.8 中未施加城镇固定资产投资等控制变量的双重差分模型对比，$R^2$ 提高到 0.015，即表示施加城镇固定资产投资等控制变量后，此双重差分的模型解释力更高。

表 7.9 表明在"强县扩权"改革还未开始的时候，控制组除了城镇居民人均可支配收入这个指标高于扩权组，其他各项指标均低于扩权组。而在实施"强县扩权"改革后，扩权组在人均地区生产总值和第三产业地区生产总值比重上出现较大幅度降低，而城镇固定资产投资、城镇居民人均可支配收入则大幅升高，其中城镇固定资产投资改革贡献率达到了 28.00%、城镇居民人均可支配收入由改革前扩权组弱于控制组到实施"强县扩权"改革后，扩权组明显高于控制组，说明实施"强县扩权"改革的效果十分显著。同样的，第三产业地区生产总值比重的影响系数均与其他控制变量的影响系数比较相对较小，表明在湖北省第三产业的发展对城镇化率增长起到的作用相对较小。但我们不难发现第三产业地区生产总值比重的 $t$ 值又显著为正，这就说明了第三产业的发展对地区城镇化率的影响理应为显著积极的，而湖北省目前第三产业生产产值在地区生产总值中所占的比重较低，使得在这些年来各个地区的第三产业的发展还没有能够发挥促进本地城镇化发展的积极作用。

通过 $\alpha_3 = 0.007$ 和回归分析结果说明，湖北省第二批进行"强县扩权"改革的县（市），"强县扩权"改革对城镇化率同样具有明显的促进作用。

### 四 第一批与第二批扩权县城镇化效果比较

将湖北省第一批"强县扩权"县（市）的改革情况与第二批"强县扩权"县（市）的改革情况相对比（见图 7.1），可以发现湖北省第二批实施"强县扩权"改革的县（市）城镇化增长率（$\Delta Y$）明显高于第一批实施"强县扩权"改革的县（市），在关键的 $DID$ 值上，湖北省第一批实施改革的县（市）明显高于第二批进行改革的县（市），但是在"强县扩权"措施对城镇化的增长所产生的贡献率上，两批县（市）却差不多，均在 0.07 左右，出现差异的原因在于第一批进行改革的县（市）经济发展水平明显高于第二批，故而在 $DID$ 系数上有着较大差距，但由于第一批扩权县在改革前城镇化率就已经相对较高，所以在改革前后城镇化增长率上低于第二批。

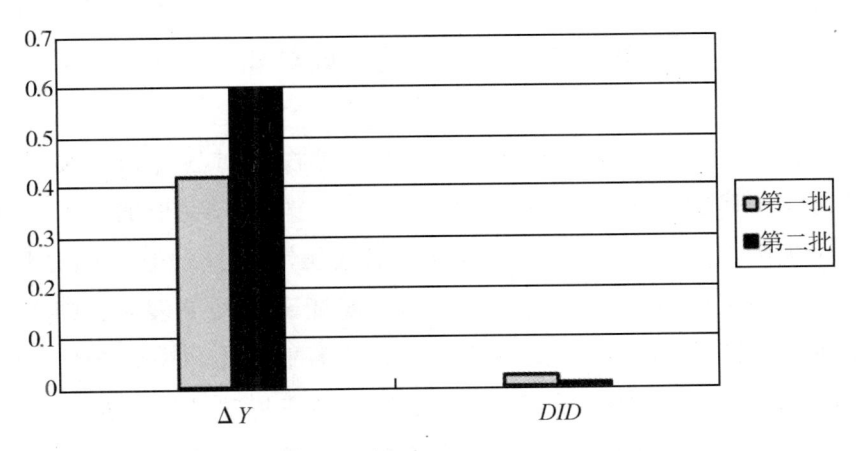

图 7.1 前两批"强县扩权"县（市）情况对比

这就说明对于经济实力较强的县（市），实施"强县扩权"后会对城镇化率增加的影响大于经济实力偏弱的县（市），也就是常说的"强者更强"。另外，第一批进行"强县扩权"改革的县（市）在改革前的第三产业产值占地区生产总值的比重方面明显高于第二批改革的县（市），改革后第二批扩权县（市）的第三产业产值比重明显上升，迅速超过同期第一批改革的县（市）。第二批扩权县第三产业产值比重对城镇化的贡献率明显大于第一批扩权县中第三产业产值比重的贡献率，造成这种结果的原因来自两方面：一方面，第一批扩权县的产业结构调整比较缓慢，主要依靠其他产业的发展推动城镇化；另一方面，第二批扩权县在改革前经济实力并不如第一批扩权县，但其积极寻求变化，大力推动第三产业发展，这也是第二批扩权县在改革后城镇化率迅速上升的主要影响因素之一。

通过以上分析可以发现，"强县扩权"改革确实能够直接提高城镇化率，同时，人均地区生产总值、城镇固定资产投资、城镇居民人均可支配收入、第三产业地区生产总值比重对城镇化率均有一定的促进作用。而在这些指标当中尤其是城镇居民人均可支配收入、城镇固定资产投资这些指标对城镇化的影响系数最大，且呈显著正相关。

## 第三节 研究结论与政策建议

本书运用双重差分方法检验了"强县扩权"对县（市）城镇化水平的影响，研究发现：第一，"强县扩权"改革有利于加快城镇化进程。纵观两批改革的县（市）的改革成效虽有差异，但"强县扩权"改革加快城市化进程的效果是显著的。实证研究结果表明，随着改革的推进，城镇化率在稳步提升，平均每年环比增长1%到2%。第二，"强县扩权"改革在加快城镇化进程上对经济基础较好的县（市）作用更大。第一批改革县（市）在改革前的经济发展水平明显高于第二批改革的县（市），改革后其城镇化水平的增长也明显高于第二批。可见"强县扩权"改革对于加快强县的城镇化进程效果更佳，从而也证明在渐进式改革的初期有选择性地在经济发展水平较好的强县进行是正确的。第三，经济基础较差的县通过积极寻求产业转型同样可以依托"强县扩权"改革实现加快城镇化进程的目标。第二批改革县（市）与第一批相比，在改革前经济发展水平较低，实证分析的结果也证明其城镇化率的提高略低于第一批改革县（市），但"强县扩权"的改革对其城镇化率的提高是显著的。主要得益于第二批改革的县（市）大多积极寻求产业转型，改革之后第二批扩权县（市）的第三产业产值比重出现明显上升，且迅速超过同期第一批改革的县（市）。基于上述分析，对湖北省推进县（市）城镇化给出如下政策建议：

第一，要进一步推动湖北省内各地区经济社会的协同发展。改革的成效最终是以全省的综合情况来衡量，要想改善本书研究中发现的"强县扩权"改革对不同地区效果有强有弱的现状，全省各地区经济社会的均衡发展是"强县扩权"改革实现更好政策效果的根本保障。

第二，对于经济基础较好的县（市），可以采取更加积极的改革尝试，使其得以借助原本的优势实现更好的发展。"强县扩权"改革的"马太效应"确实存在，经济社会发展水平较高的县（市）可以凭借其牢固的经济基础在改革中有更好的表现。

第三，对于经济社会发展水平较低的县（市），改革需要因地制宜。把"强县扩权"改革当作推动县（市）在经济、社会各个层面进一步发展的契机，在获得了各项政策支持的优势之下，积极寻求符合本地当前发展态势和特殊资源情况的产业转型等各项变革。

# 第八章 "强县扩权"改革的实践困境

在"强县扩权"的改革进程中,尽管很多省份的试验性改革已经取得了较为丰硕的成效,但同时也遇到了一些具体的问题和困境,阻碍了省直管县政府层级改革目标的实现。总体来看,主要有权力困境、关系困境、资源困境、监督困境和地域困境。

## 第一节 "强县扩权"改革的权力困境

"强县扩权"本意是通过下放经济社会管理权限促进县域经济发展,但现实中存在很多"扩虚权""明放暗不放"的现象,因为这是地方政府的主动作为,没有确定的规则、程序和办法促使地方政府严格履行其扩权承诺,权力困境由此而生。

### 一 省市政府放权弱化

"强县扩权"改革的重点在于将一部分归属于地级市的经济管理权和社会管理权直接赋予经济强县,其发展趋势和要求是从最初的行政审批权力下放,到行政、财政、人事权力下放同步推进。然而,在"强县扩权"改革推行过程中,出于对自身利益的考虑,各级政府采取一定的博弈手段,结果使部分扩权政策有名而无实。

由于部分地级市和省直部门的"惜权"思想占主导地位,"不怕市(县)没发展,就怕自己没有权",再加上其没有浓厚的扩权意识,在安排工作时仍会按照原有模式。因此,就容易出现本应赋予扩权县的权力没有真正放开，本应由扩权县享受的政策没有真正落实的情况。如"强县扩权"改革中，不少扩权县本应享有计划直接上报、项目直接申报等与省辖市相同的经济管理权限和部分社会管理权限。但是考虑到自身利益，省辖市及部分省直部门并没有把有关权限直接交由扩权县行使，存在着不放权的现象；又如，在河南省"强县扩权"改革中，按照省政府扩权的要求，住房公积金的管理应下放给扩权县，由扩权县独立设立机构，单独管理，不受省辖市控制，但至今管理权尚未移交，导致邓州市每年住房公积金有1200万元左右的缺位。①

另外，部分市政府及其职能部门虽然按照改革原则下放了部分权力，但是却仅仅以下放一定数量的审批权为标准，其中更多的是一些无益于市级政府部门利益且管理起来又颇为费事的审批权限。湖北省在2003年进行"强县扩权"的改革，将原属于市级部门管理的多项权限尽数下放到相关区县，但在政策出台一年后，媒体就报道该政策下放受到层层阻挠，实际效果并不明显。据当地政府于2004年公开的部分反馈数据显示：权力下放落实到位的有85项，占比41.1%，如亿元以下的引进外资合作项目；权力下放部分落实的有97项，占比46.9%，如千万元以下的技术改进方案；缺乏可行性的25项，占比12.1%，如借助外企贷款工作等。与此同时，在扩权改革中普遍存在着权力的假放、虚放和回放的行为。部分省辖市的权限下放只是走一个流程，舆论热度刚过就立马进行权限的回收。根本解决不了地方区县经济和社会发展遇到的瓶颈，如吉林省在实施扩权改革过程中，虽然已经下放了800多项行政管理权限，但大部分权限形同虚设，这些权限基本都是不需要政府部门审核的权限，省辖市仍牢牢掌握实质性核心管理权限，深化改革仍将面临各方利益集体的层层阻挠。

---

① 刘芳：《河南强县扩权进程中的问题与对策研究》，硕士学位论文，河南农业大学，2009年。

## 二 垂直部门放权虚化

从目前社会发展出发,地方区县面临严峻的经济上行压力,如何满足人民日益增长的物质和文化需要,维持社会的长治久安也是政府部门重点考虑的问题。税务、水利、国土、工管等各部门的行政管理权力仍集中在省辖市,使地方区县可操作空间变得愈发艰难。这些垂直部门可以说掌握着地方经济发展的命脉,但在"强县扩权"改革中却显现权限下放的模糊。大部分的部门都倾向于垂直化管理,各个部门自成一套自上而下的管理体系,越是下级区县越没有管理权限,大幅度减弱地方经济社会发展的活力。比如说在改革新政出台后,虽然地方区县拥有了在审批上的主动权,相应的资金来源和合同计划也随之增多,但相应的上级部门并没将太多的核心自主权限落实到位,导致地方区县的金融管理部门在整套审批与管理过程中要不断得到上级的批示才能真正发挥作用。据地方政府反映,安徽省政府虽然在下放权限的第50条明确指出:总金额在2亿元以下的外商投资项目可经由地级区县审批,但在实际执行过程中并没有落实到位,该类审核仍在省辖市工商部门进行。

## 三 县级政府权力滥用

"强县扩权"改革的核心是权责的分配,如何处理好权限下放的问题关乎改革是否能够得到积极有效推进。目前地方区县权责监管体系尚不完善,在政策的实施过程中存在大量越权滥用的现象。

### (一)浪费政府资金

首先政府部门的体制有待完善,各类机构设置繁多,不断增加新的机构和新的岗位,造成政府资金大量浪费。一方面,部分单位或是部门可以借以业务扩展的需求寻求人员上的不断扩张,而在市政管理过程中又执行"人员只进不出"的政策,造成人员的冗余;另一方面,公共部门具有与生俱来的垄断性,造成常人无法深入了解其运行成本及利益，也因此造成部门工作效率停滞化、低效化。

（二）各部竞争加剧

"强县扩权"改革后，随着市县分治，市与县之间的关系将直接由领导与被领导的关系演变为两个平等的行政主体之间的竞争关系。县与县、县与市的竞争将更加激烈。许多县级政府对微观经济过程的行政干预不但没有随着市场经济的发展而逐步弱化，反而呈现出了干预力度不断加大，手段趋于多样化的态势。一些县为了提升县政府及县级领导干部在省级政府的知名度和受重视程度，利用扩大的行政审批和审核权力，搞劳民伤财的"形象工程""政绩工程"，出现违反国家政策、程序的现象，有些甚至直接违反国家法律法规，造成大量低水平重复建设和资源环境问题。不仅不能推动县域经济健康发展，反而使行政县背上沉重的负担。

（三）缺乏有效的监督

在实施省管县之后，虽然市级政府在理论上肩负监管的义务，但由于各项审核项目并不经由市级单位而直接递交至省直部门审批，实际上是在弱化市级部门的监管权限。由于省级部门单位并不熟悉地方区县的具体工程项目，在审批过程中具有盲目性，而审批中又缺乏有效的监督，造成利于区县发展项目被搁置，反而是那些看似资金链条庞大实则对经济发展作用不大的项目被审批通过。

## 第二节 "强县扩权"改革的关系困境

"强县扩权"改革造成市级单位"一把手"的话语权不断减弱，有些关系处理不好将直接影响整项改革措施的顺利推进。

### 一 市县矛盾较为突出

市直部门出于自身利益的维护，一方面，在扩权改革之后仍然想牢控核心权限，比如说在过路费、税收、质检等费用的征收中，出现了市县权限相争的现象；另一方面，部分市级单位在迫不得已放开地方权限之后，就迫不及待将权限赋予得到的权责和义务统统下放给区县政府，地方政府没有一个权责和义务的过渡阶段，往往在新政初期显得力不从心，出现了区县地位弱化的现象。地方政府则将弱化的原因尽数归咎于上级省市的不作为，造成两级矛盾的激化。

就总体成效而言，虽然上级省市一方多为消极应对，但得到利益的县级政府则在主动性和积极性方面有了很大的提升。在微妙的两级关系之中，得到权限的县级政府一方面心存顾虑，怕上级在其他方面故意刁难；另一方面考虑到权责在手的主动权，又显得激情高涨，立刻基于新的职责投入工作之中。从调查的数据上可以印证获权区县的两面性。

专栏8.1　HBHC市财政局副局长谈市县矛盾

课题组：现在应该还是有很多项目要经过市一级才能上报吧？

HC市财政部门负责人：嗯，有。我是从交通部门过来的，交通的所有项目都要经过孝感，不经过的话根本不报你的项目，给你封死了。财政的还好一点，其他（部门）的都是这样。像JM，把所有该给县级的财力都给了。它（市里财力）多的时候不想你（县里）的，少的时候就搞你的，截留和提留。但是荆门一年的财政收入有几十个亿，远比XG的要多，不可比。再和县级的XT、QJ、TM比，也是不好搞的，他们可以直接面对厅里的领导，但是我们去，没有地市的就不接见我们，我们的意见就被截留了，有情况也到不了那里去。他们（XT、QJ、TM）获得的信息、资源都要多，所以，这个资源配置上存在着不公平，这和现在的体制有一定的关系。这就带来经济社会的不均衡发展，不可能公开和公平。它们（XT、QJ、TM）哪个"哭"就给哪个，但是我们"哭"它（省里）都听不到。

（访谈记录编号：20120418HBHC）

## 二 市县经济利益冲突

随着"强县扩权"改革的推进，中心城市与扩权县的协调发展问题显现。一些中心城市化水平高的地区，长期实行市管县体制，使得这些县域经济与中心城市之间存在着较密切的分工和协作。而"强县扩权"一定程度上削弱了地级市调控力，影响了新兴中心城市的发展，如何兼顾上级市与扩权县的利益，协调中心城市扩张与县域经济发展的关系成为一个棘手的问题。一些地级市经济实力偏小，把资源和精力较多地放在发展地级市区经济上，甚至从经济强县"抽血"，束缚了县的发展。一些市级政府为了本级利益，不愿下放权力，出现与扩权县"争收"的情况，甚至是"弱县强区"的趋向。比如，在财政配套资金问题上，对于一些已经审批的项目。省里资金下来了，要求省辖市配套的部分没有到位，而省里又没有直补的政策。这样就给县（市）发展带来很大的资金制约。再者，为了扩大其管辖范围，使县的"肥水不外流"，个别中心城市把所辖经济强县划为自己的一个区，把所辖县（市）据为自己管辖，变相"吃县"。如湖北的黄石"吃掉"下陆、咸宁"吃掉"咸安，以"县改区"来回应"强县扩权"的改革，造成市级政府与省级政府间争夺管辖权的矛盾。所以我们需要对地级市的职能和地位重新进行定位，避免由此带来的恶性竞争。

## 三 县际发展差距拉大

"强县扩权"政策的对象侧重发达县（市）。依据国务院扶贫办的《国家扶贫开发工作重点县名单》和国家民委的《民族自治地方国家扶贫工作重点县名单》，对681个试点县（市）的经济发展水平进行统计分析可知，在扩权试点县（市）中属于经济强县（市）的为544个，约占总数的80%；属于经济弱县（市）的为138个，约占总数的20%，比例明显偏低，而如果根据各省官方文件对于扩权县（市）经济发展水平的认定，其比例则更低。这种过度差序结构不利于探索相对落后地区县域经济的发展模式，也容易加剧各个县（市）间发展的不平衡。

## 第三节 "强县扩权"改革的配套资源困境

"强县扩权"改革对县级领导和具体工作人员的权力掌控、政策把握等都提出新的考验。特别是部分扩权县与省对接后，县级政府的工作能力、工作机构、人员数量、人员素质未能及时跟上，影响了部分职权的有效运行。

### 一 财政资金难到位

"强县扩权"改革中，地市政府往往采取"事务往下压，财权往上收"的方式。因此，扩权县在管理权扩大、主动权拓宽、扶持政策增加的同时，也面临着项目资金配套不到位的问题。比如上级已经审批的一些项目，要求省辖市配套部分资金，往往是省里资金下来了，省辖市的部分难以到位，给扩权县（市）特别是比较落后的扩权县（市）发展带来一定程度的资金制约。

也就是说，扩权县虽然得到了与地级市经济社会等同的权限，但却没有得到与权力相匹配的利益支持。在河南"强县扩权"改革中有很多类似的情况出现，如巩义市扩权后利用扩权县（市）直接申报的优势，争取到了更多的农村公路建设项目，但是，由于这些项目需要省辖市（郑州市）配套资金的支持，而扩权后郑州市不再拨付配套资金，这样就造成扩权县（市）争取到的项目越多，资金缺口越大。邓州成为扩权县（市）后，也面临着同样的问题：南阳对邓州的支持力度明显降低，比如在安全饮水项目中，需南阳配套资金200多万元，但这些资金并未落实。另外，如沼气工程，需南阳支付的40多万元资金也没有到位。①

湖北省"强县扩权"改革中,由于省以下地方政府间支出责任的划分(事权划分)不明晰,也出现了资金配套不到位的状况,影响到财政支出的效率。

专栏 8.2　HBYD 市财政局副局长谈支出责任的划分

我市独自修建的跨县市的省级公路,本属于省级公路(按照公共产品的受益范围来进行界定应属于省级政府供给的范畴),但是湖北省交通厅却没有给宜都市拨款,而宜都市出于发展本地经济的需要,只能"迫于无奈"单独修建此路。

(访谈记录编号:201204161HBYD)

## 二　行政能力有短板

扩权改革以来,虽然在市管县体制上得到了较大的改变,但两级政府的行政能力遇到了更为严峻的挑战。

一方面,对市级政府而言,在放权之后对下级的管控难度变得越来越大,工作量和成本也成倍增长,迫切需要更专业高素质的管理人才队伍。但从改革推进的现状而言,各部门的表态与言行出现了背道而驰的现象。虽然上级各部门承诺对政策完全拥护,并贯彻落实,对试点区县的经济发展表示重点关切,但在实际行动中常表现为言行不一,上级的指示落实不到位,对地方区县的利益漠不关心。这种政府行为从本质上讲就是敷衍应付的表态,对问题的解决未起到任何积极效果,相反还会延误地方经济发展的最佳时机。

另一方面,对区县政府而言,扩权之后需要一段较长的时间融入

---

① 刘芳:《河南强县扩权进程中的问题与对策研究》,硕士学位论文,河南农业大学,2009 年。

新的职责之中。虽然地方区县已经得到了下放的各项权限，但是传统的行政管理制度和观念还未能得到彻底的转变，各部门的行政管理人员短时间也难以衔接新的项目管理，并且缺乏上级部门的完整产业扶持与配套支持，没有完全的实质性权力，因此势必会造成有的政策难以落到实处，进而影响到地方政府的公信度，影响对扩权的有效把握性。

### 三 法律依据不充分

"强县扩权"改革的推进离不开国家法律法规的支撑，现阶段上级部门的权限难以完全下放很大部分的原因就是缺乏强制性措施，而强制性措施的根本保证就是以法律为基础，以法规为准则。

#### （一）立法上有缺位

目前，省级政府和部门每一项行政审批权限背后都与国家法律法规以及国务院各部委的政策文件相关。如果国家法律法规层面对诸多行政权力、部门利益不进行突破的话，省级政府进一步推进权力下放改革难度较大。国家行政学院法学部主任胡建淼教授在接受《法治周末》记者采访时谈到，从法治视角看省直管县改革，现在进行以"强县扩权"为主要内容的省管县改革之所以不能在全国推行，与长期缺乏对地级市的区划和政府职权的立法有关。

#### （二）操作上缺细则

不少推进"强县扩权"的省份都缺乏与扩权相关的实施细则和办法，使扩权县不易操作。部分省直职能部门工作不到位，缺乏相关的实施细则等配套性文件，没有制定本领域的扩权县实施办法，政策定位模糊，落实不到位，仍沿用"老套路"，凭"老感情"安排工作。一些省直部门的个别处室仍将文件传至省辖市或要求出具省辖市相关文件或意见。因此，在各自独立的行政管理体制和管理方式的背景下，各省相关职能部门出现了扩权政策定位模糊且制订具体实施方案的进度不一的现象，使试点县出现部分工作陷于"仍需市级部门审批或办理的事项市级部门不受理，县级部门又无权办理"的尴尬局面。

（三）执行中有冲突

在许多现行的法律、法规和政策性文件中，地级市的管理权限得到了明确的体现和承认，尤其是行政许可法实施以来，地级市政府部门的一些管理权限进一步得到了相关法律的明确和认可，权力下放反而与现行法律、法规不符合，在"强县扩权"改革过程中的许多管理权限下放事实上缺乏法律、法规方面的支持。例如，按照湖北省2003年6月26日公布的第一批扩权事项目录，有些扩权事项难以和现行法律对接，比如《土地管理法》明确规定，县（市）的土地利用年度计划应是"逐级上报省、自治区、直辖市人民政府批准"，而根据中共湖北省委办公厅、湖北省人民政府办公厅2003年6月26日公布的第一批扩权事项目录中的规定，县（市）的土地利用年度计划可以由扩权县（市）自行编制审核、报省审批（审核）、报市（州）备案，明显地跨过了地市一级，与法律规定的逐级上报不符，违反了《土地管理法》的规定。

# 第三篇

## 省直管县财政体制改革模式

# 第九章 省直管县财政体制改革概述

"省直管县"财政体制是一种在明确省、市、县财权与事权基础上,由省直接管理县的财政体制。其目的在于克服市管县财政体制的弊端,发挥分级财政的优势,实现省以下政府间财政关系的激励相容。

## 第一节 省直管县财政体制改革的客观要求

省直管县财政体制强调的是在财政收支划分、专项拨款、预算资金调度、财政年终结算等方面,由省直接分配下达到市县,市本级财政和县财政都直接同省财政挂钩,并明确确立各级财政的组织架构和运行原则,划分省级财政和地方财政的收入和支出范围,规定地方财政收入的许可来源和财政支出的许可用途,明确各级财政间相互关系的一种财政管理体制。① 这种财政体制改革的推行有其客观必然性。

### 一 中央政府的政策推动

国务院在《关于做好2004年深化农村税费改革试点工作的通知》(国发〔2004〕21号)中明确提出:"要改革和完善省级以下财政管理体制,合理划分省级以下各级政府支出责任。凡属于省、市级需承担的支出,同级财政要全额保障经费,不得以任何形式向下转嫁,省、

---

① 山西省财政厅预算处:《对我省"省直管县"财政改革情况的调研》,《山西财税》2009年第2期。

市委托县乡承办的事务,要足额安排专项经费,不留缺口。具备条件的地区,在财政管理体制上可以进行'省直管县'的改革试点。"这是中央政府首次提出要进行省直管县改革试点工作。此后,《中共中央关于制定国民经济和社会发展第十一个五年规划的建议》对财政体制改革提出了更加明确的要求,"合理界定各级政府的事权,调整和规范中央与地方、地方各级政府间的收支关系,建立健全与事权相匹配的财税体制,完善中央和省级政府的财政转移支付制度,理顺省级以下财政管理体制,有条件的地方可实行省级直接对县的管理体制"。可以看出,中央政府的政策信号更加明确,就是让各地根据自身的实际情况推进省直管县财政体制改革工作。

## 二 县级政府的发展冲动

随着社会主义市场经济体制的建立和不断完善,生产要素的自由流动是市场经济的基本特征。这就要求减少甚至消除人为地阻断资本、人才、产品等自由流通的体制机制。市管县体制下,地级市政府利用因行政级别和行政权力而形成的支配地位,将资源要素向地级市集中,与所辖区县争项目、抢人才、争信贷、抢税源是一种较为普遍的现象。县级政府在如此不利的体制环境下没有能力发展县域经济,甚至因此而产生了不愿意努力发展的念头,县域经济的发展前景不容乐观。从纵向上看,省对县的财政扶持政策和转移支付资金也很难及时有效地落实。2003年,国务院发展研究中心对湖北襄阳县做的调查显示,1997—2000年,全县农业灾害严重,非涝即旱,但县财政支援农业生产的支出,除每年近20%的上级拨款外,剩余的80%是虚数,缺口达4310万元,相当于实际支出的4.3倍。[①] 地级市"雁过拔毛"式的做法导致市县之间矛盾重重,尤其是当地级市较弱而县较强时,这种矛

---

① 李初升:《从"市管县"到"省管县"的轮回之路》,《21世纪经济报道》2006年4月25日。

盾表现得更加突出。可以看出，市管县体制对县域经济发展的负面影响越来越严重，县级政府对减少财政层级、提高财政资金周转效率的要求非常强烈。以湖南省双峰县为例，在每年的财政收入中，娄底市按 1995 年的收入基数参与分成县级增收收入，财政收入比 1995 年增加部分市财政分成 4%，每年近 300 万元，教育费附加市财政分成 10%；"两税"增量返还系数中，省里返还的 0.2 市里截留了 0.05；娄底市对"小三税"（资源税、土地增值税、城镇土地使用税）集中了 20%，但是近十年娄底市对双峰县的转移支付几乎没有。[1]

### 三 省级政府的顺势而为

在中央政府的政策推动和县级政府的发展冲动挤压下，省级政府自然顺势而为，开始推动省直管县改革试点。一方面，省级政府可以进一步加强财政监管。实行省直管县财政体制之后，省级政府的行政权力并没有因此而缩小，反而是增大了。原来地级市的财政权力，一部分下放给了县级政府，另一部分则上收到了省级政府。同时，在省直管县财政体制具体运行中，省级政府明确要求地级市负有对县的监管责任，而实际上的监管权力则已经上收到了省级财政部门。这虽然导致了地级市财政部门有责无权，但客观上构成了省级政府推动此项改革的动力之一。另一方面，"金财工程"为省直管县财政体制提供了技术支持。为适应互联网技术的快速发展和政府管理现代化的要求，财政部于 1999 年开始规划建立"政府财政管理信息系统"，即"金财工程"。"金财工程"以大型信息网络为支撑，以细化的部门预算为基础，以所有财政收支全部进入国库单一账户为基本模式，以预算指标、用款计划和采购订单为预算执行的主要控制机制，以出纳环节高度集中并实现国库现金的有效调度为特征，详细记录每个用款单位每一笔财政资金收支的来龙去脉。因为这个"政府财政管理信息系统"适用

---

[1] 易玉珏：《省直管县财政体制改革研究》，硕士学位论文，湖南大学，2006 年。

于所有财政部门，省级政府有能力实现对财政资金使用情况的动态监控。

## 第二节 省直管县财政体制改革的理论基础

省直管县财政体制改革的实质是不同级次政府如何有效提供本辖区公共产品以及合理界定地方公共服务的边界问题。中国幅员广阔的大国现实决定了政府供给公共产品必须要分区分层，以保证公共产品供给的有效性，但是每一层级的政府都有自身的利益，中央政府拥有对财政资金的主动权。为弥补地方财政差距和财力不足等问题，中央把一部分转移支付资金向县乡等政府转移，但是要经过省、地级市等级别的政府层级，往往被认为会带来效率的损耗和财政资金的减少。为提高来自上级的转移支付资金的使用效率，必须重新审视如何对待既有的市管县体制下的效率与缺陷问题。省直管县改革的问题需要相应的理论基础，为改革实践提供有益指导，提高政府的工作效率。

### 一 公共产品层次性理论

现代政府的基本职能主要是为所在辖区的公民提供公共产品和服务，满足本地区的公共需求。公共产品按照自身的属性可以划分为全国性公共产品和地方性公共产品，以及需要中央与地方共同负责的公共产品。这种公共产品的层级性要求为保证公共产品的有效提供，地方政府也需要分层级设立。

公共产品的层次性决定了其具有全国性和地方性之分。全国性公共产品是指其消费者可以是全国范围内的公民，广泛的受益范围和非排他性决定了其效用可以满足全国范围的公民需求，而且不影响其效用的质量。地方性公共产品则主要是以区域性的公共需求为中心，以满足辖区内的公共需求为主要目标，主要包括地区性的受益范围覆盖到本地区的公共产品，这类物品的受益范围以行政区划的设立为边界，以地方公民的需求满足为目标，以地方政府为公共产品供给主体。相比于全国性公共产品，地方性公共产品具有明显的效用边界以及区域的排他性，其成本与收益主要在地方，因此主要是地方政府负责提供这类物品。

事实上，公共产品的实际状态远非二分法可以概括。很多公共产品的状态游离于全国性公共产品与地方性公共产品之间，处于中间的混合状态。其受益范围具有跨区域的特征，涉及多个行政区域但又不是全国性公共产品。这类物品的供给如果全部由涉及的跨区域的地方政府供给，会因为跨区域造成的成本与收益的模糊性和不确定性引发地方跨区域公共产品供给的集体行动困境。此类公共产品主要有跨流域的大河、湖泊的污染防治，雾霾的防治，以及跨行政区域的某些公共工程的协调等。供给这些产品需要更高级别的政府进行协调和统筹，以促进区域合作以及弥补地方政府在提供公共产品上的财力不足等缺陷。

政府的层级性与公共产品供给的层次性需要对政府供给公共产品的财政支出责任和财权进行纵向划分。这种组织结构和公共产品的现实特征是对财政事权和支出责任进行划分的前提。第一，公共产品具有全国性和地方性的层次性特征决定了对不同公共产品的供给需要不同层级的政府促进高效的供给质量。第二，公共产品的层次性需要对提供公共产品的支出责任在纵向间进行分配，全国性公共产品供给由中央负责，地方性公共产品由地方政府供给。对于跨区域的公共产品的供给需要中央与地方政府合作供给混合型公共产品。公共产品具有层次性这一特征决定了具体支出责任划分的标准，究竟某一公共产品是由中央还是地方提供，需要根据这一产品所产生的受益范围来决定，做到划分有序。

## 二　财政级次划分理论

一般来说，政府的组织层级与财政层级相对应，前者的层级数量决定后者的数量。"对政府级次的分析，可以近似地认为是对财政级次制度的分析，且主要是对财政级次划分模式的分析。"①

一个国家的中央政府是既定不变的，政府层级一般由地方政府的层级多少决定，并且以地方政府的层级数量改变为主导。财政层级与此相对应，确定地方的财政层级即可确定国家的所有财政层级。地方政府的层级究竟以多少为最优选择，需要从两个方面去考虑：一是地方的管理幅度，管辖多大空间的辖区最有效率，辖区过大会造成力有不逮，降低公共服务的质量；辖区过小，则会浪费行政资源，不能实现资源的最佳配置。二是看地方政府的结构层次，结构层次不宜过多也不宜过少。地方政府层级过多，会增加纵向之间的交往成本和信息传达的时间，降低信息传播的速度，导致管理的低效率；地方政府层级过少则会增大管理幅度，地方在公共产品的供给上心有余而力不足。因此地方政府的层级设置需要权衡这两个因素，保证政府层级结构达到比较满意的配置状态。

中央政府不可能穷尽所有的地方信息，因此为了能够最大限度地回应地方的公共需求，有必要进行财政分权，把一些税收的财权和事权的履行责任下放到地方下级政府，实现政府层级的最优化和地方治理的高效率。

根据管理学的基本原理可知，组织的管理幅度与其管理的层级之间存在着反比的关系。组织的管理层级过多或过少都不适合。管理层级过多会导致上级对下级的管理干预太多，影响下级的积极性，另外也会造成因管理链条过长，信息层层传递造成工作效率的降低；管理层级过少则会增加上级的管理幅度，对下级的监督管理存在不足。因此总的趋势是组织结构趋于扁平化，保证组织信息的快速传递和管理的有效性。市管县体制下地方政府层级存在省、地级市、县、乡四个

---

① 周仕雅：《财政级次制度研究——中国财政级次制度改革互动论》，经济科学出版社2007年版，第10页。

级别，管理的层级过多导致县在发展本地经济的时候由于项目审批与批准的过程而增加时间成本，而且地级市的设立容易导致地区之间的市场分割，不利于统一的市场的形成。省直管县可以借助管辖范围的扩张实现对区域经济的整合，促进省内区域的合作。

当前农村的公共产品供给情况不理想，主要由县乡级别的政府负责农村的公共产品供给，市管县体制下由于地级市对县乡财政的转移支付的截留，县乡无力保持基本运转，遑论为农村提供所需的科学技术推广、基本教育、医疗卫生等服务。财政省直管县改革可以说是力求对这一现状有所改变的尝试。把地级市对县的财政管理权限上升到省，省级政府负责对县的财政资金的配置与管理，帮助基层政府实现对农民更需要的基本医疗、教育、养老、乡村道路建设等公共产品和服务提供充足的财政资金，促进基本公共服务均等化。这一改革探索有助于实现新型的财政体制与管理模式。

### 三　制度经济学理论

要了解政府之间的行为逻辑，需要对其背后的制度安排进行分析。以理性经济人的假设入手，分析行为者在既定的制度规则以及规则变迁中的行为选择。制度作为一系列旨在对行为者的行为产生约束的规则，是理性的个体行为选择的依据。一旦既有的规则发生了改变，行为者的利益约束也会随之而变，行为者将会依据新的制度选择其行为。市管县作为既有的地方政府管理的制度模式，主导了省以下政府间关系的基本模式。财政省直管县改革调整了旧有的制度要求，由省级政府掌有原有的地级市对县的财政管理权，改变了地级市对县的管理的积累，这些制度安排的改变将会导致地级市与县、省与县之间的关系的变化，进而产生新的制度变化。

制度供给具有多重的影响因素，对新制度的产生具有重要影响。第一，新制度的供给成本。某一制度从萌芽到实际的制度生成，需要一个成本权衡的过程，如果一个制度很有必要但是其成本高昂，也很难产生供给应用。省直管县代表了未来的发展趋势，减少地级市这一层次，促进管理层次的扁平化，提高行政效率，但是这一制度推行起来会有巨大的成本，会遭受到地级市方面的阻梗，涉及过多的利益范围，因此省管县不能一蹴而就，先由财政省直管县改革做起，不断摸索，探索出成熟的、较低成本的制度模式。第二，相关决策者的主观动机。某一项制度在各个方面看来都是比较可行的，但是有较大的阻力，需要相关领导者在决策时当机立断，强力推进制度的供给。

某一制度的生成绝非空穴来风，而是有其现实根源的。制度的供给一定不能脱离现实的需要，为解决某一现实问题或满足现实需要而产生。例如计划生育制度是为了解决人口过多的问题，而最近放开二孩则是面对即将可能出现的老龄化社会以及年轻劳动力不足的问题。这是从国家大政方针的方面去考虑。从中观与微观方面去考虑，当社会上某一问题引发较大关注，促使上级政府不得不去重视考虑新制度的供给问题。这个时候，社会问题往往会引发规则主导者去重新界定利益分配的制度，缓和原有的紧张状态，平衡价值分配。当然，规则主导者并不是对每一项社会需求都有极大的关注兴趣的，那些被忽视了的公共需求则需要公民对规则制定者拥有一定的影响力，能够对规则主导者产生行为影响，促进规则主导者改变规则，考虑到各种利益的需求，重新界定规则。财政省直管县改革制度也并不是凭空而来的，其面临着现实的约束：省以下政府财政困难较大，基层税收减少，支出责任增加，导致基本公共服务供给低效，不能够满足县乡级别的公共需求，影响到政府的权威性和合法性。因此有必要进行制度变革，引入新的制度供给，使政府间关系恢复常态，保证基本公共服务供给的有效性。

制度的效用都有其时效性，当过了某一时限，制度的效用递减，而维系制度的成本却开始增加，这样一来，原有制度的正当性受到挑战，制度变迁就正当其时。之所以产生制度变迁，是为了让新的制度代替旧的制度，降低交易成本，回应公共问题。影响制度变迁的成本因素主要包括来自旧制度下拒绝变迁的阻力和新制度与现实的契合度。旧制度的既得利益者缺乏激励进行制度变迁，作为制度的利益分享者，其只会维护旧制度的安排，抵制、反抗任何来自新制度的变化。旧制度对新制度的排斥成为制度变迁的成本，这种阻力越大，制度变迁就越困难。新制度如果能够很好地反映社会现实，其遭受到的阻力将会很小，但是如果新制度与现实的冲突过大，实施新制度的成本也会增加，这样会阻碍制度变迁的过程。

由此可知，新的制度既不会凭空产生，也不会毫无阻力与成本地得以实施。新制度的生成需要考虑到现实的需求以及制度供给的可行性。因为制度是对博弈规则的安排，这种博弈规则又决定了行为者在既有规则内的利益获得方式及份额的大小。因此，制度变迁不乏阻力，这些来自旧制度的对抗可能甚至会成为新制度运行的障碍。省直管县改革作为一项对省以下各级政府的利益都有调整的大的制度变革，其中的阻力会很大，为了更好地发挥省直管县制度变迁的作用，需要进行不同利益主体的利益整合，减少阻力，提高政府的工作绩效。

# 第十章　省直管县财政体制改革的文本分析

"稳步推进省直管县财政管理制度改革,加强县级政府提供基本公共服务的财力保障"是"十二五"规划确定的重要改革内容之一,也是对"十一五"规划所提出的"理顺省级以下财政管理体制,有条件的地方可实行省级直接对县的管理体制"改革议题的深化与拓展。截至 2011 年年底,全国已有 23 个省(区)不同程度地响应并贯彻了中央的改革意图,学术界也从理论认证、个案跟踪、综合分析等方面研究这一问题。但是,现有的文献没有很好地回答如下问题:第一,面对财政部在《关于推进省直接管理县财政改革的意见》(财预〔2009〕78 号,以下简称《意见》)提出的"2012 年前,力争全国除民族自治地区外全面推进省直接管理县财政改革"的总体目标,各省(区)的改革是被动地执行还是主动地调适?第二,各地是否根据自身经济发展水平、基础设施状况等有关条件,确定改革模式、步骤和进度,是否会考虑到地级市因既得利益的存在而设置改革障碍?第三,省直管县财政体制改革的核心应该是留利于县,现有的改革模式是否有助于加强县级政府的基本公共服务的财力保障?第四,是否存在一种或多种具有普适性的改革模式,为全面彻底地实行省直管县财政体制改革提供参照?笔者认为,现有文献多是个案的罗列式描述和高度归纳的综合研究,缺乏可获取实践模式的具体差异及其适用性的政策文本解读式研究。政策文本是政策由理论通向实践的沟通桥梁,通过对政策进行解读、归纳和分析,比较各省在改革的具体目标、改革的原则、改革的实施步骤、改革具体内容和改革配套措施等几方面的共性和差异性，可以很好地回答上述问题。

## 第一节 省直管县财政体制改革的时间与进度

省直管县财政体制改革的时间与进度呈现如下四个方面的特征。

### 一 地域范围广

从全国范围来看，全国已经有23个省（区）实行了省直管县财政体制，也就是说，除北京、天津、上海、重庆四个直辖市和台湾外，只有贵州、新疆、西藏、内蒙古四个省（区）没有实行省直管县财政体制，这说明省直管县财政体制改革已经呈现出较为广阔的地域范围。

### 二 时间跨度大

除浙江（1953年）、海南（1988年）外，实行省直管县财政体制改革的时间跨度集中在2004—2010年。从进度来看，基本符合我国经济发展的基本规律。首先，2004年作为实行省直管县改革的开局之年，可能的原因是，从2003年开始，中国经济逐渐摆脱亚洲金融危机带来的不利影响，走上了一条高速健康发展的轨道，各级地方政府为满足以经济发展为导向的政绩显示的需要，开始着手从体制机制上为经济发展提供更加有利的外部条件，省直管县财政体制改革是省域范围内实现这一目标的重要方式。其次，2007年是实行省直管县财政体制改革的第一个高峰时段，全国共有6个省出台或深化了省直管县财政体制改革，可能的原因是，2007年是我国"十一五"规划的开局之年，而"十一五"规划中明确提出了"理顺省级以下财政管理体制，有条件的地方可实行省级直接对县的管理体制"，这为各地推进省直管县财政体制改革提供了方向。再次，2008年没有省份开始或深化省直管县财政体制改革，可能的原因是，2008年爆发了全球经济危机，严重影响着中国经济发展的速度。各地在中央政府的领导下，以保增长为核心目标。因此，从时机选择上来看，2008年并非推进省直管县财政体制改革的最好时机。最后，2009年是省直管县财政体制改革政策出台相对较为集中的年份，共有11个省（区）开始或深化省直管县财政体制改革。可能的原因是，财政部于2009年出台的《关于推进省直接管理县财政改革的意见》中指出，"2012年底前，力争全国除民族自治地区外全面推进省直接管理县财政改革"，这给各省（区）释放了明确的政策信号。

### 三 渐进调整与一步到位并存

首先，江苏、福建、黑龙江、吉林四省选择了一步到位，这与其所辖县（市）的数量相对较少有直接的关系；其次，辖县（市）较多的省（区）更多地采取了渐进调整的方式推进改革；最后，从结果来看，实行省直管县改革的省（区）中，只有江西省已经逐步在全省范围内实行了省直管县财政体制。

### 四 区域进展差异较大

从区域格局来看，首先，中部地区明显呈现出"进步早、步伐快"的特点，可能的原因是面对中央"鼓励东部地区率先发展"和"西部大开发"两大区域发展战略，"中部崛起"战略的形式意义远大于实质意义，因此，中部地区为防止"塌陷"必须解除自身存在的发展障碍，从体制机制上获得突破；其次，除广东外，东部地区的改革更为彻底，实行省直管的县（市）的比例远远高于中西部地区；最后，西部地区存在明显的贯彻落实中央政府政策的倾向，大多在2009年财政部《关于推进省直接管理县财政改革的意见》出台之年开始或深化此项改革。

## 第十章　省直管县财政体制改革的文本分析

**表 10.1**　　　　　　　　**省直管县财政体制改革的时间与进度**

| 时间<br>省（区） | 2004年<br>（4个） | 2005年<br>（4个） | 2006年<br>（3个） | 2007年<br>（6个） | 2008年<br>（0个） | 2009年<br>（11个） | 2010年<br>（3个） |
|---|---|---|---|---|---|---|---|
| 河北 | | 冀政〔2005〕8号 22/136 11 | | | | 冀政〔2009〕51号 64/136<br>冀政〔2009〕217号 92/136 | |
| 江苏 | | | | 苏政发〔2007〕29号 52/52 13 | | | |
| 浙江 | | | | | | | |
| 福建 | | | | | | 闽财预〔2009〕130号 59/59 9 | |
| 山东 | | | | | | 鲁政发〔2009〕110号 20/91 17 | |
| 广东 | | | | | | | 粤府〔2010〕528号 4/67 21 |
| 海南 | | | | | | | |
| 辽宁 | | 辽财预〔2005〕357号 44/44 14 | | | | | 辽政发〔2010〕9号 |
| 吉林 | | 吉政发〔2005〕17号 40/40 8 | | | | | |
| 黑龙江 | | | | 黑政发〔2007〕87号 64/64 12 | | | |

续表

| 时间<br>省（区） | 2004年<br>（4个） | 2005年<br>（4个） | 2006年<br>（3个） | 2007年<br>（6个） | 2008年<br>（0个） | 2009年<br>（11个） | 2010年<br>（3个） |
|---|---|---|---|---|---|---|---|
| 安徽 | 皖政〔2004〕8号<br>57/61 17 | | | | | | |
| 山西 | | | 晋政发〔2006〕45号<br>35/96 11 | | | | |
| 江西 | | 赣府发〔2005〕2号<br>21/80 11 | | 赣府字〔2007〕12号<br>59/80 | | 赣府发〔2009〕6号<br>80/80 | |
| 河南 | 豫政〔2004〕32号<br>5/101 17 | | | | | 豫政〔2009〕32号<br>20/101 | |
| 湖北 | 鄂政发〔2004〕20号<br>52/64 12 | | | 鄂政发〔2007〕22号<br>52/64 | | | |
| 湖南 | | | | | | | 湘发〔2010〕3号<br>79/88 13 |
| 四川 | | | | 川府发〔2007〕58号<br>27/138 18 | | 川府发〔2009〕12号<br>59/138 | |
| 云南 | | | | | | 云政发〔2009〕210号<br>3/117 8 | |
| 陕西 | | | 陕政发〔2006〕65号<br>15/83 10 | | | 文号不详<br>27/83 | |
| 甘肃 | | | | 甘政发〔2007〕51号<br>16/69 12 | | 甘政发〔2009〕47号<br>41/69 12 | |

续表

| 时间<br>省（区） | 2004年<br>(4个) | 2005年<br>(4个) | 2006年<br>(3个) | 2007年<br>(6个) | 2008年<br>(0个) | 2009年<br>(11个) | 2010年<br>(3个) |
|---|---|---|---|---|---|---|---|
| 青海 | | | | 青政办<br>〔2007〕<br>17号<br>9/39 8 | | | |
| 宁夏 | | | | | | 宁党发<br>〔2009〕<br>65号<br>2/22 5 | |
| 广西 | | | | | | 桂政发<br>〔2009〕<br>114号<br>14/75 14 | |

注：①浙江和海南两省一直都实行省直管县财政体制，没有找到具体的文件；②各省文号后的数字表示的是省直管县数、全部县数、地级市数，如"冀政〔2005〕8号 22/136 11"，意指"在冀政〔2005〕8号文中，河北的136县中有22个省直管县，河北的地级市的数量为11个"，县和地级市的总量来源于《中国统计年鉴2011》，中国统计出版社2011年版。

## 第二节 省直管县财政体制改革的目标与原则

### 一 省直管县财政体制改革的目标

省直管县财政体制改革是地方政府主动实施和中央政府强制推行相结合的改革过程，存在着宏观目标和微观目标相交叉、整体利益与局部利益相矛盾的现象。通过对23省（区）改革政策的文本分析，排除掉各省（区）独有的政策目标，可以看出这一改革过程的共性目标主要有：（1）加快县域经济发展；（2）进一步理顺和规范省以下财政分配关系；（3）缓解县乡财政困难；（4）节约行政成本，提高管理效率；（5）调动地方政府的积极性；（6）增强省级财政调节能力；（7）形成地级市加快发展的外在压力；（8）推进基本公共服务均等化；(9) 振兴老工业基地 (见表10.2)。这些共性政策目标具有如下特点。

(一) 政策设计是以经济发展而非社会民生、以增加财政收入而非规范财政支出为导向

在表10.2中所列的9项共性目标中，只有"推进基本公共服务均等化"是支出导向的，但只有3个省将其列为政策目标，"缓解县乡财政困难"本应是支出导向的，但从政策文本的表述来看，这一目标也是从提高县乡财政能力的角度出发设定的，其余7项政策目标全部都是考虑经济发展和财政收入，而非社会民生和财政支出。

(二) 政策目标体现了理论界和实践界的融合与差异

市管县体制存在着束缚县域经济发展、加剧县乡财政困难、降低行政效率三大弊端已经被学术界广泛认可，这一理论研究成果被实务界采纳之后提出了省直管县体制改革。但是，学术界对市管县存在的问题是否需要由省直管县来解决以及能否解决存在较大争议，比如贾康等认为，政府层级过多，大大降低了分税制收入划分的可行性，是县乡财政困难的体制性诱因，需要压缩政府层级从而缓解县乡财政困难。[①] 事实上，市管县本身不是县乡财政困难形成的直接原因，省直管县并不能解决县乡财政困难。因此，现有的省直管县财政体制改革的目标设计并非是学术界完全认可的，体现了二者的差异性。

(三) 政策目标缺乏科学设计

省直管县财政体制改革问题是一个包含着多种利益矛盾的复杂政策问题。因此，要解决此政策问题就需要解决问题中包含的不同方面、不同隶属关系的利益矛盾。这就决定了政策目标绝不是单一的，它是由若干子目标构成的体系。从纵向上来看，省直管县财政体制改革的目标应该具有很好的层次性，区分出短期目标、中期目标、长期目标和最低目标、中等目标、最高目标；从横向上来看，政策目标有显性

---

① 贾康、白景明：《县乡财政解困与财政体制创新》，《经济研究》2002年第2期。

与隐性之分，应该区分这些政策目标哪些是非常明确、可以直接实现的显性目标，哪些是需要通过这些改革能够间接实现的隐性目标。从现有政策文本来看，没有任何一个省（区）的文本表述中对这两个问题进行了充分考虑。

**表 10.2　　　　省直管县财政体制改革的共性目标**

| 省（区） | 政策目标（文本表述） | 政策目标（文本归纳） |
| --- | --- | --- |
| 安徽、福建、甘肃、广西、吉林、河北、河南、湖北、湖南、江苏、江西、辽宁、宁夏、黑龙江、山东、陕西、四川、云南（共18个） | 加快县域经济发展 | 加快县域经济发展 |
| 安徽、福建、甘肃、广西、吉林、湖北、湖南、吉林、江苏、江西、青海、山东、陕西、四川、云南、黑龙江（共16个） | 进一步理顺和规范省以下财政分配关系 | 进一步理顺和规范省以下财政分配关系 |
| 安徽、福建、甘肃、广西、黑龙江、湖北、青海、江西、辽宁、山西、陕西、四川（共12个） | 省、市共同加大对县的支持力度，增强县级政府调控能力，提高公共财政保障水平，缓解县乡财政困难 | 缓解县乡财政困难 |
| 安徽、甘肃、河南、吉林、江苏、青海、山东、陕西、四川、黑龙江（共10个） | 减少管理层次，节约行政成本，提高财政资金使用（管理工作）效率 | 节约行政成本，提高管理效率 |
| 安徽、广西、湖北、吉林、辽宁、宁夏、山西、黑龙江、陕西、云南（共10个） | 调动市、县经济社会发展的积极性、县乡政府培植财源、组织收入的积极性；调动县乡政府发展经济、自主理财的积极性 | 调动地方政府的积极性 |
| 安徽、甘肃、湖北、江苏、江西、山东、云南（共7个） | 省直接掌握县级财政真实状况，更好地帮助和指导县级财政提高管理水平，增强省级财政调节能力 | 增强省级财政调节能力 |
| 安徽、湖北、江西（共3个） | 推动市级财政改革创新，加快自身发展，充分发挥区域中心城市的辐射和带动作用 | 形成地级市加快发展的外在压力 |

续表

| 省（区） | 政策目标（文本表述） | 政策目标（文本归纳） |
|---|---|---|
| 湖南、江苏、辽宁（共3个） | 统筹城乡区域协调发展、推进基本公共服务均等化 | 推进基本公共服务均等化 |
| 吉林、辽宁（共2个） | 振兴老工业基地 | 振兴老工业基地 |

资料来源：表10.1中所涉及的省直管县财政体制改革文件。

## 二　省直管县财政体制改革的原则

省直管县财政体制改革是涉及多方主体的纵向利益格局调整，为确保其顺利推进，在实施改革过程中，参与改革的各方必须遵守既定的基本原则。通过对23省（区）改革政策的文本分析发现，宁夏、福建、河北三省（区）未设定改革的基本原则，再排除掉各省（区）独有的政策目标，这一改革过程的共性原则主要有：（1）维持现行利益分配格局，保证市、县既得利益；（2）共同支持县域经济发展；（3）权责统一；（4）积极稳妥、循序渐进；（5）公平和效率相统一；（6）适当增加省级财政调控能力（见表10.3）。这些共性原则具有如下特点：

（一）省直管县财政体制改革是一种渐进式的增量改革

省直管县财政体制改革是在充分保证各级财政现行体制和政策规定范围内的既得财力不受影响的前提下，逐步调节财力增量分配格局，优化财力分配结构，促进市、县（市）财政平稳运行。很明显，这是一种增量改革，即"先在旧体制旁边或周围发展起新体制或新的经济成分，随着这部分经济成分的发展壮大、经济结构的不断变化和体制环境的不断改善，逐步改革旧的体制"[①]。它维护了原有利益格局中的既得利益，减轻了由于制度变革的非帕累托改进造成利益重新分配而带来的地级市的抵触和反对，与此同时，广大的县级政府因能够从改革中受益而成为

---

[①] 樊纲：《中国经济体制改革的特征》，载吴敬琏等《渐进与激进——中国改革道路的选择》，经济科学出版社1996年版，第11页。

强大的推动力量，加上中央和省级政府的纵向压力，从而使这种涉及利益调整的改革能够顺利实施。不仅如此，有9个省（区）在设定改革原则时，强调要"积极稳妥、循序渐进"，即结合自身情况，先建立省直管县（市）财政体制改革的基本框架，选择部分县开展试点工作，待积累经验后，再逐步规范和完善。而其他14个省（区）虽未明确这一原则，但除黑龙江、江苏两省外，均采取"先试点、后推广"的渐进模式（参见表10.3）。这种以局部的、试验性方式进行的改革，可以有效地避免由于不可能事前掌握改革过程的全部信息就去制定详细蓝图的致命缺陷，增强改革过程的可逆性和可调性，降低改革失败的风险。

（二）省直管县财政体制改革是一种与"强县扩权"相配套的改革

在这23个出台省直管县财政体制改革的省（区）中，有12个省（区）将"共同支持县域经济发展"作为其基本原则之一，试图通过妥善处理省、市、县（市）之间的利益分配关系，充分调动县（市）自我发展的积极性，同时继续加大省、市对县（市）的支持力度，从而促进县域经济发展。与此同时，这23个省（区）中的19个省（区）也出台了促进县域经济发展的政策举措。从省级政府来讲，关键性的政策内容是扩大县级政府经济发展的自主权，尤其是对于那些经济发展水平和速度本来就比较好的县（市）给予了更加充分的自主权，即"强县扩权"，因此，省直管县财政体制改革又是一种与"强县扩权"相配套的改革。

（三）省直管县财政体制改革的核心在于进一步明确各级政府的财政责任，提高管理效率

在这23个出台省直管县财政体制改革的省（区）中，有16个省（区）将"权责统一"作为其基本原则之一。其目的在于进一步明确省、市、县三级财政各自承担的管理责任。省财政要加大对县（市）财政的支持力度，帮助解决县（市）财政实际困难；地级市财政要继续履行对下辖县（市）财政的帮助、指导和监督职责；县（市）财政要规范管理，加强自我约束，努力加快发展。同时，要按照权责统一的要求，减少管理层次，降低行政成本，提高行政效能，努力提高管理效率。

总之，省直管县体制改革不是一蹴而就的，省直管县财政体制改革是向完全实现省管县体制转变的过渡方式，在推进实施财政体制改革的过程中各省均意识到稳定是前提，只有正确处理好省、市、县三者之间的利益分配关系，保证各方既得利益不受影响，才能更好地调动省、市、县积极参与，在有序、稳定的环境中才能共同推进改革。

表 10.3　　　　　　省直管县财政体制改革的基本原则

| 省（区） | 基本原则（文本表述） | 基本原则（文本归纳） |
| --- | --- | --- |
| 安徽、甘肃、广西、海南、河南、黑龙江、湖北、湖南、江苏、江西、辽宁、青海、山西、陕西、云南 | 维持现行利益分配格局，保证市、县既得利益，尊重历史，平稳运行，保存量、调增量，兼顾利益 | 维持现行利益分配格局，保证市、县既得利益 |
| 安徽、甘肃、广西、黑龙江、湖北、吉林、江西、辽宁、青海、山东、陕西、四川 | 共同支持县域经济发展，激发活力、共同发展，促进发展 | 共同支持县域经济发展 |
| 安徽、广西、河南、黑龙江、湖北、湖南、江西、青海、山东、山西、陕西、四川、云南、海南、吉林、江苏 | 坚持权责统一，明确职责，合力推进，财力和事权相匹配，明晰权责、分税分享，统一规范、规范体制、优化分配机制，进一步增强省与市、县两级政府增收节支的积极性 | 权责统一 |
| 安徽、甘肃、广西、湖北、江西、青海、山东、陕西、云南 | 坚持积极稳妥、循序渐进 | 积极稳妥、循序渐进 |
| 河南、黑龙江、湖南、吉林、辽宁、四川 | 公平和效率相统一，放权提效、精简高效，注重基层 | 公平和效率相统一 |
| 海南、江苏 | 适当增加省级财政调控能力 | 适当增加省级财政调控能力 |
| 河南 | 鼓励科学发展 | 鼓励科学发展 |
| 河南 | 引导资源优化配置 | 引导资源优化配置 |
| 海南 | 保持政策稳定 | 保持政策稳定 |
| 山西 | 求实创新 | 求实创新 |
| 山西 | 和谐发展 | 和谐发展 |

资料来源：表 10.1 中所涉及的省直管县财政体制改革文件。

## 第三节　省直管县财政体制改革的内容与保障

### 一　省直管县财政体制改革的主要内容

实现政策目标的关键在于政策内容本身的针对性和可操作性，它直接决定着后续政策执行的成败。省直管县财政体制改革的主要内容在《意见》中有比较充分的反映。该文件是在总结此前进行改革的省（区）的经验基础上形成的，同时也对这些省（区）的后续改革内容的完善起到了导向作用，并对此后进行改革的省（区）的政策文件起到了直接的规范和参照作用。《意见》将省直管县财政体制改革的内容划分为收支划分、转移支付、财政预决算、资金往来、财政结算五方面，笔者按照这个框架对各省改革文本进行比较分析。

（一）收支划分

为了解决私人行为中的外部性问题，国家需要依据公共权力强制性地从社会资源中筹集资金用于公共产品的供给，但是，外部性不仅体现在公共部门和私人部门之间，同时也体现在不同行政区域之间。因此，合理划分不同层级地方政府之间的收支责任关系到公共财政本质的体现。从理论上讲，实行省直管县财政体制改革之后，收支划分也应该进行适当的调整。为此，《意见》在谈到收支划分时指出："在进一步理顺省与市、县支出责任的基础上，确定市、县财政各自的支出范围，市、县不得要求对方分担应属自身事权范围内的支出责任。按照规范的办法，合理划分省与市、县的收入范围。"但是，现实的情况并非如此简单，可以从以下几个方面来理解（见表10.4）。

从收入的角度看，主要有以下几种模式：第一，安徽等8省（区）强调保持原有划分，暂不调整财政收支范围。多数省（区）的做法则是"将原来地级市地县的分享部分直接下划到县"，市、县辖区内的地方税收及非税收入除中央和省级收入外，归市、县财政所有。对跨地区生产经营企业缴纳税收，暂维持现行体制不变。这一做法则是与"渐进式改革是改革的主基调"相适应的，其目的是确保改革的平稳推进。第二，广东等5省（区）强调按照收入属地划分原则划分财政收入，即现行体制规定的中央和省级收入分享范围和比例不变，设区市不再参与分享直管县（市）的税收收入和各项非税收入，包括设区市在直管县（市）境内保留企业的收入。对跨地区生产经营企业缴纳税收，暂维持现行体制不变。对设区市因承担部分工作职能而应分享的非税收入，年终经设区市和直管县（市）财政局共同确认后，报省财政厅统一办理结算。第三，河北等9省（区）明确列举省、市、县固定收入和共享收入及其比例。在压缩财政层级的同时，进行分税制改革，同步调整不同层级政府的财政收入，即把省本级固定收入、市、县固定收入和共享收入明确列举。当然，在进行改革时，考虑到地级市的既得利益，往往通过体制返还的形式予以弥补。

从支出的角度看，各省（区）普遍存在着支出责任划分较为模糊的现象。呈现出如下三个特点：第一，安徽等7省（区）的政策文本对不同层级政府间的支出责任未作任何表述。第二，广东等4省（区）明确但未列举省与市、县财政支出范围，强调按照事权与财权相统一的原则合理界定省与市、县（市）的财政支出范围，省直管县行政区内的事权由中央、省、县按事权划分范围分别承担相应的支出责任，市级原则上不再承担县事权范围内的支出责任。第三，陕西等5省（区）强调市对县财政支持责任不变。虽然对财政收入的划分进行了调整，地级市不能再以任何形式集中县的财力，但又强调地级市本级给予县的各项配套资金，要继续落实、配套到位。地级市原给县的各项补助，继续由地级市安排，而且补助数额原则上应逐步增加。可想而知，在市无法集中县的财力的情况下，很难保证扶持资金的落实到位。第四，湖南等6省（区）列举了省与市、县（市）财政支出范围，但基本上是根据预算科目进行的列举，如辽宁省规定："市级财政一般预算支出主要包括：市级一般公共服务、国防、公共安全、教育、科学技术、文化体育与传媒、社会保障和就业、医疗卫生、环境保护、城乡社区事务、农林水事务、交通运输、采掘电力信息等事务、粮油物资储备管理等事务、金融监管等事务支出,地震灾后恢复重建支出,预备费、国债还本付息支出,其他支出,市对下的转移性支出。"不过,云南省的政策文本中以附件的形式给出了详细而完整的支出责任划分方案,是23个实行省直管县财政体制改革的省(区)中唯一的省份,这一方案可供其他省(区)借鉴和学习。

总体来看,与央地财政关系相似,省以下政府间财政关系依然表现为收入划分比支出划分更加明确,这与二者的实际特点和改革难度密不可分。财权划分更容易实现,无非是科学与否的问题,但事权的划分与政府职能甚至政治权力密切相关,其操作的难度相当大。事实上,省直管县财政体制改革更多的是实现了收支划分直接对县,绕开了地级市的分享,并未从根本上解决分税制的核心问题即财权与事权的匹配问题,甚至由于支出责任无法给出清晰的划分,更有可能衍生出原有体制下不存在的新问题,如跨区域公共产品供给问题、转移支付资金的监管问题等。

表 10.4 收支划分

| 类型 | 省(区) | 收入划分 | 支出划分 |
| --- | --- | --- | --- |
| 稳健型 | 安徽 | 暂未调整财政收支范围 | |
| | 福建 | 暂未调整财政收支范围 | |
| | 广西 | 暂未调整财政收支范围 | |
| | 黑龙江 | 暂未调整财政收支范围 | |
| | 陕西 | 暂未调整财政收支范围 | 市对县财政支持责任不变 |
| | 甘肃 | 暂未调整财政收支范围 | 市对县财政支持责任不变 |
| | 江西 | 暂未调整财政收支范围 | 市对县财政支持责任不变 |
| | 青海 | 暂未调整财政收支范围 | |

续表

| 类型 | 省（区） | 收入划分 | 支出划分 |
|---|---|---|---|
| 渐进型 | 广东 | 按属地原则划分 | 明确但未列举省与市、县财政支出范围 |
| | 江苏 | 按属地原则划分 | 明确但未列举省与市、县财政支出范围 |
| | 山东 | 按属地原则划分 | 市对县财政支持责任不变 |
| | 山西 | 按属地原则划分 | 列举了省与市、县财政支出范围 市对县财政支持责任不变 |
| | 云南 | 按属地原则划分 | 列举了省与市、县财政支出范围 |
| 激进型 | 河北 | 列举省、市、县固定收入和共享收入及其比例 | 明确但未列举省与市、县财政支出范围 |
| | 四川 | 列举省、市、县固定收入和共享收入及其比例 | 明确但未列举省与市、县财政支出范围 |
| | 海南 | 列举省、市、县固定收入和共享收入及其比例 | 列举了省与市、县财政支出范围 |
| | 湖南 | 列举省、市、县固定收入和共享收入及其比例 | 列举了省与市、县财政支出范围 |
| | 吉林 | 列举省、市、县固定收入和共享收入及其比例 | 列举了省与市、县财政支出范围 |
| | 辽宁 | 列举省、市、县固定收入和共享收入及其比例 | 列举了省与市、县财政支出范围 |
| | 浙江 | 列举省、市、县固定收入和共享收入及其比例 | |
| | 河南 | 列举省、市、县固定收入和共享收入及其比例 | |
| | 宁夏 | | |

资料来源：表10.1中所涉及的省直管县财政体制改革文件。

### （二）转移支付

转移支付存在的核心目的在于平衡各级政府由于地理环境不同或经济发展水平不同而产生的政府收入的差距，以保证各层级的政府能够有效地按照国家统一的标准为社会提供服务。《意见》中指出："转移支付、税收返还、所得税返还等由省直接核定并补助到市、县；专项拨款补助，由各市、县直接向省级财政等有关部门申请，由省级财政部门直接下达市、县。市级财政可通过省级财政继续对县给予转移支付。"从政策文本来看，各地的做法几乎是无差异的，体现在如下几个方面：

第一，对于一般转移支付而言，省对下的各项转移支付补助，按照公平、公正、科学、规范的原则，统一计算分配、下达到县，同时抄送市级财政。

第二，对于体制基数核定而言，体制基数核定内容主要包括税收收入、各项税收返还、财力性补助、专款补助、体制性上解、经常性专项上解等。体制基数核定，主要依据改革基期年决算数据和相关政策等，合理确定省、市、县三级财政间的改革基数。

第三，对于专项转移支付而言，各县申请各类专项资金，直接向省直有关主管部门和省财政厅申报。省财政的专项补助资金由省财政厅或省财政厅会同省直有关部门直接分配和下达到县，同时抄送市财政及有关主管部门。

目前来看，在转移支付方面，省直管县财政体制改革进行得比较顺利，效果显著。但值得注意的是，由于行政体制改革的滞后，专项转移支付的运转并不十分顺畅。虽然政策文本规定县可以直接向省直有关主管部门和省财政厅申报，但这些"有关部门"并没有实行省直管，在项目申报时，依然要通过地级市向省厅申报。

专栏10.1　地级市在专项转移支付中的作用（一）

市财政局从统筹区域发展出发，根据掌握的情况对试点县上报备案的申报项目，可以向省财政厅提出修改、调整意见和建议；省财政厅下达试点县的项目计划和资金，抄送市财政局。

——《省财政厅关于进一步规范扩权强县试点财政工作关系的意见》（川财预〔2009〕46号）

这种情况下大大影响了行政效率和县际的公平竞争，这一点在我们的实地调研中也得到了印证。

专栏 10.2　地级市在专项转移支付中的作用（二）

我们财政上是可以直报省厅，但是发改局没有直管，农业局也没有直管，当有专项交钱上来的时候，先通过这些单位向上汇报，省发改委、省农业厅认为项目可行，财政厅才能给钱，所以，单纯财政上的省直管，并不能真正意义上提高行政效率。

（访谈记录编号：20120416HBCY）

（三）财政预决算

从政策文本来看，财政预决算管理方面的规定差异不大，主要涉及两个内容：财政收入目标的下达和考核、数据的报送和汇总。

在财政收入目标的下达和考核方面，第一，省财政及国税、地税的收入目标在征求市意见后，直接分解并下达到县，考核到县，如安徽、甘肃、江西、四川等。其中安徽和四川两省在市是否继续承担汇总平衡责任方面持不同态度，安徽明确规定市继续承担汇总平衡和协助督促完成考核目标的责任，而四川则规定市本级不再承担汇总平衡的责任。第二，各自确定收支预算。省对各市、县（市）不再下达指令性财政收入计划，由各市、县（市）根据全省财政收入预期增长幅度和本地经济社会发展目标自行确定本级的财政收支预算。

在数据的报送和汇总方面，第一，数据报送和汇总程序不变。县的财政预决算、预算执行情况报表以及其他相关资料，继续由市财政部门负责统一审核和汇总报送，县级财政应当在上报市州级财政部门的同时抄报省财政部门。第二，财政预算决算、财政收支统计报表和执行分析由直管县直接报送省财政厅，并抄报设区市财政局汇总。

（四）资金往来

《意见》指出："建立省与市、县之间的财政资金直接往来关系，取消市与县之间日常的资金往来关系。省级财政直接确定各市、县的资金留解比例。各市、县金库按规定直接向省级金库报解财政库款。"各省（区）在此问题上比较一致，即将县与市同等对待。通行的做法是：各市、县国库按照财政管理体制规定分别向中央金库、省级金库报解财政库款。省财政直接确定市、县资金留解比例。预算执行中省对县的各项资金调度由省财政直接拨付。预算执行中市财政对县的补助资金通过省财政调拨，市财政部门不再向县直接调拨资金。预算执行中，省财政与市、县定期进行往来款对账工作。

（五）财政结算

财政结算主要包括财政结算和债务偿还两方面的内容，不论是在《意见》出台前已经实行改革的省（区），还是根据《意见》进行改革的省（区），其政策文本的实质内容与《意见》基本一致，即"年终各类结算事项一律由省级财政与各市、县财政直接办理，市、县之间如有结算事项，必须通过省级财政办理。各市、县举借国际金融组织贷款、外国政府贷款、国债转贷资金等，直接向省级财政部门申请转贷及承诺偿还，未能按规定偿还的由省财政直接对市、县进行扣款"。

在财政结算方面，年终财政结算项目、结算数额，由省财政直接结算到县，办理结果抄送市（州）财政部门和有关部门。市对县的各项补助、转移支付及资金往来扣款等，年终由省财政根据市财政有关文件分别与市、县财政办理结算。

在债务偿还方面，各县举借国际金融组织贷款、外国政府贷款、国债转贷资金和中央财政有偿资金等由县财政直接向省财政承诺偿还，到期后由省财政直接对县进行结算扣款。其中甘肃、湖北、吉林、江西、山东等省出台了更为详细的规定：原县举借国际金融组织贷款、外国政府贷款、国债转贷资金和中央、省级政府债务等，由市与县核对一致并加盖两级政府和财政部门公章后，报省财政厅分别转账到县，到期后由省财政直接对县扣款；未核对清楚的继续作为市级政府债务处理。新增债务分别由市、县财政直接向省财政办理有关手续。

**二 省直管县财政体制改革的配套措施与工作要求**

省直管县财政改革是一项涉及财政利益调整、政策性强、牵涉面广的系统工程。因此，要保证这项改革的顺利推进，必须结合实际建立、完善配套措施，并提出相应的工作要求。综合各省（区）的政策文本来看，配套措施和工作要求主要呈现出如下特点（见表10.5）：

（一）省直管县财政体制改革的配套措施和工作要求包括制度和行为两个方面

即是否在客观上给出了明确而具体的配套制度安排，是否在主观上需要相关主体的努力。从表10.5可以看出，对于省级政府而言，存在制度和行为两个方面的要求，而对于市、县两级政府来说，只对其有行为要求。一个可靠的推定是，省直管县财政体制改革是省级政府主导推选的，改革的相关规则只能由省级政府确定，同时需要省直其他部门的主观努力配合；而市、县仅仅是改革的实施对象和执行者，无权确定规则，只需要在主观上足够努力使得相应规则落到实处。

（二）省级政府贯彻落实省直管县改革的制度差异较大

《意见》中对省级政府的制度要求是："省级财政要会同有关部门抓紧调整管理制度，积极创新管理机制，将有关工作延伸到县；要逐步建立县级基本财力保障机制，加大对财力薄弱县的支持力度，实现'保工资、保运转、保民生'的目标；要规范财政预算外资金管理，全面清理预算外分配事项，理顺政府间预算外资金管理和分配关系。"但是，并非所有省（区）都是按照这一要求设定省级政府的配套措施和工作要求的。主要有如下几个特点：（1）大部分省（区）都没有完全遵从中央的制度要求，大部分省（区）的政策文本中涉及了其中的1—2项制度，这是因为很多省（区）的改革先于《意见》的出台；（2）吉林、安徽、云南三省的政策文本中提到了"权力下放"的制度措施，但这并非意味着只有这三个省份在同步进行纵向的权力调整，事实上几乎所有的省（区）都在同步进行"强县扩权"改革；（3）青海、吉林、江西的政策文本中提到了"乡财县管"改革，与"强县扩权"改革类似，这一改革在全国推进，只是具体的模式差异较大，主要有"乡财县管乡用模式""部门预算模式""分税制模式"三种；（4）河南、海南的政策文本中较多地涉及了行政体制改革的内容，强调要通过进一步深化行政体制改革来保证财政体制改革的推进，但这一要求很难实现，毕竟二者是包含与被包含的关系，且行政体制改革的难度更大，如果说只有当这些行政体制改革到位之后，财政体制改革才能到位的话，显然是不现实的；（5）山东等5省（区）的政策文本中没有制度层面的内容。

（三）省级政府贯彻落实省直管县改革的行为差异较小

对于省级政府而言，贯彻落实省直管县改革的行为主要包括三个方面：（1）统一思想认识，加强对改革的组织领导，做好衔接工作。这一点在改革的原则设定中已有列举。（2）省直有关部门要切实转变工作思路和工作方法，增强服务意识，尽快制定配套改革办法。（3）加强对各县工作的指导、督促和检查。这一点做得比较多，但并不好，监督检查的频率增加，检查时间跨度大，各监督主体没有做出彼此之间的资源共享和衔接，不仅导致基层政府疲于应付各种检查，而且导致县级财政承担的监督检查成本逐年上升，这一现象在对某县财政局负责人的访谈中得到了印证。（4）加快财政信息化建设。这是因为随着层级的减少，管理幅度增加，省级政府的工作量大增，必须通过信息化建设来提高行政效率，使各项工作得以顺利开展。

（四）对市级政府的行为要求明确但很难落实

地级市本身是省直管县财政体制改革的利益受损方，但同时又对其提出了职责强化的要求，落实起来将比较困难。具体而言：第一，密切配合，搞好衔接，积极稳妥推进。省直管县财政体制改革的既得利益者便是地级市，要求其倾力配合使其利益受损的改革不太现实。第二，履行统筹协调区域发展和对县（市）财政的业务指导、督促检查、报表汇总等职能。实行省直管县财政体制改革后，地级市的资源整合能力大大下降，其工作重心转移到市辖区的发展上来，缺乏统筹区域发展的意愿和能力，同时，地级市无法很好地履行监督检查的职责，因为其没有转移支付资金的分配权力，权责不匹配。第三，市级财政要继续关心支持试点县的财政发展。目前，地级市对于涉及对县财政支出的行为有一定的抵触情绪，其行为依据是收支匹配，无法从县集中财力，也就无义务承担对县的财政支出责任。

（五）对县级政府的行为要求少而虚

对县级政府的要求主要是要增强自我发展、自我约束的意识，提高财政管理的科学化、精细化水平。这给县级政府传递了明确的政策信号，即从外部来讲，给出了良好的政策环境，县本身要抓住这些政策机遇，增强自力更生的意识，加强内部管理，开创县域经济发展的良好局面。

综上所述，在省直管县财政体制改革的实施过程中，无论各省（区）是直接在全省（区）范围内实行还是先行试点、逐步推进，都应不断结合实践，总结经验，进一步完善政策。具体而言：第一，要进一步细化省直管县财政体制改革的政策文本。现有的政策文本中，很多内容只是原则性的规定，没有给出具体的实施细则，如财政收入的划分、转移支付的规范化、监督责任的落实等。这就说明，虽然在大方向上实行了省直管县财政体制，但实际工作中依然存在着很多曲解、随意解释政策文本的现象，这就需要不断总结经验，细化文本中的具体规定。第二，省直管县财政体制改革要与本省（区）的具体情况相适应。要充分考虑本省（区）的区域面积、自然环境、经济发展水平、民族文化、历史传统等因素，不能为改革而改革，不宜"一刀切"式地推行。各省（区）可以在现行试点的基础上，渐进式地推进改革的深入开展。第三，省直管县财政体制改革要与行政体制改革相适应。对于全国大部分省（区）而言，省直管县财政体制改革在产生积极效应的同时也存在着管理幅度过大、分税制改革不彻底、区域性公共产品供给困难等问题，这些问题都与行政体制相关联。因此，要在

## 表 10.5 配套措施与工作要求

| | 省（区） | | 行为 | 市 | 县（市） |
|---|---|---|---|---|---|
| | 制度 | | | | |
| 福建 | 继续加大对财力薄弱县（市）的支持力度 | | （1）统一思想认识，加强对改革的组织领导，做好衔接工作；（2）省直要切实转变部门工作思路和工作方法，增强服务意识，尽快制定配套改革办法；（3）加强对各县工作的指导，督促和检查；（4）加快财政信息化建设 | （1）密切配合，搞好衔接，积极稳妥推进；（2）履行区域发展和协调县（市）财政的业务指导，督促检查，报表汇总等职能；（3）市级财政要继续关心支持试点县的财政发展 | （1）县（市）要增强自我发展、自我约束的意识；（2）提高财政管理的科学化、精细化水平 |
| 海南 | 积极推进行政执法体制和农村综合改革 | | | | |
| 黑龙江 | 建立促进省管县财政管理体制实施的奖惩机制 | | | | |
| 青海 | 逐步建立县级基本财力保障机制；"乡财县管"；深化国库集中支付改革 | | | | |
| 陕西 | 完善省对县区财政激励约束机制；强化县新增财政供养人员控制制度；建立县级财政预算审查制度 | | | | |
| 山东 | 无 | | | | |
| 湖北 | 无 | | | | |
| 甘肃 | 无 | | | | |
| 广西 | 无 | | | | |
| 江苏 | 清理甄别预算外资金管理政策 | | | | |
| 吉林 | 下放部分财政管理权限；全面推行"乡财县管" | | | | |
| 四川 | 建立扩权强县试点财政工作沟通联络机制 | | | | |
| 湖南 | 要尽快调整专项资金管理方式；理顺市对区的财政体制 | | | | |
| 安徽 | 要进一步下放经济管理权限；清理和修订不符合省直管县财政体制规定和要求的规章制度 | | | | |
| 云南 | 扩大试点县（市）的经济管理权限 | | | | |

续表

| | 省（区） | | 市 | 县（市） |
|---|---|---|---|---|
| | 制度 | 行为 | | |
| 江西 | 推行"乡财县代管"改革试点；调整和完善县乡财政管理体制；完善乡镇机构改革 | | | |
| 河南 | 归并简化结算事项；改进转移支付办法；完善省辖市以下财政体制；切实加强财政收支管理 | | | |
| 辽宁 | 调整和规范市以下财政管理体制；完善财政转移支付制度；强化税收和国库管理 | | | |
| 山西 | 逐步建立县级基本财力保障机制，加大对财力薄弱县的支持力度 | | | |
| 宁夏 | 无 | 加强领导 | | |

资料来源：表10.1中所涉及的省直管县财政体制改革文件。

进一步深化"强县扩权"改革的同时,着力增加地级市的辖区范围,并将经济发展水平较好的县培育成区域增长极后兼并相邻的县,使这些市、县成为区域增长的龙头,缩小省的管理幅度,在此基础上,加快推进大部制改革,从而实现促进经济社会发展的改革终极目标。

# 第十一章 省直管县财政体制改革与县乡财政解困*

省直管县财政体制改革对县乡财政解困的促进作用已经被理论界认可。其基本逻辑是：从收入的角度来说，五级政府架构违背了"分税种形成不同层级政府收入"的分税制基本规定性，使分税制在收入划分方面得不到最低限度的可行性，与分税分级财政的逐渐到位之间不相容，而三级政府可以实现省以下财政收入的规范划分，解决分税分级体制和现在省以下厘不清的财政体制难题①；从支出的角度来说，市政府基于政绩的需要，往往集中县财力建设地级市，从而富了一个地级市，穷了诸多县和乡镇，形成"市压县""市刮县"的局面。而县在市的行政压力下，又将财政收支的压力通过层层分解，压到了基层的广大农村，进而使得越往基层地方政府的财政越是困难。因此，现有的财政体制没能较好地对各级政府的事权进行划分，进而导致了县乡两级政府履行事权所需财力与其可用财力高度不对称，必须削弱市级政府的财权甚至取消才能有效地缓解县乡财政困难。②

省直管县财政体制改革对县乡财政解困的促进作用已经被官方认可。2005年11月财政部下发的《关于切实缓解县乡财政困难的意见》提出，有条件的省份要积极推行省对县财政管理方式改革试点，《中共中央关于制定国民经济和社会发展第十一个五年规划的建议》中也明

---

\* 本章内容已经发表于《中国行政管理》2009年第7期上，原题为《省管县能解决县乡财政困难吗?》，在本书中略有修改。

① 贾康、白景明：《县乡财政解困与财政体制创新》，《经济研究》2002年第2期。

② 唐若兰、师丽：《我国县乡财政解困与政府层级改革》，《国家行政学院学报》2007年第1期。

确提出,"理顺省级以下财政管理体制,有条件的地方可实行省级直接对县的管理体制"。截至 2008 年 8 月,全国有 23 个省份已经进行了省直管县财政体制的试点工作。这说明省直管县体制改革已成为各省级政府试图以财政改革为契机,分享改革权益的制度性尝试,成为全社会所默认的解决县乡财政困难的一把钥匙。

然而,当省直管县体制改革正如火如荼地在全国各地推行的时候,我们或许不得不有点疑问,因为解决问题的唯一前提就是找出发生的原因。政府级次过多真是导致县乡财政困难的唯一或根本诱因吗?省直管县体制改革就必定能成为解决县乡财政困难的一剂良药吗?本书认为,县乡财政困难确实存在,而且由来已久,地级市在县乡财政困难的形成中起到了强大的推动作用,但它本身并不是诱因,它的非正当行为才是诱因,而这种行为是可以矫正的。不能因其行为不当而否定其存在的价值和意义,正像我们不能因为腿痛而截肢、因为物价太高而不消费商品一样。因此,地级市本身不是县乡财政困难形成的诱因,解决县乡财政困难也不应该拿地级市开刀,我们必须跳出既定的思维模式,从时间和空间双重维度思考县乡财政困难的诱因,进而提出与之相匹配的、有针对性的对策。

## 第一节 县乡财政困难与市管县的关联度

县乡财政困难似乎约定俗成,现有的文献中没有人对此提出异议。但是我们必须要思考两个问题,这也是本书分析的逻辑起点:何谓县乡财政困难?县乡财政真的困难吗?如果得到了肯定的回答,我们才能分析现状背后的原因。

理论上,就个人而言,经济困难是指个人收入不能满足自己的日常支出需要,其衡量标准通常按本市县以上人民政府划定的最低生活保障线确定,低于这一标准,我们就界定其经济困难,由政府给予一定的经济补贴,即最低生活保障制度。但是,政府的财政困难是否同理可得呢？如果二者的逻辑相似，这里就涉及两个问题：一是政府的财政收入是否能满足其支出的需要？二是是否存在财政困难的衡量标准？前一问题的答案是否定的，这与政府的性质密切相关。政府只是为了解决公共产品供给中的"搭便车"问题而构建一个虚拟体，它本身不存在需要，因为需要是生命体的一种内在行为，它只是一个"用别人的钱替别人办事"的中介而已，负责把人们的共同需要转化为现实。所以，政府的财政困难与否取决于人们对公共产品需求的强烈程度。这样，第二个问题就可以转化为这种需要的强烈程度有一定的标准吗？即有多大的需求叫强烈？多大的叫不强烈呢？通常来讲，这类问题很难以给出一个明确的答案。一方面是因为人们总是倾向于隐匿自己对公共产品的需求偏好，从而减少支出成本；另一方面是因为不同的个体、同一个体在不同的时间点的需求可能不会完全相同，甚至截然相反。所以，我们通常无法确定人们对公共产品的需求偏好，也无法确定财政困难的标准。

现实中，财政部曾就"财政困难县"做出过界定，指的是按照基年数据计算可支配财力低于基本财政支出需求的县。可支配财力包括本级政府一般预算收入、上级政府财力性补助收入以及可用于基本财政支出的预算外收入等，对上解上级财政的支出、一般预算收入中行政事业性收费和罚没收入中用于成本开支部分等作必要扣除。基本财政支出需求包括国家机关事业单位在职职工人员经费和公用经费、离退休人员经费和必要的事业发展支出，具体由财政部根据各地财政供养人数、人均开支标准和地区间支出成本差异系数核定。① 显然这一界定只能算作标准的划分，而非学理上的解释。这是因为，从收入的角度来讲，一个县的财政是否困难，除了取决于自身的财政收支外，还增加了一个外在的变量——中央政府的转移支付，这一变量在很大程度上决定了一个县的财政是否是困难的；从支出的角度来讲，这一标准相对应的不是"公共财政"，而是"吃饭财政"，根本没有涉及辖区居民对公共产品供给的

---

① 《2006年中央财政对地方缓解县乡财政困难奖励和补助办法》（财预〔2006〕434号）。

需要。

不论是理论上还是现实中,我们都很难对县乡财政困难进行清楚的界定。那么,这一问题又是如何成为一个共同关注的热点问题的呢?通过追溯相关主题的文献,我们可以发现,早在1991年,四川、湖北等省的财政部门工作人员就认识到县乡财政存在的困难,并提出了一系列在今天看来都很有价值的观点。[①] 但在全国经济整体比较落后、全国财政整体比较困难的情况下,很少有人注意到这种差异的显著性,把县乡财政困难作为一个迫切需要研究和重视的问题。因此,县乡两级财政究竟有多困难,如何困难,在很长一段时间里并不为人所知。直到农村税费改革使得基层政府失去了一大块财源后,这一问题才因其严重性日趋加重而被社会各界所关注,成为理论和实务界讨论的热门话题之一。基于以上事实,我们不难推断,人们对县乡财政困难的认识来源于农村的税费改革,是因为感觉到县乡两级收入的骤然减少才形成的主观印象。目前,对于中西部农业县来说,几乎没有什么财政收入,其日常运作和公共产品供给都需要上级政府的转移支付。[②]

---

① 四川财政厅的李达昌撰文认为,收入少、负担重、财源枯、增支多是当时内地农业大县财政状况的真实写照。县级财政的严重困难已经在相当程度上影响到当地经济建设和各项社会事业的发展。原因在于:一方面,长期以来农业的比较效益低,在工业发展迟缓的条件下,这些县的财政难有大幅度增收;另一方面,国家出台的政策都需要各种配套资金,都要县财政消化和负担,致使支出的增长大大超过收入的增长。他提出,要以"先富基层、再富上级财政"为指导思想,通过发展经济、加强扶持、完善体制和严格管理实现县乡财政解困。详见李达昌《县级财政:困难和出路》,《财贸经济》1991年第4期;舒振发《县级财政的困难与对策》,《财会月刊》1990年第7期。

② 中国政法大学石亚军教授主持的国家社科基金重大项目"中国行政管理体制现状调查与改革研究"的调查数据并不支持这种观点。在问到对目前地方财政状况的看法时,27.6%的人认为比较好,52.6%的人认为一般,19.8%的人认为比较困难,没有人认为非常好或者非常困难。笔者以为问题的根源在于数据采集的不科学。该数据不是根据抽样所得,而是人为地选取了辽宁省财政部门、选取了辽宁省大连市财政部门、选取了辽宁省长海县财政部门,而且总样本数只有77人。从统计的角度上来讲,这种数据的标准差会很大,根本不具有代表性,不能用来解释既有的社会现象,更何况我们无法了解数据采集过程是否符合面访的基本要求。详见石亚军《中国行政管理体制专项问卷调查数据统计》,中国政法大学出版社2008年版,第54—55页。

因此，本书认为，不能把县乡财政困难归咎于市管县财政体制。因为在农村税费改革前后地方政府都是省、市、县、乡四级，为什么不在税费改革前指出政府级次过多会导致县乡两级的财政困境，而随着农村税费改革政策的颁布，基层财政收入的锐减使得人们突然意识到县乡财政困难这一重大问题后，学术界就转而将这一问题的症结归咎于当今的五级政府体制呢？如前所述，在农村税费改革之前，基层政府的财政困难也十分明显，只是因其可以通过增加农民负担而维持自身的正常运转，所以并未引起人们的关注，而税费改革就如一剂催化剂，使此问题愈加严重，从而引起了社会的广泛关注。

事实上，这个问题本身自有它的逻辑框架：财政困难就是县乡政府办一些"事情"而资金缺乏。于是，问题就在于：第一，县乡经济发展带来多少可支配的财政收入？（这个问题取决于当地经济发展的水平和国家的税收制度）第二，什么事情应当是政府必须办的？（即所谓"事权"或者政府的基本职责）第三，县乡支出的效率如何？这三个问题即为财政收入、财政支出、财政预算问题。

### 一 县乡财政困难：收入视角

财政问题说到底是收支问题，当收少支多时，财政困难便会产生。从收入的角度来看，在1994年的分税制财政体制改革和1997年的转移支付制度改革之后，我国地方财政收入增长显著，年均增长达18.5%[①]，虽然略低于中央政府的财政收入的增长速度，但也高于GDP和人均可支配收入的增长速度，依此推论，县乡财政不至于困难到如今的地步。因此，造成县乡财政困难的原因只能是上级政府（省、地级市）拿走了更多的财政收入，同时将支出责任下压到县乡。

事实上，省、市的财政收入增长速度一直远远高于县乡政府的财政收入增长速度。这说明，我国县乡财政自主收入不足（财政困难）

---

① 中华人民共和国国家统计局：《中国统计年鉴（2007）》，中国统计出版社2007年版。

在很大程度上归咎于税收划分的不合理，我国过多的政府级次使得只能加大共享税收入，而在不断发展的分税制财政体制下，增值税的75%，消费税的100%，营业税的50%，以及所得税的50%—60%，也被中央拿走，仅将剩下的规模小，征收难度大，征收成本高的税种留给了地方，从而造成了其难以形成规模收入，没有当家的主体税种。由于缺乏对地方财力具有决定性影响且长期稳定的主体税种，导致地方税收收入难以适应地方财政来源的主体需要，从而导致了省以下的收入增长较为困难。而省、市政府也打着"加强宏观调控"的旗号，运用一切手段，向上层层集中财力。

专栏11.1 HNDC县财政局副局长谈市县收入划分的矛盾

我们县这两年更穷了，因为我们本来有一个很大的化工集团，每年对我们交的税收将近两个亿，后来市里就看着眼红了，现在收归市里管辖。我们现在干脆什么都不搞了，因为搞好了也被拿走。

（访谈记录编号：200803153HNDC）

如此下去，县乡两级政府的收入来源便只剩下两部分：一是工商业对财政收入的贡献，二是向农民收取的税费。按照现行的财政体制，基层是没有稳定的税源的，若是当地工商业发达，能对财政收入的增长提供较大的支持，县乡两级还不至于陷入困境，并有可能走上经济发展与财政增收的良性循环道路，东部地区的地方政府间财政收入差异较小的原因也正在于此。但我国大多数中西部县乡乃是以农业为主的不发达地区，在这些地区，工商业对财政收入并不能起到强有力的贡献作用，农村税费改革政策的颁布及实施，使那些本就处于落后，穷困地区的县乡政府失去了最后一条增收的渠道，这种政策性的减收造成了大量的县乡纷纷陷入财政困境，也使县乡财政困难成为我国一种普遍的政治现象。

专栏11.2　贵州省望漠县财政局局长曹文艺谈财政窘境

农业税减免后,"县级财政哭爹叫娘,乡级财政精精光光"。全县财政收入2384万元,中央转移支付885万元,而支出(包括专项)则有1.7384亿元;乡镇几乎没有资金收入来源,今年给全县16个乡镇、1个办事处下达的税收任务仅为24.7万元。目前县乡两级债务高达1.56亿元,县财政只能保工资,勉强维持运转。

(资料来源:周芙蓉等:《西部县乡财政深陷危机 领导称已无力为民服务》,《经济参考报》2005年11月18日)

## 二　县乡财政困难:支出视角

根据财政分权理论,中央政府主要负责全国性公共产品的提供,地方政府则负责地方性公共产品的提供。自分税制财政体制改革后,财政收入向上集中的同时,支出责任却逐渐下移。中央与地方在农村公共产品供给的责任划分上并不清晰,县乡政府需要负担的开支不但没有减少,上级政府还利用在政治上对下级政府的绝对权威,又普遍将原有事权下放下一级政府,诸如下放亏损企业、"中央出政策,地方出票子"等方式向下转移支出责任,导致县乡政府履行了与财权不平衡的过多事权,加重了县乡的财政负担。如基础教育、计划生育,都是国家的基本国策,都是为了全国人民的共同利益,属于全国性公共产品,但目前这些事权主要由乡镇政府以及村负责。而地方政府为了尽可能履行这些事权,必然要花费大量的资金,也必然会导致负债等现象的发生,并进而陷入财政困境。如农村义务教育作为提高全民族整体素质的一项明显具有外溢性公共产品特性的支出项目,中央政府本应当承担更多的经费保障责任,但我国却对农村义务教育实行了以县为主的保障体制。数额巨大的教师工资和办学经费使本就捉襟见肘的县乡财政更是如履薄冰。在望漠县1.7384亿元的财政支出中,教师工资 6000 多万元，各类教育支出 5868 万元，占了 68.3%。①

上级政府的转移支付往往还要以"配套"作为筹码，县乡政府要想获得这些资金支持，必须按照一定的比例进行配套。比如，根据河南省对农村公路的规划，到"十一五"末，全省行政村基本实现"村村通"水泥（油）路。省政府对"村村通"公路工程的补助标准为每公里 8 万元，贫困县的补助标准为 10 万元，但是不足部分由市县两级政府自筹。按照"村村通"公路的建设标准，每公里至少要 13 万元。也就是说每公里至少要拿出 5 万元来配套，没有配套，就没有拨款。对于捉襟见肘的基层财政来讲，这种配套也对乡镇财政支出形成不小的压力。②

上述的财政支出显然是一种下级执行上级政策所导致的财政支出，即一种被动性财政支出，在中央关于减轻农村负担政策力度不断加大的情况下，地方政府财政收入本来就少，因此也不可能有更多的资金用于主动性财政支出，也就是县乡政府为了实现自己的政策目标而形成的财政支出，县乡政府的大规模城市建设支出等。③

---

① 周芙蓉等：《西部县乡财政深陷危机 领导称已无力为民服务》，《经济参考报》2005 年 11 月 18 日。

② 在这种配套的压力下，农村负担必然会增加。河南省汝南县曾发生了"修村村通向农民强行摊派"一事，汝南县委宣传部副部长邵建民是这样解释的：今年全省"村村通"工程必须完成任务，时间很紧迫，汝南也不能落后，上级政策也有问题，省里补的钱还差得远，县里财政很困难，公务员津贴都没办法足额发放，所以乡村干部先垫钱修路也是没有办法的办法。前两年对老百姓当时规定的是谁受益谁交钱，现在普遍是向老百姓集资。详见乔国栋、张春阳《汝南"村村通"强行集资还是自愿捐资?》，中国经济时报 2007 年 12 月 25 日。

③ 这种分类借用了马骏、刘亚平对于地方政府负债的分类方式。他们将地方政府债务分为主动负债与被动负债。被动负债是由于体制转轨和下级执行上级政策所导致的债务，如养老金缺口、粮食部门亏损挂账、农基会关闭后造成的负债等。主动负债则是指县市级政府为了实现自己的政策目标而形成的负债，如地方政府为了进行城市改造而成立政府投资公司进行借债等。详见马骏、刘亚平《中国地方财政风险研究："逆向软预算约束"理论的视角》，《学术研究》2005 年第 11 期。

### 三 县乡财政困难：预算视角

上述分析仍然不能解释为什么在取消农业税前县乡财政困难的问题。在取消农业税之前，县乡政府可以基于自身财政支出的需要收取更多的"提留款"，从而通过大量的预算外收入弥补支出缺口。但是，这一时期县乡财政困难程度依然很大。根据国家审计署2002年对中西部10个省、市的49个县（市）财政收支状况的审计，到2002年年底，有37个县（市）累计瞒报赤字10.6亿元，是当年决算反映赤字的147%；49个县（市）累计负债163亿元，相当于当年可用财力的2.1倍。① 一个合理的解释是对于支出缺乏必要的控制，甚至可以说是无序，这种控制的缺乏即为"软预算约束"。

目前，基层财政的预算编制十分不科学，有预算制度本身的问题，也有主观方面的原因。预算不规范的直接后果就是财政支出缺乏必要的约束，盲目性和随意性较大，相应地，公共性就很难保证。一般而言，只要政府财政行为偏离公共目的，就可能因为其公共职能不能完全履行而导致财政困难。偏离公共目的的程度越大，财政困难的程度就会越严重。在这种情况下，上级或中央政府通常会安排一定的预算约束条件来约束地方政府的机会主义行为。比如，常见的公共预算将政府支出限制在政府可获得的收入之内来防止透支，从而确保平衡。但这种限制是建立在法律效力的基础上的。进一步来讲，预算也并不能简单地描述成一个年与年之间很少变化的年度过程，"由于个人、团体和政府机构之间的权力竞争，环境的变化，或是利益集团权力的变化……预算过程也会发生相应的变化"②。对于政府间的财政关系而言，由于预算中要涉及政府的一系列行动和职能，政府间的预算约束

---

① 梁朋、张冉燃：《地方债务危局》，《瞭望新闻周刊》2004年第38期。
② [美]艾伦·鲁宾：《公共预算中的政治：收入与支出，借贷与平衡》，叶娟丽等译，中国人民大学出版社2001年版。

通常会由于政府间职能的重叠和界定的模糊，出现软预算约束的情境。而且，县乡政府也经常会通过各种方式突破预算，使预算表现出不同形式的软化。①

专栏 11.3　HNDC 县财政局预算股长描述预算编制过程

我们预算股总共只有两个人，让我们编制全县的预算确实难为了我们。我们通常的做法是根据县委年初确定的第二年的财政收支目标来定。比如年初县委确定第二年的财政收入增长 10%，我们就把去年的预算报表中的各项财政安排上浮 10%。所以说，预算基本上没有什么用。

（访谈记录编号：200803154HNDC）

## 第二节　县乡财政困难缓解与省直管县的关联度

一个不争的事实是，在实行省直管县之后，县乡财政困难确实得到了缓解。根据财政部公布的数据，截至 2007 年年底，全国财政贫困县已经从 2005 年的 791 个减少到 27 个，主要集中在中西部地区，县乡财政运行状况明显改善。我们是不是可以就此得出"省管县确实缓解了县乡财政困难"的结论呢？

### 一　县乡财政困难缓解的归因方法

县乡财政困难缓解的表现背后是归因方法的问题。现实中用了一种最不科学的方法来衡量公共政策绩效，即"简单'前—后'对比分析法"（如图 11.1）。这种方法是对政策实施之前的状况与政策有机会产生影响的状况进行比较。实行省直管县财政体制之前财政困难的县

---

① 冯文荣、陈少克：《地方政府行为与县乡财政困难的形成：基于两种预算约束的分析》，《宁夏社会科学》2007 年第 6 期。

有791个，实行省直管县财政体制之后财政困难的县只有27个了，因此就判断出省直管县财政体制的政策绩效是大大缓解了县乡财政困难。但是，这种分析方法要求我们假设政策实施前后数据之间的任何差别都是政策的结果，而测量前后所得出的不同结果往往并不能完全归因于政策的效果，在整个政策实施期间，有太多的因素可能会导致政策结果的差异。

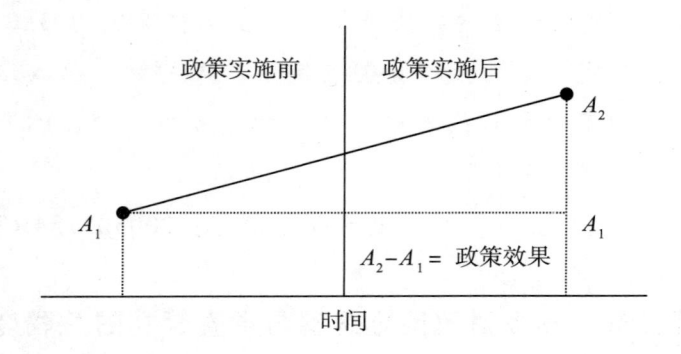

**图 11.1　简单"前—后"对比分析**

资料来源：陈振明：《公共政策学——政策分析的理论、方法与技术》，中国人民大学出版社2004年版，第305—306页。

## 二　县乡财政困难缓解的多重诱因

农村税费改革之后，中央和各省级财政针对县乡财政困难采取了很多措施：第一，增加财力性转移支付规模。1994—2006年，财力性转移支付从189亿元增加到4412亿元，年均增长31.7%；专项转移支付年均增长23.2%。而且，这些转移支付资金主要面向财政薄弱的中西部地区。从总量上看，1994—2006年中西部地区累计享受转移支付占总额的84.6%，缩小了地区间财力差距。[①] 第二，2005年财政部出台了"三奖一补"政策，三奖即是对财政困难县政府增加本级税收收

---

[①] 李丽辉：《中央对地方转移支付效果明显，财政困难县从791个减至27个》，《人民日报》2007年12月16日第1版。

入和省市级政府增加对财政困难县财力性转移支付给予奖励,对县乡政府精简机构和人员给予奖励,对产粮大县给予奖励;"一补"即是对以前缓解县乡财政困难工作做得好的地区给予补助。2005年和2006年财政部共安排"三奖一补"资金385亿元。2007年,财政部继续安排"三奖一补"资金335亿元,"三奖一补"资金三年累计超过700亿元。在政策的激励作用下,全国791个财政困难县两年累计共增加财力1298亿元,平均每县(市)增加财力16410万元。① 第三,建立约束机制,强化县乡财政支出管理。建立地方财政运行监控和支出绩效评价体系,准确、全面地掌握财政运行情况,科学、客观地评价地方缓解县乡财政困难的能力、努力程度和工作实绩;强制性地要求县乡政府要合理安排预算,没有预算不得随意支出,将县乡政府所有政府性资金都纳入预算管理,不断提高预算的完整性、透明性、统筹安排使用县乡政府财政性资金,增强财政保障能力,杜绝各种劳民伤财的"政绩工程""形象工程";要全面清理和积极化解县乡政府债务,严格控制新增债务,除经国务院批准的以外,一律不准再借新债或变相借债,也不得为企业举借债务出具担保。因此,目前县乡财政困难的缓解是建立在上级财政转移支付大幅增加的基础之上,剔除上级补助,乡镇财政的实际状况是赤字状况依然严重,甚至是较税费改革之前更加严重。

## 三 省直管县财政体制的运行效果

省管县财政体制改革的核心内容是将收入考核、转移支付、财政结算、资金调度、项目申报、债务偿还、工作部署等11个方面的财政管理直接到县。改革的基本目标是确保县乡工资正常发放,有效控制县乡债务,促进县域经济发展。一方面,省直管县的资金拨付制度使

---

① 冯蕾:《三年内:从791到27——全国财政困难县数量变化追记》,《光明日报》2007年8月22日第7版。

得资金缴拨渠道更加便捷通畅，可以提高财政资金的使用效率。湖北在实行省直管县体制前，省对县的调度资金先由省拨到市，再由市拨到县，每月的调度资金一般在中旬才能收到。实行省管县财政体制后，县资金留解比例由省直接确定，调度资金由省直接拨付到县，减少了市级中间环节，每月的调度资金一般一到两天就能收到，缩短资金在途时间15天左右，提高了资金使用效率。[1] 另一方面，有利于税收在各级政府之间的划分。中国现行五级政府不可能像国外那样主要是完整地按税种划分收入，而只能走加大共享收入的道路。然而一味扩大共享部分又会反过来影响分税分级财政基本框架的稳定。因此，从长远发展着眼作战略性考虑，还是要在将来创造条件把若干共享税分解、融合于国税和地方税之中，进而使分税制得到贯彻并真正加以稳固。[2]

从上述分析我们可以发现，对于目前主要靠上级转移支付而缓解的县乡财政困难来说，省直管县充其量也只能是有助于中央政府财政政策的落实，它是以缩小县域差距和缩减地级市的截留为基础的。对于真正意义上解决县乡财政困难的贡献十分微弱，本身不能成为解决县乡财政困难的"灵丹妙药"。

## 第三节 县乡财政解困政策选择的困境

在上述研究的基础上，我们可以提出这样一个问题：县乡财政困难有没有解决的途径？回答这一问题的前提是要弄清什么是县乡财政困难，因为"要想成功地解决问题，就必须对正确的问题找出正确的答案。我们经历失败常常是因为更多地解决了错误的问题，而不是因为我们为正确的问题找到了错误的答案"[3]。但是，这一要求又回到了

---

[1] 郝国庆：《"县财省管"在湖北》，《领导之友》2006年第1期。
[2] 贾康、白景明：《县乡财政解困与财政体制创新》，《经济研究》2002年第2期。
[3] Russell L. Ackoff, *Redesigning the Future: A System Approach to Social Problem*, New York: Willey, 1974.

西方的逻辑起点上来，正如本书开始时所分析的那样，县乡财政困难确实难以测定。因此，实现县乡财政解困的目标本身就是模糊不清的，与此相联系的是政策选择上的困境。

在现有的文献中，对这一问题给出了一个似乎很合理、逻辑很严密的解决对策，就是增加转移支付、改革完善省以下财政体制、发展县域经济。因为基层财政比较困难，所以中央政府首先要通过增加财政转移支付来解决眼前面临的困难；而要保证这些转移支付落到实处，必须减少关卡，改革完善省以下财政体制就是必然的选择；有这些转移支付，又能落到实处，发展县域经济就有了可能，从而可以实现从"输血"到"造血"地解决县乡财政困难的政策目标。但是，如果我们认真地分析，会发现这种看似合理、严密的对策本身存在着太多的疑点。

## 一 从公共服务的需求来看，财政转移支付无益于解决县乡财政困难

就农村公共服务的需求来看，目前比较紧迫的是基础设施（交通、灌溉等）、医疗卫生、义务教育等，反映在现实生活中的问题就是"出行难""看病难""看病贵"，但是，目前的转移支付在这些公共服务需求的满足上显得无能为力。因为根据财政部《关于切实缓解县乡财政困难的意见》的精神，县乡财政要遵循"一要吃饭，二要建设"的原则确定支出顺序，首先要"用于保证机关事业单位人员工资发放、基层政权正常运转和社会保障对象补助支出的需要"，其次是安排农业、教育、科技、卫生等事关经济社会发展的支出，然后才是"根据财力办些改善人民生产生活条件的实事"。这一支出顺序的实质是要"有保有压有丢"，对于目前困难的县乡财政来说，中央和省级政府的转移支付首先是确保而且也只能确保"吃饭"，确保基层政府的正常运转，无力应付其他的公共支出；第二顺位的"农业、教育、科技、卫生"支出一方面无法得到保障，另一方面现有的转移支付数量离农

村的公共服务需求还有很大的缺口，属于"压"的范畴；而除此之外的其他公共服务更是难以得到保证，属于"不保"而"可压""可丢"的位置。因此，目前的转移支付无法满足农村的公共服务需要，从这个意义上来讲，也就意味着无法解决县乡财政困难。

## 二 "改革完善省以下财政体制"掩盖了整个国家财政体制的问题

中国的行政管理体制实行的是统一领导、分级管理体制，财政体制作为行政管理体制的重要组成部分，同样面临着"下级服从上级"的领导格局。现行的分税制就是中央先行决定与省以下分税，然后是省决定与市以下分税，如此层层分下去，到后来才出现目前的这种结果。因此，当我们在研究如何改革和完善省以下财政体制的同时，更应该关注整个财政体制的问题。财政体制出现的问题，首先是中央财政的问题。不解决中央财政的问题，省以下财政体制改革的成效将会大大缩水。推而广之，如果闭口不谈省与市的财政体制问题，只在"县乡财政体制"改革上做文章，如实行"乡财县管""县对乡镇统收统支"等，只不过是在微薄的县乡财力的分配上寻求脆弱的平衡，结果往往是在加强县级财政和政府的权力的同时，相应削弱乡镇财政以及乡镇政府的力量，并且会降低政府对乡村居民提供服务的能力和水平，在缩减了财政支出的同时，公共产品的供给也相应地减少，而这并非财政体制改革的本意。

## 三 县域经济发展对于解决县乡财政困难"有心无力"

前文分析认为，"强县扩权"确实有利于县域经济发展，从而使其摆脱被"输血"的境地，能成为一个"造血机器"，从根本上解决县乡财政困难。但是，对于县域经济发展解决县乡财政困难这一判断存在如下问题：第一，基于历史、自然禀赋以及其他因素的影响，地区经济发展的非均衡一直都存在，如果说经济落后必然导致财政困难，那就等于承认财政困难永远无法解决。而且，贫困地区发展经济的同时，发达地区的经济也在发展，还可能发展得更快，经济差距就永远存在，甚至可能拉大，如果财政困难是一个相对概念的话，那么就意味着困难是永恒的，不困难是暂时的。第二，县乡财政要遵循"一要吃饭，二要建设"的原则确定支出顺序，先保供养人员吃饭，再说社会各项建设。事实上，越是经济发达的地方，社会环境越是规范、开放，经济发展的条件越是优越，财政状况也更为宽裕；经济贫困的地方则恰恰相反。如果不从财政本身寻求突破，不从财政方面首先改善，贫困地区的经济就难以保持正常的发展。第三，财政困难是一个迫切需要解决的现实问题，而经济发展却不是一朝一夕的事情，是一个需要系统规划、认真解决的长远问题，"远水解不了近渴"。而且，经济发展需要大量的财政投入，有的地方政府为了经济发展以牺牲环境为代价，为了招商引资以牺牲税收收入为代价，这样可能在短期加剧财政困难，长期又是一个未知数。

综上所述，本书以设问的形式介入县乡财政困难的探讨，通过对一个看似"公理"的问题层层展开分析，勾勒了县乡财政困难的形成机理，对于学术界提出的解决县乡财政困难的政策建议进行了反思，获得了以下发现：第一，县乡财政困难是一个相对的概念，学术界和理论界都无法对其做出确切的界定，不同历史时期、不同制度环境下县乡财政困难的程度和表现形式会有所不同。第二，市管县本身不是县乡财政困难形成的根本原因，用其作为解决县乡财政困难的根本举措也是不可行的。第三，省直管县改革可以提高行政效率，减少财政资金的中转环节，有助于县乡财政困难的缓解。第四，"转移支付"和"完善省以下财政体制"掩盖了整个国家的财政体制问题，避开了矛盾的关键点，对于解决县乡财政困难容易产生误导。第五，经济发展不平衡是绝对的，县乡财政困难是相对的；经济发展是长期的，县乡财政困难是眼前的。因此，经济发展解决县乡财政困难命题本身是一个伪命题。

# 第十二章 省直管县财政体制改革的实践困境

省直管县财政体制改革的目的是在更大区域内优化资源配置，避免政府过多以行政权力限制和干预资源的配置。在实践过程中，"县财省管"与"乡财县管"互相配合，共同建立县乡公共财政体制框架，促进财政系统实现扁平化，但也暴露了一些问题。

## 第一节 财政体制改革单兵突进

省直管县财政体制旨在省与县之间建立直接财政关系，省级政府直接管理县级财政。绕过地级市，减少行政层级，简化工作流程，加快信息传达的速度，增加县级政府的自主权，实现县域的发展。此类改革是我国省管县财政体制改革的第一步，但是仅实行财政体制上的省管县，没有行政体制的匹配，也产生了很多问题。

### 一 县市工作关系不顺

实行省直管县财政体制改革减少了地级市这一财政中间环节，缩短了财政的信息传达链条，减少了信息失真的可能性，提高了财政资金调度和专项资金拨付的效率，保证了公共支出的有效性。但是，省直管县财政体制并没有改变行政管理体制，只是在财政资金的划拨上实现了省县直达。县级政府依然接受地级市的领导，包括人事、发展规划、各种审批权限等。地级市没有了对县的财权，但是仍有其他的事权，一定程度上影响了地级市的管理积极性和市县两级的管理关系。

一方面，省直管县财政体制改革在某种程度上影响到地级市的积极性。在市级财政与县域经济发展的利益关联度减弱，地级市把自身财力、精力集中在市区建设，缺乏带动县的积极性。经济规模大、财政实力强的地级市，为了自身发展建设，以省直管县财政体制改革为借口，减少对所辖县的支持和扶助力度；对于经济发展规模和财政实力与所辖的县基本相当或者差距不大的地级市，市本级在改革中流失了大量利益，为了寻求补偿而与县争投资、争项目、争资金，并不利于减轻市县之间地区封锁、市场分割的情况；对于部分经济发展落后、经济基础薄弱、财政规模较小的地级市，市本级保障民生、保障日常运转和保障法定政策性支出的压力较大，更难以对行政上所辖的县给予支持和扶助。

另一方面，省直管县财政体制改革改变地级市与所辖县的管理关系。实行省直管县财政体制改革之后，地级市的责任为对县级政府的业务指导、监管监督、有关报表的汇总，以及对下辖县的财政支持。这些有关职责缺乏硬性规定，地级市的管理职责介于"管"和"不管"之间。按照省管县财政体制要求，市管县权限被取消，市级在财政上不应行使管理职权，但在日常事务处理上，一些事项仍由市级统一管理，如对县的报表汇总、工作量化考核等。在管理上，往往是主观上市本级不愿管，县也不愿被地级市管，但是客观上，仍是地级市在管理县，就影响地级市和所辖县之间的关系。

## 二 财政协调难度增大

对省级财政而言，省直管县财政体制因为实行财政上的省与县两个层级的政府，减少了政府层次，却增加了省级财政的管理幅度。如湖北省改革后新增了 52 个直管县，安徽省新增了 57 个直管县，省级政府面对要数倍于地级市的县，虽然现代通信、交通技术极为发达，由于县级管理能力有限，各项业务直接与省级财政对接，有些工作的质量不能达到省财政的要求，增加了省级财政的管理压力。省级财政在监督管理和工作指导上都显得力不从心，难以实现省对县的科学管理、细化管理和加强监督。同时，对于省财政厅从市、县财政部门借调工作人员，也会影响地级市、县财政部门工作。

对于地级市财政而言，实行省直管县财政体制后，地级市对县的组织指导关系和利益格局发生了重大调整，使其缺乏对县级发展的支持行为激励。省直管县改变了原有的县对地级市申报有关预算的权限，改归省管。地级市原有的财力遭到削减，挤压发展市区建设的资金。行政管理体制改革的相对滞后，使地级市财力受损之后仍然承担着较大的支出责任，市级财权与事权不匹配问题日益加重。

对于县级财政而言，市级财政与县级财政二者由上下级的指导与被指导关系转变为保持原有行政隶属下的合作与竞争并存的关系。县级财政接受市级财政监督和指导的主动性降低，地级市与县两级财政存在投资、税收竞争，甚至导致地方市场割据。与此相对的是，支出责任的相互推诿，地级市不愿意承担有关跨县的支出责任，而县级政府则需要来自上级的地级市的统筹支持。

## 三 配套改革未能到位

任何改革都不是单一的，必须有相关部门和政策的协调和配合，对目前的省直管县改革来说，单一实行省直管县财政体制，并不能完全实现财政扁平化的改革目标，因为相关配套的不完善很可能消解其激励作用。

### （一）干部管理体制不配套

对县级财政部门工作人员最重要的人事权的配套。一方面，实行县财省管后，县级财政的人事权仍在市级手里，省级财政难以实现对县级财政工作人员的管理。受组织管理体制的限制，县级财政并不能获得真正的自主性，冲出既有财政体制束缚，致力于推进县域经济发展和提供公共服务，财政供养人员的不利变化很可能消解改革带来的有利成果。另一方面，市、县干部职级限制较大。其一，工作协调有难度。垂直管理部门在县（市）设置的对口局有的负责人职级高于分管和联系的县（市）的副职，县（市）领导管理有难度，遇到争议问题很难协调，有的垂直管理部门对县（市）召开的会议随意性很大，对于分配的工作积极性不高，难以落实。其二，市县干部待遇较低。由于职级的原因，具有多年工作经验的处级或科级市县干部所享受的待遇实际上没有太大变化，难以起到激励作用。

（二）垂直管理部门与地方政府的横向协调矛盾

垂直管理部门以及类似省直管的部门（如交通部门）横向的协调统一与纵向的体制直管存在矛盾。它们各自都有自上而下的一套行政体制和管理方式，既要服务"块块"，也要服从"条条"，对改革它们既不愿意表现得不支持改革创新，但也不愿意冒很大的政策风险。在我国，国家垂直管理部门和省垂直管理部门大约占到政府机构的1/3，海南省因为实行"小政府"体制，比例更高，大约占县直机关的50%。过去有电力、邮政、烟草、电信、国税，后来又增加地税、工商、质量技术监督、食品药品监督、国土资源等，由于这二十多家"国垂"和"省垂"的存在，县级政府职能的行使受到严重的分解和制约。这些主管部门大多是一些有收入（费）权的部门，通过对其部门内部的封闭运行，对市、县两级的财权、财力、事权进行内部调整和分配。作为既得利益者，垂直管理部门既对当地经济发展具有举足轻重的影响，影响县级财政的既得利益，也加剧了政府机构内部财力分配的不均衡，横向的协调统一与纵向的体制直管限制了县级统筹的力度和效果。

## 第二节 县乡财政体制尚待完善

随着我国县域经济不断得到快速发展，经济结构的优化与调整，县乡财政也不断发展壮大。对农村和小城镇的经济社会发展与县乡政权建设都产生了积极的影响，但是，随着改革的深入推进，县乡财政体制的缺陷逐渐显现，亟须完善。

### 一 县乡财政存在体制性障碍

对乡镇来说，县乡财政体制约束了基层政府的财政收入和支出责任的承担能力。在主体税种上划、农业税取消后，乡镇资金明显减少，导致乡镇财政形同虚设，缺乏财力履行基本的财政预算管理和监督职能；乡镇财政体制缺乏弹性，压制了乡镇政府的行为积极性，难以落实增收节支的目标；乡镇财政对预算内资金管理不足，不能够有效控管预算外资金和乡镇自筹资金。

在省直管县财政体制下，由省统一拨付、结算县级政府的资金和财力，但人事任免权仍掌握在地级市手中。县级领导面对两个"婆婆"，一方面向省里"跑项目、跑政策、跑资金、跑财力"；另一方面又要将日常工作事务汇报给地级市领导，以获取他们的理解和支持，增强了县级领导工作的烦琐度与困难度。另外，省直管县财政体制造成与市级行政权相匹配的财政权架空，政令畅通、贯彻落实政策等行政管理权的实施受到影响，市一级党委政府的权威性下降。

### 二 县乡财政管理水平不高

自1994年分税制改革后，随着部门预算、国库集中支出、政府采购、收支两条线等财政改革的不断深入，县乡财政管理水平有待进一步提高，目前管理中存在不少薄弱环节。（1）相关财政部门工作人员知识水平低、基础工作薄弱，财务管理水平较低。财务人员的相关业务水平不够熟练，乡镇的部分财务人员不具备相应的专业知识，会计基础工作与会计准则、制度不符，专业人员一身多职现象非常普遍。县乡财务管理水平不高，难以应对省直管县财政体制改革后财务会计等各项管理制度的改变和部门预算编制和执行，亟待省级财政系统对县财政工作进行指导，对县财政工作人员进行培训。（2）不能及时学习财务知识和相关法律法规。财经纪律松弛，财经秩序混乱，法律意识淡薄，重发展轻管理，守法意识不够浓厚，政府债务管理约束机制不健全，部分乡镇往来款项挂账时间长、数额大，不少已经成了坏死账和无头账，影响乡镇财政负债真实性。（3）部分县为了追求政绩，在开展工作特别是在争取财政专项资金和推进重点项目建设时，常常选择经济基础好的乡镇作为主要推进对象，忽视经济基础差的地区的发展诉求，导致富裕地区与不富裕地区的区域差距越来越大。（4）短期内增加直管县的行政运行成本，县与省之间财政业务的联系往来会增加县级政府的行政成本。

### 三　县乡财政监督机制不健全

进行省直管县财政体制改革后，县级财政实力增强，权力扩大，必须注意加强对县的监督和制约。但是目前并没有建立健全的监督管理机制，由省直接到县的资金主要是通过由省对县的监督检查实现监督控制。因为监督机制的不健全，出现两方面的问题。一方面，在项目审批、物资匹配等方面，由于省的辖区较大，涉及县的项目审批、物资匹配多、杂、小，有时省里难以掌握县级的实际情况，加之任务繁重，项目申报和审批就容易出现混乱局面，导致资金被挪用或侵占，国家、省财政遭受到了极大的损失，而在项目推进及检查验收阶段，省里检查团难以对每个项目都具体抽查，难以保证对项目建设的有效监督。另一方面，直管县要承担来自上级多层级政府的各种检查，转移了工作重心，以迎接上级政府的考核与考评为中心，出现了目标替换。另外对上级考核的互动增加了工作成本，消耗了工作精力，降低了县级政府的常规工作积极性。主要表现在行业专项检查、审计常规检查、财政监督检查、纪检监督检查等。各类检查种类项目繁多，且检查结果不能共享，重复检查现象常有发生，一定程度上影响了基础部门的正常工作。

**专栏 12.1　HBYD 县财政局总会计师谈监督检查**

这个上级下来监督的，各级下来监督的，包括人大、审计，以及社会对我们的监督，非常多，部门预算制作出来要报人大常委会通过，执行过程中要受其监督。纪委对我们的执行情况也要检查。每年纪委上半年和下半年都要检查。上级审计这几年也每年来检查一次，同级审计局一般半年来检查一次，这些是比较大的，一些小的专项检查就特别多了。一般要持续几个月，去年和今年光检查就有七个月时间。

（访谈记录编号：201204162HBYD）

## 第三节　市县支出责任划分不准

### 一　市县之间财权与事权划分不科学

我国宪法明确规定了中央政府和地方政府行使的职权，但并没有对地方各级政府行使的具体职权进行明确详细的阐述，也没有全国统一性的规定，省以下支出基本是按隶属关系进行划分，各级政府事权大体相同，由于没有明确划分省以下各级政府事权，有些事务由多级政府共同承担，容易造成政府间职责不明，越位、错位和缺位状态并存。

我国现行财政管理体制是以财权和事权相匹配为基础的，按照我国《宪法》《国务院组织法》《地方各级人民代表大会和地方各级人民政府组织法》等，对各级政府所履行的事权做了一般性的规定，如中央政府承担 18 项，县级以上地方各级政府承担 10 项，乡级政府承担 7 项。但实际上事权的划分过于宽泛，事权说明不够具体，导致财权划分也不相匹配。

对市级财政来说，随着省直管县财政体制改革的推进，省级财权、市级财权相对削弱，县级财权相对加强，但相应的省级和市级事权并未减轻，从实行省直管县财政体制改革的各省政策文本来看，市级政府的职权比较重，如湖北省对地级市的事权规定："省、市共同支持县域经济社会协调发展；市（州）财政部门要继续履行对县（市、区）财政工作的指导、支持和监督职责，帮助县（市、区）解决财政困难，指导县（市、区）财政改革与发展，督促县（市、区）完成省、市（州）安排的各项财政工作任务。市（州）财政部门负责所属县（市、区）财政改革与管理量化考核工作，并将考核结果报省财政厅备案。"这是在过去市级事权的基础上新增的事权，对于市级来说，出现了新的财权和事权的不匹配。

对直管的县来说，财权相应扩大，各种转移支付收入较多，但事权并未增加，在区域公共服务的供给上，大量的事权仍集中在市级，由于财权增加和政绩工程的推动作用，在直管县经济快速发展之后，对于县域面积普遍较小的省（区）来说，各地中心城市林立，城市辐射圈相互重叠交错，城市功能重复，盲目投资、重复建设严重，造成资源浪费。

## 二 区域性公共产品供给能力不充分

实行省直管县财政体制改革就是为了破除市管县体制中"市吃县""市刮县""市卡县"等现象，以缓解县乡财政困难、公共产品供给不足、公共服务效率低下等状况。但是在省直管县财政体制改革下，出现了新的问题，就是实际财政供给能力下降，导致区域性公共服务供给出现困难。

省直管县财政体制只是对财政部门的管理权限进行了调整，并未涉及行政管理体制及各级政府间事权的调整。在实行省直管县财政体制前，市级财政主要负责在区域性公共服务和公共产品供给中进行统筹协调和资金调度，在资金使用上具有较大余地。在改革后，对于地级市来说，财政部门是利益净流出者，一方面，市级财政不能再集中所辖县的财权收入；另一方面，改革要求进一步加大市对所辖县的补助力度，保证在教育投入、危房改造、医疗改革和新农村建设等方面提供相应的配套资金，而且，省对地级市的转移支付和增资补助也在逐渐减少。而对直管县来说，财政部门在改革中是利益净流入者，一方面，过去市级不合理的财力截留得以回归；另一方面，中央、省新增的转移支付收入和激励机制下的财政增收分成增加。

专栏12.2　HBXG市财政局副局长谈区域性公共产品供给

现在就财政实行省直管县，但其他的特殊部门比如计生委，没有实行省管县，要到县里面开展计划生育工作，就下个文件要地级市财政局出钱，县里的财政收入没有跟我们分成，但我们还要按照三个数字拿钱，第一个，全市总人口，每人要拿1.28元，第二个，有两个特殊的区不一样，第三个，按照全市一人0.2元给计生委，这三个数字加起来一年财政局要给计生委700多万元的计生事业费。

（访谈记录编号：20120615HBXG）

对于市级财政原有职能中承担的全市区域性公共服务和公共产品供给，是全部由市级财政负责还是全部由县级财政负责或者市县共担？如果市县共担各自承担多少？这些在省直管县财政体制中都尚未明确，市级财政对所辖县（市）各项直接支出需要继续安排，如跨县域范围的一些公共支出（水利基础设施建设及维护等）、防汛抗旱、"三万工程"支出、新农村建设、高中及大中专教育、计划生育事业费（按全市人口计算）、科普经费（按全市人口计算）、武警消防军分区支出、目标考核奖励、重点纳税企业奖励、市本级集中安排的全市性支出。同时，对于涉及不同县域的公共服务和公共产品供给也没有明确的责任划分，都只是就事论事，在实际工作中职能靠财政体制之外的因素决定，影响财政体制的有序性和财政职能的正常执行。

**专栏12.3　HBYD市财政局副局长谈区域性公共产品供给**

国道省道县道，国道就是国家在修，省道就是省在修，很明确的事情嘛。县与县之间的公益设施应该谁做，全区性的就应该是国家做，地区性的就是省做，省里面地区性的就是县做，像我们县，有些乡里面做，村里面做。这里面很复杂，也不知道该怎么划分，反正就是说，该我们做的就做，不该我们做的就不做。

如果我们县和相邻的两个县做个什么事情，我们自己是说不通的，必须最后省里面说，你40%，我60%，这样确定的。这样的事情应该是省里面集中统筹。

（访谈记录编号：20120617 HBYD）

第四篇

省直管县体制改革的走向

# 第十三章　省直管县体制改革的一般原理

省直管县体制改革在实务界和理论界的共同推动下已走过了初期探索阶段，形成了一些典型的改革模式、积累了好的经验、在一些地区也取得了实质性的突破。但不得不承认在"宏观计划""分类指导""渐进式"等这些改革理念影响下，改革越是深入，所积累的问题和矛盾也就越多。因此，有必要从宏观的、理论的视角分析省直管县改革的基本原理。

## 第一节　省直管县体制改革的基本依据

### 一　管理幅度与管理层次的动态协调

按照管理学的基本原理，在组织的整体结构中，在管理规模既定的情况下，管理层次与管理幅度成反比例关系，即管理层次越多，管理幅度就越小；反之亦然。层次少、幅度大的组织管理结构是现代社会组织管理的主要模式，一个组织的管理层级要保持合理的数量，才有利于各种信息的沟通、工作效率的提高。同时，任何组织形态为了使管理效率优化和资源合理利用，也必须在管理层次的选择上慎重，只有将纵向层次保持在科学、合理的范围之内才能避免组织内部工作的混乱。所以，合理地缩减行政管理层级不仅可以提高管理层次的职责，还能提高下级人员的工作积极性和创造性。

进入21世纪以后，随着远程数据传递处理技术、卫星通信和导航技术、先进办公自动化设备和管理信息系统以及全球电子政府的快速兴起，政府正从传统的"公文政府""纸张政府"向"网络政府"转变。政府在同等时间内所处理的信息量相对以往呈几何倍数增长，一级政府目前应对的直接管理对象不断呈上升态势，这也为缩小管理层次提供了契机。例如，英国在1974年和1986年地方政府机构改革中，废除了"被证明是造成浪费的一级多余组织"。六个大城市郡议会和大伦敦郡议会被废除后，它们的大部分职责交给其原先隶属的下一层政府。也就是说，合理地缩减行政层级、扩大管理幅度在当前条件下是完全可以做到的，这样不仅可以提高管理层次的职责，还可以减少地方政府对上级的依赖，提高下级人员的工作积极性和创新性。这种层级少、幅度大的扁平化的组织结构也是符合当前我国行政体制改革趋势的。现在世界上大多数国家选择扁平化的行政层级结构，采用四级制及以上的国家已经比较少，多数国家采用三级行政管理层级。扁平化的行政层级通过权力下移，减少中间层级，有利于降低行政成本，调动基层政府的积极性、主动性和创造性，从而提高行政效率。对于我国地方行政机构普遍臃肿，"三公"消费问题突出等现状来说，扁平化的管理层级和恰当的管理幅度应该是行政层级追求的模式。从这个意义上来看，省管县有其合理的科学依据。

## 二 信息效率与信息结构的相互关系

信息资源的有效配置是在一定信息结构的基础上进行的，组织内部的信息结构分为两种形式，即垂直信息结构（也称等机制信息结构）和水平信息结构（也称民主制信息结构）。其中，垂直信息结构是通过技术控制来获取效率或通过合作的专业化和合理的等级控制来获取效率。然而，如果所得到的信息质量不高，管理者就没有办法有效解决问题。与此同时，下级组织因为缺少决策权，缺乏及时向上反映问题和以准确快速方式执行上级指令的动力，这就必然会直接加大管理者的成本。现代组织管理学理论也强调，信息传递链条越长，信息传递速度就越慢，信息失真率就越高；相反，中间环节越少，信息传递速度就越快，信息失真率就越低。

在我国集权式的政府层级结构中，下级政府自然成为上级政府的"代理人"。从中央政府决定省、直辖市和自治区的财政体制形成第一个层次的委托—代理关系起，以下可类推出省对市、市对县、县对乡镇的各级委托—代理关系。委托—代理层次越多，代理成本就越高；由上至下的层次越多，信息不对称的可能性就越大，从而会产生高昂的信息成本；当同一个主体既是委托人，又是代理人时，还将大大增加"道德风险"：上级政府缺乏监督下级政府的积极性，下级政府又可能欺瞒上级政府。而调整现有的"省—市—县—乡"多级模式，减少"市"一级参与者，减少省与县之间的信息不对称，可以提高信息效率，减少信息传递失真，是保证政令畅通的必然选择。从这个层面上看，省管县行政管理体制完全符合信息资源的合理配置要求。

### 三 官僚制的逆向效率悖论

官僚制理论的创始人马克斯·韦伯在《经济与社会》中写道："从纯技术的观点说，行政组织的纯粹官僚制形态能够达到最高程度的效率，相比于任何其他形式的组织，它具有精准性、稳定性、可靠性和纪律严明等方面的优势。"然而，实践的结果表明，这种以金字塔的形式构建起来的官僚制存在着"逆向效率悖论"，即官僚制对于分解任务和处理自上而下的指令来说也许是一种有效率的结构，但是在处理自下而上的信息时，却有可能造成大量的超载或阻塞问题。我国长期实行的高度中央集权的行政体制，注重自上而下的高度一体化的等级控制，具有明显的官僚制特征，是一种典型的官僚制组织形态。在这种体制下，上级政府能够比较有效地对资源配置及整个国民经济活动进行组织和协调，而随着我国财政管理体制的分权化改革，地方政府越来越成为一个具有自主性的利益主体，要求上级政府的相关政策能够考虑其实际需要，而这种高度集权的等级模式很难适应这种新的变化，其调整就更加不可避免了。

## 第二节 省直管县体制改革的约束条件

省直管县体制改革的实施与否及其绩效如何取决于各种复杂的约束条件。有些地区县域经济比较落后并不是县级政府权力过小的原因，还有其他诸如地理、观念等因素的制约，不是只靠扩大县的权力就能解决的；有些市域已经形成了良好的经济发展结构，如果由省直管县会影响原有的良性结构。因此，要将推进省直管县体制改革与发展县域经济、合理调整行政区划、促进城乡经济融合、加快城市化进程等有机结合起来，综合考虑各地区经济发展水平、行政区域面积、省内市县行政单位数量、人口规模等因素。

### 一 政治因素

要使国家政治统治得以巩固，就需要使社会处于一种有秩序的状态。因而在一般情况下，对既有的公共管理秩序，不能轻易打乱，以避免动荡。地方行政体制架构的设计初衷根本上是为了维护政治统治的有效性，与国家的国防安全有着密切的关系。虽然市管县体制在运行时暴露出了不容忽视的体制弊端，但是其作为一项历经长时间形成发展的制度已经具有了很强大的制度惯性，并且其在设立之初必然蕴含有中央政府对于国家战略安全的整体性思考和布局。地方政府建制的变动必然会影响已经形成的有秩序的管理，而变动频繁会产生政治上的不安定因素。此外，省直管县体制改革在壮大县域经济实力的同时也会使省的整体实力有所提升，并且省域之间的经济和政治联系将比在原来的行政格局下更为密切，如果约束监督机制没有及时跟上，其势力的强大也将在一定程度上对中央政府的权威造成影响。因此，在进行省直管县改革的过程中，一定要以政治秩序的稳定为前提，并以渐进的方式推进。

## 二 地理因素

从省的管理半径和管理能力来看，我国绝大多数省级政府本身存在着管理幅度过宽、管理能力不足的问题。从目前各省区所辖地域来看，全国平均每个省级行政单位下辖 89 个县。最多的如四川省下辖 180 个县，河北省下辖 172 个县，河南省下辖 159 个县。① 一是省政府普遍面临着管理幅度的扩大带来的管理压力。在原有的市管县体制下，省政府对区域内县的指导规划都是以几个县为一个决策对象，而省直管县改革后，辖区内受其直接领导的行政单位数量激增，各县则分散成为众多独立接受省政府决策和领导的单位。这样即使是政府组织管理能力和技术再强的省政府，在面对区域内几十甚至上百个县时也会显得力不从心，基础设施重复建设、产业结构趋同等浪费资财的现象定会大量存在。二是引导并理顺辖区内市县重构的平行关系的协调压力。事实上市县之间行政隶属关系的解除和转变而引致的博弈，在很大程度上会削弱改革的收效预期。三是提供跨市县公共品和进行公共事务管理的财政支出压力。原来由市级政府承担的这项职能在行政隶属关系改变后便上移到了省政府，省政府需要对一些原本并不列支的公共项目如水利建设、环境保护等纳入资金调度的整改范畴。从以上分析可以看出，对于那些经济落后，且又辖区面积大的地区，在省域规模无法改变的情况下，不宜推行省直管县，但可以考虑实行"县财省管"以及"强县扩权"，完整意义上的省直管县则不具备实施的地理条件。

## 三 经济因素

省直管县可以扩大县级政府的发展自主权，但自主权的扩大并不意味着发展能力的增强。我们都知道，地域不同市县关系呈现的特点

---

① 庞明礼：《省管县：我国地方行政体制改革的趋势？》，《中国行政管理》2007 年第 7 期。

也不同，大致可以分为以下几类：第一种情况，县市呈"强弱"组合，即县的经济实力和发展潜力比所属的地级市更为强大，呈现出常常所说的"小马拉大车"的局面；第二种情况，县市呈"弱强"组合，那些原本就没有稳固税源的县，面对所属地级市利用行政手段对财政进行的"抽血"和"截留"行为更多的是怒不敢言，"富了一个市、穷了一批县"的情况大量存在；第三种情况，县市呈"弱弱"组合，两级政府均缺乏先天的要素禀赋，也没有出色有效地利用行政资源创造经济收益的能力，导致区域整体水平的塌陷；第四种情况，县市呈"强强"组合，如果两者没有形成良好的互动关系，那么其之间的不当竞争与内耗所造成的损失又往往冲抵了很大一部分区域社会经济发展的成效。因此可以得出结论，即省直管县改革只有在本身的经济基础比较好、具备加快发展前提条件的县才可以体现出明显的适用性，尤其是在"县强市弱"的情况下。如果市级财力较弱，县级财力较强，实行省直管县可以有效地避免"小马拉大车""市刮县"的现象；反之，如果市级财力较强，有能力帮扶县级，可以发挥市的带动和辐射作用，有利于县的发展。同时还要注意市与县、县与县之间的经济互补性，如果互补性很强，彼此的依赖程度很高，则不太适合省直管。

### 四　文化因素

从文化融合角度看，考虑到各省在历史渊源、民族成分、宗教关系等方面的不同特点，对于文化融合得比较好的地区，不宜人为地改变现有的结构。这一点在少数民族聚居地区，尤其是实行民族自治的地区体现得最为明显，财政部于2009年发布《关于推进省直接管理县财政改革的意见》指出，改革的总体目标是"2012年底前，力争全国除民族自治地区外全面推进省直接管理县财政改革"。我国在这些地区实行区域自治，设立自治机关，行使自治权，并且这种自治权是受到明文法的严格规定和保证的。同时由于这些地区普遍具有地域面积大、人口数量少、经济发展相对落后，体制上的矛盾还不明显，客观上还需要有地级市这个层级，因而可以继续维持目前的行政管理格局；出于推进这些地区内县域经济的发展的考虑，可适当组织开展"扩权强县"体制改革，为将来推行"省直管县"体制改革准备条件和奠定社会基础，却不宜过早在这些民族自治地区直接强力推行省直管县的改革尝试。

## 第三节 省直管县体制改革的基本原则

### 一 顶层设计是根本

市县之间事权与支出责任的匹配以及由此造成的利益冲突等问题主要是因为缺乏顶层制度设计，没有来自全国人大及其常委会制定的相关法律法规的保障，没有中央政府的充分授权，中央政府对于完全意义上的省直管县体制改革也没有一个完善的、系统的指导性改革政策或者是实施细则。一方面，各改革省份一直处于自行摸索中，尽管有部分省份在省直管县体制改革上已经探索了多年，且在经济社会发展方面取得了较为显著的成效，积累了许多宝贵的改革经验，但毕竟各地的省情不尽一致，尤其是东中西部省份之间在经济社会发展水平、历史人文、基础设施、自然环境条件等诸多方面都有着巨大差距。而实际情况是多数省份的改革政策措施都属于"依葫芦画瓢"，十分相似。这样也就导致先行先试省份的成功经验不一定适用于后来者，从而引发改革中出现的各种不良反应。另一方面，很多涉及国家体制的问题是地方政府无法也无力触及的。随着省直管县体制改革的进一步深入推进，地方政府能够探索的空间也所剩无几，自下而上推动的力度也十分有限。这就需要中央从国家改革发展的大局出发，改革和完善与省直管县体制改革有关的管理体制和运行机制，进一步明确划分中央和地方政府的职能、职责，理顺中央和地方的利益关系，必要时对行政区划进行适当的调整，推动与省直管县体制改革的有关法律法规的建立健全，探索垂直管理部门与省直管县体制有效衔接的机制等。中央层面的顶层制度设计和战略规划能够体现中央对这项改革的总体构思和宏观安排。只有在中央总体构思和宏观安排的指引下，地方政府才能够更好地发挥改革的积极性和创造性。

## 二 因地制宜是重点

各地应坚持因地制宜的原则，根据中央的整体部署，结合本地实际，探索合适的改革模式，防止盲目跟风。我国南北差异、东中西部差异较大，各省份之间以及各省份内部的情况也千差万别，县域经济发展具有多样性、独立性和复杂性的特征。因此，全国各省份的省直管县体制改革不可能只是一种模式、一种路径，不能一哄而上，不能搞"一刀切"，应采取分类改革的方式，应坚持因地制宜、分类指导、分步实施和循序渐进的原则，灵活推进。例如，我国东部沿海经济发达省份和部分中部经济较为发达的地区，在较大范围内实施省直管县体制改革的条件就较为成熟，可以在财政、经济社会管理等领域推行省直管县体制改革，省域管辖面积较小的省份甚至可以试点完全意义上的省直管县行政体制改革。而中部和西部经济欠发达的省份和地区，则应该推迟进行改革或者选取少数经济较为发达的县（市）进行试点，待其他县（市）具备相应的改革条件后再逐步推广。因此，在推行省直管县体制改革的过程中，各省应根据具体省域特点和实际来选择和安排实施省直管县体制改革的策略模式、时间进程与路径。应着重分析省域内各地区经济发展的差异性，针对各地区不同经济发展类型和不同的主导产业，坚持改革的多元化。

## 三 促进发展是目的

对于我国绝大多数省份而言，由于管辖范围大（如四川省管辖182个县级单位、河北省管辖170多个县级单位），省内各区域经济社会发展不协调问题也普遍存在。通过省直管县改革可以保证和维持省内各县财力的相对均衡，从而明显改善省内基本公共服务均等化水平。然而，省级政府对落后地区的转移支付也可能降低经济强县经济发展的主动性和增收节支的积极性。因此，省直管县改革过程中必须兼顾公平与效率，结合各地客观情况，既要加大对落后地区的转移支付力度以保证基层政府的财政支出能力，又要维持和激励经济强县发展的积极性，发挥强县的带动作用，最终实现区域协调发展。在转移支付体系的设计上也要兼顾公平性和激励性，合理规划均衡性转移支付和专项性转移支付的规模和比例，要考虑财政的横向纵向平衡及公共产品的外溢性，并根据实际情况有所侧重。[①]

---

[①] 石亚军、施正文：《从省直管县财政改革迈向省直管县行政改革——安徽省直管县财政改革的调查与思考》，《中国行政管理》2010年第2期。

# 第十四章　省直管县体制改革的战略框架*

目前的省直管县改革政策要么只是对省直管县体制改革某一方面的政策意见，要么只是对部分改革议题的概括性表述，并没有形成系统的政策，地方政府只能"摸着石头过河"。因此，有必要设计省直管县体制改革制度框架和实施路径。

## 第一节　省直管县体制改革的制度设计

### 一　省直管县体制改革的类型

推行省直管县体制改革的省份应至少在管理幅度、经济条件、区划面积、自然地理环境四个方面满足如下条件（如表14.1所示），根据各省份对这些改革条件的不同满足程度，我们可以将这些省份划分为三种改革类型，分别是：完全直管型，即可以在全省范围内推行完全意义上的省直管县体制改革的省份；不完全直管型，即可以在省内部分满足条件的区域推行完全意义上的省直管县体制改革，或者是推行省直管县体制改革中的省直管县财政体制改革、"强县扩权"改革、"扩权强县"改革等；完全不直管型，即全省整体的和各县（市）的客观条件都不适合推行省直管县体制改革的省份，适宜保留现有的行

---

\* 本章部分内容已经发表于《北京行政学院学报》2013年第1期上，原题为《省直管县体制改革的制度设计研究》，作者为庞明礼、张东方。

政管理体制。

表 14.1　省直管县体制改革的类型与实施条件

| 类型 | 条件 | | | | 省（区） |
| --- | --- | --- | --- | --- | --- |
| | 管理幅度 | 经济条件 | 区划面积 | 地理环境 | |
| 完全直管型 | 小 | 好 | 小 | 较好 | 海南、浙江 |
| 不完全直管型 | 较小 | 较好 | 适中 | 部分地区较好 | 河北、河南、四川、山东、山西、湖北、湖南、陕西、江西、广东、安徽、云南、福建、江苏、辽宁、甘肃、吉林、贵州、黑龙江、广西 |
| 完全不直管型 | 大 | 较差 | 较大 | 较差 | 西藏、新疆、内蒙古、青海 |

（一）完全直管型

完全直管型的省份需要满足管理幅度小、经济条件好、地理环境较好等条件。以我国最早推行省直管县体制改革的浙江省为例，其客观条件就比较有利于实行省直管县体制。一是所辖的县较少。浙江省有 11 个地级市，66 个县，这个数字只占一些省份的 1/2—1/3。二是浙江省的省域行政区划面积较小，只有 10.41 万平方公里，是我国行政区划面积最小的几个省份之一。浙江省内 80% 位于以浙江省会杭州市为中心 200 余公里的半径范围内，多数县在半天路程之内。三是地级市实力较弱。在改革之初，浙江仅有 7 个地级市，国民收入仅占全省的 23.5%，所以浙江经济的主体是县域经济。因此，无论是从行政管理还是从利益格局的角度讲，都有利于实行省直管县体制。[①]

（二）不完全直管型

相对于能完全直管型的省份和完全不直管型的省份而言，不完全

---

[①] 卓勇良：《浙江的省管县体制》，新浪网，http://finance.sina.com.cn/roll/20070806/15481586 072.shtml，2020 年 2 月 28 日。

直管型的省份管理幅度适中，省域整体的经济条件较好，且有部分地区的经济发展水平较高，部分县市属于"全国县域经济百强县市"或者是"区域百强县市"，如河南省巩义市、项城市、永城市、固始县、邓州市5个市（县级市）均属于"全国县域经济百强县（市）"，湖北省的大冶市和宜都市属于"中部地区县域经济百强县市"，且已经被湖北省列为冲击"全国县域经济百强县（市）"的重点县市。另外，这些省份许多位于我国的中部地区，地理位置、区位条件等较为优越，公共交通等基础设施较好，省内各县市之间的经济联系密切，如有"九省通衢"之称的湖北省较为典型，目前正在努力建设中的"8+1"武汉城市圈、鄂西生态经济圈、长江经济带、襄十经济带等，必将进一步促进一批县域经济强市（县）的出现。

（三）完全不直管型

完全不直管型的省份主要是我国西部省份，如新疆、西藏、青海和内蒙古等省（自治区）。这些省份的突出特点在于行政区划面积很大，如青海省在上述四个省（区）中的行政区划面积属于最小的，但也有72.23万平方公里，是很多东部省份和中部省份的数倍。此外，这些省份的省域经济欠发达，县域经济也不甚活跃，在省域经济中的占比较小，如青海省2011年的GDP为1622亿元，西藏自治区2011年全地区总产值只有605亿元，而浙江省2011年的GDP达到了32000亿元，是青海省的近20倍和西藏自治区的近53倍，仅浙江省余姚市（县级市）2011年的地区总产值就达到了658.8亿元，比西藏全区还要多53.8亿元。

## 二　省域管理幅度与管理层级的匹配

我国幅员辽阔，全国共划分为34个省级行政单位，包括23个省、5个自治区、4个直辖市，以及2个特别行政区。除去台湾、香港特别行政区、澳门特别行政区的管辖范围外，我国31个省（直辖市、自治区）共有县级行政单位1893个（不计市辖区和民族自治县），平均每个省级单位管辖61个县（市），再加上地级市和民族自治县，我国每个省级政府的管理幅度都很大。

表14.2　　　　省直管县体制下省级政府管理幅度统计

| 省份 | 区划面积 | 总数 | 地级市 | 自治州 | 县级市 | 县 | 自治县 | 林区 | 特区 |
|---|---|---|---|---|---|---|---|---|---|
| 河北 | 18.88 | 147 | 11 |  | 22 | 108 | 6 |  |  |
| 河南 | 16.7 | 126 | 17 |  | 21 | 88 |  |  |  |
| 四川 | 48.5 | 118 | 18 | 3 | 13 | 81 | 3 |  |  |
| 山东 | 15.71 | 108 | 17 |  | 31 | 60 |  |  |  |
| 山西 | 15.66 | 107 | 11 |  | 11 | 85 |  |  |  |
| 湖南 | 21.18 | 94 | 13 | 1 | 15 | 58 | 7 |  |  |
| 陕西 | 20.58 | 93 | 10 |  | 3 | 80 |  |  |  |
| 江西 | 16.69 | 91 | 11 |  | 10 | 70 |  |  |  |
| 广东 | 17.98 | 88 | 21 |  | 23 | 41 | 3 |  |  |
| 安徽 | 13.96 | 78 | 17 |  | 5 | 56 |  |  |  |
| 云南 | 39 | 75 | 8 | 8 | 2 | 28 | 29 |  |  |
| 浙江 | 10.41 | 69 | 11 |  | 22 | 35 | 1 |  |  |
| 湖北 | 18.59 | 69 | 12 | 1 | 22 | 31 | 2 | 1 |  |
| 福建 | 12.4 | 68 | 9 |  | 14 | 45 |  |  |  |
| 甘肃 | 45.37 | 67 | 12 | 2 | 2 | 46 | 5 |  |  |
| 江苏 | 10.26 | 65 | 13 |  | 27 | 25 |  |  |  |
| 辽宁 | 14.69 | 58 | 14 |  | 17 | 19 | 8 |  |  |
| 黑龙江 | 45.4 | 57 | 12 |  | 19 | 18 | 8 |  |  |
| 贵州 | 17.62 | 49 | 4 | 3 | 5 | 25 | 10 |  | 2 |
| 吉林 | 18.74 | 41 | 8 | 1 | 13 | 16 | 3 |  |  |
| 海南 | 3.54 | 18 | 2 |  | 6 | 4 | 6 |  |  |
| 青海 | 72.23 | 16 | 1 | 6 | 0 | 4 | 5 |  |  |
| 总数 | 514.09 | 1702 | 252 | 25 | 303 | 1023 | 96 | 1 | 2 |

资料来源：根据《中华人民共和国行政区划简册》整理。

根据表14.2的数据可知，并非所有的省份都适合全面推行省直管县体制改革，有的省份虽然行政区划面积比较小，但是下辖的市、县过多，如河北省、河南省、山东省和山西省，这些省的行政区划面积均只有十多万平方公里，但管辖的市、县均超过100个，其中河北省管辖的县（包括县级市）就多达130个；有的省份虽然管辖的下级行政单位不多，但是所辖区域自然地理条件较差，区划面积很大，交通不便，如青海省地处我国青藏高原，省域面积大，县域、县际交通等公共基础设施水平较低，县域自主发展能力也较弱。因此，管理幅度过大，会在一定程度上弱化行政控制的强度，加之对改革试点县（市）权力运用的监督乏力，必然会影响到省直管县体制下省对县（市）的管理效率。因此，实行省直管县体制改革的省份的省域管理幅度不能太大。

### 三 省直管县体制下的权力配置

无论是省管县财政体制改革还是经济与社会管理领域的"强县扩权"改革或"扩权强县"改革，其改革的矛头都共同指向市管县体制弊端，"市刮县""市卡县""市吃县""抽油机"等词汇常被拿来形容地级市的行为特点，省直管县的改革尝试正是基于地级市上述弊病而实施的，其突出表现在省直管县体制改革的核心内容在于赋予县级政府更大的管理权限和自主发展县域经济社会的空间，减少省以下的管理层级，提高管理效率，降低行政成本。这种改革的初衷本无可厚非，但是这种改革倾向有时候会被无限放大，违背了权限下放适度、有序的基本原则，过于纵容了县级政府的"要权"冲动。在县级政府权限扩大的同时，对其权力运用的合理性和规范性也缺乏有效的监督，容易形成监督盲区，极有可能导致县（市）恶性竞争、地方保护主义、腐败风险加大等问题的产生。与扩权县（市）受到"宠爱"形成鲜明对比的是被"削权"而受到"冷落"的地级市，其发挥中心城市辐射作用带动县（市）发展和支持县市发展的积极性有所降低。这样，在省直管县体制改革的背景下，合理配置权力，明确各级政府的职责显得尤为重要。

(一) 厘清省以下各级政府间权责关系的原则

合理配置各级政府的权力，首要问题在于明确省内不同层级政府的职责并在此基础上设置科学合理的组织机构。各级政府所承担职责的范围、内容不尽相同，机构设置上也不必同构。厘清政府间权责具体可以根据以下原则。

首先，按照受益范围和成本的分摊界定公共产品的供给责任主体。对于地方性公共产品供给，除了受益范围和成本分摊，由受益地区全体成员提供费用支持，还应综合其外部效益变量来界定政府间职责的分配。例如，省际高速公路等大型跨省设施供给主体应是省级政府，市内公共设施等供给主体应为市级政府，而县域内生产性和生活性公共服务供给就是县域政府的支出责任。

其次，按照强制性和非强制性的标准，梳理地方各级政府的责任分工。对此，可以借鉴日本、法国的做法，在法律体系中将地方政府职能界定为强制性和非强制性两类。强制性职能指的是法律规定的地方政府必须履行的职能。而非强制性职能指的是法律不予强制规定履行，地方可选择履行或者不履行的职能。随着我国市场经济的发展，地方"软环境"质量成为政府横向竞争中最重要的实力之一，地方政府只有不断提供优质的、人性化的公共服务，才能在其他竞争中赢得优势。

再次，各级政府自上而下的职能配置应从宏观到微观职能，遵循层级递减的规律。具体而言就是省级政府职能应以宏观管理为主，协调辖区政府关系，营造有利的社会经济环境；市级和县级政府职能应是微观具体的，主要职责是满足基层公共服务需求。

最后，厘清各级政府职责，还必须按照明确后的权责相应地适时调整政府机构。中央专有的事项由中央垂直管理，中央设立相应主管机构，并在地方设立派出机构。对于地方与中央职能交叉的事项，在明确主要责任方前提下延续旧的机构设置，防止职责交叉，互相推诿。地方专有事项应在地方因需设置机构，上级不需再设立主管或派出机构。①

（二）明确省直管县体制下各级政府权责的法律依据

在省直管县体制下，必须依法明确省内各级政府职责权限。我国最早对地方政府职责权限进行明文规定的是《中华人民共和国地方各级人大和地方人民政府组织法》（1979年通过，先后经过四次修正），该法第五十九条中规定了县级以上的地方各级人民政府的职权。但是，县级以上实际是三级半政府，即省级、副省级、地级和县级政府。管理层级递减的权责分配中，最忌讳"上下一般粗"，而在我国，"上下一般粗"却有法律依据。"上下一般粗"导致权责不清，争权夺利与推诿扯皮现象就难以避免了，即有利的事大家都去争，没利的事大家想方设法推，最终极易引发管理的混乱和低效率。为此，中共中央、国务院曾经在《关于地方政府机构改革的意见》中指出："省级政府要切实履行区域经济调节和社会管理的职能，创造良好的竞争环境。市级政府要切实履行城市建设职能，维护市场秩序，加强基础设施建设，搞好社区服务，充分发挥城市的带动作用和辐射功能。接管从企业分离出来的社会事务，实行属地管理；县级政府要加强农村基层政权建设，将政府职能转向服务与协调基层人民。"这是中央首次对地方各级政府的职能和重心进行较为明确的界定，其基本方向和思路是正确的。②

（三）省直管县体制下的省、市、县权责合理配置

当前进一步推进省直管县体制改革，应结合各地发展的客观实际，根据中央关于省直管县体制改革的政策文件精神，从促进经济社会统

---

① 吴红梅：《县政改革的职能定位与权力配置——省管县的视角》，《成都行政学院学报》2010年第1期。

② 薄贵利：《稳步推进省直管县体制》，《中国行政管理》2006年第9期。

筹协调发展和人民生活幸福指数稳步提升的大局出发，切实将省、市、县的职责和权限作进一步的明确。

省级政府有关部门和地市级政府应放实权、真放权，做到不截留、不卡、不吃、不刮。省级政府在放权的同时，还应继续履行全省宏观统筹的职责，做好对市、县两级政府权力运行的合法性与规范性的监督指导工作；市级政府应首先专注于城市建设，努力发展城市经济，把中心城市的增长极做实做强，充分发挥对县（市）的扩散效应和辐射带动功能，与此同时，也还应当继续支持所辖县（市）的经济社会发展，进一步履行对县（市）政府应有的业务指导、监督检查职权；县级政府则应充分运用各项权力，转变县级政府的管理模式和职能运行机制，做好县级政府工作人员的业务培训和知识更新工作，应做到"自知自觉自管自查"（即自我认知、自我觉悟、自我管理和自我监督检查），以适应省直管县体制下的新形势、新工作和新挑战，以高昂的斗志努力发展壮大县域经济，提高县域公共服务水平，增强县域经济社会发展活力，促进城乡经济社会协调发展和人民生活水平的显著提高，从而构建省、市、县三者之间新的行政管理体制结构和权力运行模式。

### 四 省直管县体制下的地级市定位[*]

无论是在市管县体制下还是在省直管县体制改革之中，地级市都是受负面争议较多的对象。如何理性客观地看待地级市在区域社会经济发展中的重要作用，如何对其进行准确的定位，都是在今后的省直管县体制改革过程中需要不断思考、不断调适的重要议题，而"地级市作为中心城市成为区域增长极"已是现阶段一个较为成熟的考虑。在省直管县体制改革的背景下，对地级市定位问题理应引起更多学术

---

[*] 此部分内容已经发表于《中国行政管理》2012年第4期，原题为《"省直管县"改革背景下的地级市：定位、职能及其匹配》，在本书中略有改动。

和实践目光的关注,这不仅能为省直管县体制改革提供方向、减少深化推行的障碍,同时作为我国政府层级改革的重要一环,对于推进我国行政改革的总体进程有重要意义。笔者认为,应将省直管县后的地级市定位为"城乡分治、市县并置"格局下的区域增长极,加快政府职能转变,逐步裁撤涉农职能,强化宏观调控职能,重视文化教育职能,突出公共服务职能,通过行政区划的渐进调整、省级政府的职能转变以及市县关系的重新建构体现其定位与职能的匹配性。

(一)匹配"中心城市论"的政府职能转变

在省直管县后的"城乡分治、市县并置"格局下,地级市的管辖范围和主要精力就转移到了城市治理与发展,而县则转变成乡村社会治理和农村公共产品的供给主体。对地级市这样的重新定位必然会对政府职能的内容提出新的要求,以及需要作为职能载体的部门机构做出相应调整。这里所说的地级市政府职能转变的内涵较为丰富,它既包括了对一些职能的裁撤,也包括对一些职能范围加以重新界定,同时还包括对一些职能在新情况下履行侧重点的转移。

第一,逐步裁撤涉农职能。在原来市管县的行政体制下,市县政府机构设置所遵循的是我国政府机构的"圆筒形"的规范化的体例结构。尽管有关农业、农村、农民的具体事务是由县一级政府负主要执行责任,但地级市作为省与县的衔接层级,涉农的资金和项目以及政策都由市来过渡和管理,这样就要求市政府有对口的部门来承接。于是在涉农领域,市县政府职责同构导致了严重的资源分配不合理,"县里想办事没有钱,市里不办事却不给钱"的现象尤为突出。而省直管县后,由于地级市与县之间不再存在行政隶属关系,地级市政府的工作重心全部转移到了城市建设,那么涉农部门的现实作用将会大打折扣。因此,随着地级市作为区域中心城市发展定位的清晰,其城市发展功能也将日益突出,涉农职能将逐渐消解,与之相适应的涉农部门也应随之裁撤,并考虑将其与县一级的涉农部门进行整合。通过这样的方式既可以精简地级市政府的机构规模,使其在新的发展阶段轻装上路，又可以使县一级政府完备其涉农领域的各项职能，充分利用地级市下放的职能和权限，更好地解决"三农"问题，加快县域经济的发展。

第二，强化宏观调控职能。"减少对微观市场的干预，加强宏观调控"作为我国政府机构改革和政府职能转变的重要目标，在中央和地方的改革实践中已得到充分体现。省直管县后地级市政府更要在宏观调控方面进一步完善，运用合理有效的调控手段，制定辖区战略性、长远性的发展规划，为区域增长极地位的巩固和作用的发挥提供良好的经济发展与创新环境。各地级市政府要将关注点和控制力从各个企业生产经营活动转移到产业政策的规划和制定上来。在充分评估辖区内各产业的发展状况和发展潜力的基础上做出有针对性的战略选择。对基于辖区特有资源和稀缺资源发展起来的产业要加大保护和扶持力度，将其培育成为具有区域经济竞争力的经济增长点；对那些对辖区经济发展贡献率大而稳定的产业，要继续保持其良好的发展态势，在基础设施、公共服务和优惠政策方面给予恰当的激励，将其培育成为区域优质而稳固的经济利润源；而对于那些长久以来未促成辖区经济增长和技术进步的衰退产业，要实行淘汰战略；对那些虽然有存在价值（其所生产的产品和提供的服务仍然被社会所需要），但在经济发展方式和生产方式上已明显不适应城市发展的产业，可以考虑向周围县域进行产业转移。总之就是要通过一系列的产业政策和战略，扶持辖区内的主导产业，重视第三产业和新兴产业对经济增长的拉动作用。

第三，重视文化教育职能。经济的发展有赖于人才的贡献和创造活动。对于地级市政府来说，通过强化文化教育职能来为经济建设培养优秀人才、营造良好的软环境已成为一项重要且必要的工作，而且重视文化教育职能还可以推动中心城市经济社会治理结构的完善。辖区内居民习惯与道德的力量可以弥补市场与政府所触及不到的治理空缺。因为，"它来自经济中的行为主体内部，即来自每个行为者自身，它表现为各个行为者按照自己的认同所形成的文化传统、道德信念、道德原则来影响社会经济生活，使资源使用效率发生变化，使资源利用格局发生变化，而不像政府调节那样由来自外部的行政力量介入社会经济生活，对资源配置进行干预，影响资源配置格局；另一方面，它同市场调节一样，使资源的配置自发地、逐渐地从无序走向有序"①。

第四，突出公共服务职能。地级市主要致力于繁荣城市经济，提供针对辖区市民的优质的公共服务，通过兴办各种公共事业来促进辖区社会福利的最大化。强化城市基础设施经营管理，更好地为市民提供公共服务；制定社会保障有关法律制度，完善城市社会保障体系，使社会保障资金筹集渠道和管理方式更加科学、规范，实现社会保障基金的保值增值；在城市绿化方面做好规划和建设，治理污染，营造良好的生态环境；充分重视社区作为经济社会的基本治理单元所发挥的作用，加强社区建设；在人口增长的规模控制和素质提高上做足工作，使其与辖区经济的发展和社会秩序的维护相适应。

（二）地级市定位职能匹配的实现机制

把地级市定位为中心城市并且匹配上述职能是一种理想中的应然状态，这种应然状态不可能自动地转化为实然状态，需要有一整套运行机制作为保障。也就是说，地级市政府部门机构的改革以及职能转变并不是单方面的举措，需要与其他的行政改革措施齐推并举。地级市政府职能的转变需要以行政区划改革作为前提，涉及市县关系的重构，同时需要省级政府部门机构和职能的同步调整为改革的顺利实施创造条件。

第一，行政区划的渐进调整。我国现行的行政区划基本上是计划经济时期的产物，随着市场经济的建立以及区域经济的发展，因行政区域与经济区域不一致而产生的交易成本的增加和福利水平的下降日

---

① 厉以宁：《超越市场与超越政府》，经济科学出版社1999年版，第22页。

益凸显。省直管县体制改革后，由于管理层级的减少，使省的管理幅度增大，新增的管理责任和领导责任让省多少有些力不从心：省的规模与省内市县数目不成比例，想要实现有效的管理是很困难的。在原来的行政区划格局下，地级市的辖区范围涵盖了所辖县，辖区内城乡并存、非农业人口与农业人口并存，而省直管县体制改革后对地级市中心城市的定位必然会要求先在行政区划上加以重新界定和合理划分。这样明确了辖区的有效治理规模和人口，地级市政府职能的履行才有了稳固的地理空间和服务对象。

第二，省级政府的职能转变。省直管县后，由于地级市政府管辖范围和对象的改变而导致的部分政府职能存在的不必要，并不代表职能本身对社会公共事务的处理毫无价值和作用，而是相应地做出了"向上对省"和"向下对县"的一种转移和交接，这也是在新的行政体制下对事权合理划分的一种体现。省级政府职能除了回应因增加县一级管理和领导对象而做出的新调整外，更为重要的是要提高市县关系的协调能力，有力组织涉及跨市县的基础设施建设和公共品供给，如对道路建设、旱涝应急、食品安全、环境保护、卫生防疫等领域的跨区域供给就存在强烈的要求。省直管县体制改革实际上就是提高了区域内发展战略的统筹层次，将主要责任由市级政府上升至省级政府。省级政府要适应新的角色，提高区域内的基本公共服务均等化水平。

第三，市县关系的重新建构。首先，从行政层级上看，在实行省直管县体制改革后，地级市调整和发展的整体思路如果反映在市县关系上，简单概括就是从行政层级上的纵向关系转变成了共属同一级地方行政建制的横向关系，不再有高低之别。原来层级节制体制框架下地级市的发展形成了行政化的路径依赖，过多地依靠行政拉动。同时，市县关系因话语权的不同来源而不断产生龃龉：前者为政治话语权，来源于行政级别的给定性输入；后者为经济话语权，来源于市场秩序的内生性发展。① 省直管县后，地级市与县站在同一高度的平台上与省对话，对以往市管县所引致的漏斗效应也好、效率损失也罢，都能起到一定程度上的缓解作用。其次，从经济联系上来看，地级市政府与县一级政府在行政上下层级上的解制带来的是经济要素和资本要素在市县之间自由流动速率的加快和利用效率的提高，使得地级市与县在区域经济发展领域有了更多平等竞争和合作的机会。在改革之初，一方面，要着力打造地级市作为中心城市的经济极化作用；另一方面，县域经济的发展也会因减少了行政体制上的束缚而赢来新的发展空间。中心城市与县域经济就是在各取所需、优势互补的相互作用的基础上共同促进区域经济的繁荣。最后，从财政关系上来看，两者在这一方面的矛盾和问题表现得尤为明显，这也是省直管县体制改革理论与实践的前沿和着力点。原来在财政方面几乎没有什么发言权的县级政府现在可与地级市一样向省政府直接申报和争取项目、资金，这无疑会加剧市县关系的紧张。对于一些公共事务的管理和公共品的供给问题会引起市县间新的博弈，而博弈的结果很可能就是区域内公共福利水平的下降。在省直管县体制改革后，地级市政府财政面临的挑战主要体现在了利益流出不可避免、管理体制依然不顺、支出责任有待明晰、市县竞争更加激烈、遗留问题将难化解这几个方面。目前针对这些问题提得最多的解决措施就是"合理划分市县间的财权和事权，要以事权确定财权"，但这其中操作难度之大也决定了想要使这个问题在短期内得到合理有效地解决是不现实的。关键还是要认识到只有中心城市和县域经济各自得到充分发展，使市县培育起自己稳定和广泛的财源才是长久的治本之策。

## 五　省直管县体制下的县级政府定位

实行省直管县体制后，县（市）在财政管理、经济社会管理等方

---

① 吴帅、陈国权：《中国地方府际关系的演变与发展趋势——基于市管县体制的研究》，《江海学刊》2008 年第 1 期。

面的权限都有了很大提高。县级政府能否明确定位,能否充分发挥下放权限的效能,能否实现县域经济社会的又好又快发展,可以说直接关乎省直管县改革的成败。县域内的公共事务(包括县内基本公共服务及公共产品的提供等)是县级政府管理的主要客体,为充分发挥省直管县体制对县域发展的正效应,实现县域有效治理,本书认为县级政府管理职能应从以下几个方面来合理定位。

(一)政治层面的定位

一切有权力的人都容易滥用权力,绝对的权力则导致绝对的腐败,有限政府要求政府权力受到规范和制衡。因此,省直管县体制改革要求规范县级政府权力运行,在政治层面定位县级政府的管理职能。具体而言有以下几个方面:首先,规范政府权力运行,使权力相互制衡。任何权力主体都有自我扩张和不受监督的倾向,"要防止滥用权力,就必须以权力制约权力"①。其次,政府权力制衡表现为政府体制内的制衡和体制外的社会制约。在政府内部,权力的制衡通过分离权力的制度安排来实现。而民主政治是实现体制外制约的有效途径。在政府外部,必须加大政府的信息公开力度,逐步扩大政务公开、财产公开范围,建设"透明政府",让公民对政府权力运行享有知情权、监督权乃至参政权。

(二)经济管理层面的定位

在经济管理层面,县级政府更多地履行保护市场有序运行的职能,用足省级政府赋予的经济管理权限。对于市场调节能够发挥作用的领域,让市场作用充分发挥;在市场发展不成熟时,培育和规范市场,促进市场积极、有序、健康发展;而在市场失灵领域,就要求政府通过模拟市场过程积极履行提供某些公共产品及服务的职能。但是,我国目前不完全市场与不完全计划并存,客观上为政府替代市场提供了合理存在的理由。但政府替代市场,只会意味着计划经济的重新回归

---

① [法]孟德斯鸠:《论法的精神》,许明龙译,商务印书馆2012年版,第154页。

和市场经济中价格机制和竞争机制的失效。因此，定位有限政府在现阶段不仅尤为必要而且尤为迫切。正如亚当·斯密在《国富论》中指出，"经济的发展、社会的繁荣决非政府有意组织所能达到，而是追求自己利益的个人发挥其才智的结果"，即政府只能有限地发挥作用。

在经济发展的过程中，政府与市场的作用是相互补充、不可偏废的。只有严格将政府的权力和职能限制在市场失灵的范围，规范政府发挥作用的内容、方式和方法，使政府严格按照市场经济的规则培育和规范市场、补充和模拟市场，才能做到二者相得益彰、相互协调，从而使市场失灵时县级政府起作用，县级政府失效时市场显效。

对于县级政府而言，在建设社会主义市场经济的大背景下，根据推行省直管县体制改革的初衷，县级政府的重要职责也应该是服务县域经济的发展，而县域经济是国民经济发展的重要基石，县域经济发展了，全省的经济才能发展壮大，全国的经济才能平稳健康较快发展。

（三）社会管理层面定位

有限政府要求对政府的规模、职能以及权力加以限制，要求将政府置于社会的监督和约束之下，这就意味着政府要合理地配置政府与社会的权力，赋予社会自我管理、自我发展以及约束政府的权力。[①] 县级政府的"手"应被严格限制在公共领域，不应随意干涉成员在契约的基础上，自愿、自治的前提下进行的社会经济活动，而是应致力于满足县域发展对公共产品和公共服务的需求，为县域发展塑造和维持良好的社会经济发展环境。首先，增强县域政府公共服务职能。社会管理层面的定位要求县级政府通过健全公共服务体系，增加公共服务数量和种类，提高供给质量；通过缩小城市与农村间公共基础设施供给水平的差距，促进县域内城乡协调发展。通过强化社会就业保障服务和促进科教文卫体等公共事业发展，为人民生活和社会发展营造良

---

① 吴海燕：《"东亚模式"的行政学审视：有限政府的缺失》，《深圳大学学报》2001年第6期。

好条件。其次，强化社会管理职能。在省直管县体制的格局下，县级政府必须更好地履行其社会管理职能，落实好法律法规规定的社会事务管理职能，规范权力运行行为，将社会矛盾化解在基层，构建平衡有序的社会环境。

总而言之，改革试点县（市）应牢牢把握机遇，要以扩大各项管理权限为契机，在经济、社会、政治等层面准确定位，用好用足省级政府赋予的各项管理权，强化发展意识，转变发展观念，明确发展方向，积极转变政府职能，加快建立健全行政服务中心、服务大厅等服务窗口，推行"一站式"办公，实行限时办结，不断提高县级政府工作效率和公共服务能力，努力从内外两个方面营造良好的县域发展环境，促进县域经济社会的平稳较快发展。

## 第二节 省直管县体制改革的配套措施

### 一 理顺政府间权责关系

省直管县改革令省域各级政府重新洗牌，因此改革的当务之急是厘清权责关系。其一，省县的权责关系。省级政府更多地强调整体把握、宏观管理职能，协调资源配置难题；县则是将管理重点放在基层，整合县乡资源，做实乡级和做强县级。省县（市）之间按照事权责任理顺各自的财政支出责任和收入划分，强化预算管理和完善转移支付。其二，地级市与县的权责关系。在政策导向上，要将公共资源向县倾斜，地级市要在跨地区公共事务处理及公共设施建设上进行组织协调。地级市按原有体制处理市辖区内的社会事务；全市性的公共事务，可以协调确定相应的比例由市县共同承担；各县自行管辖的公共事务，除中央或省有明确规定外，由县财政负责落实。其三，中央和地方政府间的权责关系。中央要扩大部分权限的下放范围和幅度；强化基本公共服务供给；变革并完善分税制，调整地方政府的共享税分成比例，重新划分各级政府的主体税种。

## 二 加强县级政府能力建设

如何真正落实下放权限，提升县级政府管理能力和公共服务供给水平。省管县财政体制和扩大县（市）经济社会管理权限对县级政府的能力提出了更高的要求。而在我国，各县级政府在管理理念、人员素质、技术手段以及管理能力等方面都存在较大差异，其中部分县（市）能力实际上未能达到省直管县体制的要求。因此，实现省直管县改革目标必须加强县（市）管理能力、观念、技术等方面的建设，构筑改革的坚实基础。① 充满活力、富有效率的工作机制是增强政府各方面能力的可行路径。通过创新县（市）政府的工作机制是当前改革工作的重点。具体而言，包括四项重要的工作机制，创新公共服务机制，通过简化程序、横向放权，发挥市场配置资源的决定性作用；创新人事管理机制，加强干部交流和培训力度，提高干部能力，合理调整县（市）配置部门机构和人员，解决编制不足与事务增多产生的矛盾；改革绩效考核机制，通过两级政府签订目标管理书，创新考核管理办法等，将对改革的县（市）的考核重点聚集在经济、社会管理和公共服务能力指标上；创新监督机制，权力必须接受监督，要根据具体下放到县（市）的权力，创新对改革的县（市）的权力监督管理机制，避免权力的滥用。通过完善责任追究制度、行政问责制度和权力监管机制，确保权力作用在促进地方经济发展和服务群众等方面。

## 三 加快推进城镇化进程

省直管县体制改革的原则是要有利于推进城镇化进程，有利于县域经济社会的发展。因此改革必须适应城镇化的发展特点，根据地方城镇化发展的客观实际进行战略选择，对于有条件的地方可选择完全

---

① 唐在富：《财政"省直管县"改革面临的挑战与出路》，《中国财政》2010年第6期。

意义上的省直管县行政体制，有些县则改为市辖区，而部分县需要保留市管县的体制，改革实际上是为了释放县域经济发展束缚，若将省直管县体制改革置于我国城镇化发展的大背景下，改革的推进显然有助于推动我国城镇化的进程。省直管县改革契合城镇化建设目标，为推动我国城镇化进程提供强大支撑，具体可以在以下几个方面有所作为。首先，通过省直管县体制改革发展和培育中小城市。随着"强县扩权"的发展，县域对城市化发展的要求也越发迫切。我国县级行政区划存在中小城市数量太少的问题，可通过增设县级市承接农村剩余劳动力转移的需要，既能够分流向城市转移的剩余劳动力，也有助于激发地方发展竞争的主动性和积极性。其次，通过加强县域中心城镇建设促进县域城镇化。省直管县体制的制度设计，目的在于推进县域经济社会的发展，在于重建省直管县体制的制度均衡，在于打破城乡二元体制形成城乡一体化的新的城市化发展格局。县域中心城镇是县域内最具城镇化发展潜力的地区，通过培养这一经济增长极，可以带动和推动整个县域地区城乡社会经济发展一体化，促进县域城市化发展。①

## 四　构建完备的法制保障

从国家立法层面规范省直管县体制改革，有利于促进国家司法体制改革，解决执法主体易位和缺乏执法依据等问题。当前应着力对中央与地方权责划分、事权界定、财权分割等内容加以立法，规划地方政府税收立法权和发债权的立法。省级政府要按照有利于加快县域经济发展要求，制定省直管县体制具体操作细则，明确指导原则、发展目标、享有权限、组织领导等方面要求，确保县级行政单位执法功能逐步完善。实施省直管县体制改革的地区要在改革逐步深入、取得实

---

① 张占斌：《城镇化发展与省直管县改革战略研究》，《中国机构改革与管理》2011 年第 2 期。

效的时候及时进行立法，以法规的形式巩固改革成果，确保改革的法制化进程。

## 第三节　省直管县体制改革的实施路径

### 一　从"省直管县财政体制"或"强县扩权"走向"省直管县财政体制+强县扩权"

在省管县体制改革的实践中，部分省份先实行的省直管县财政体制改革，即将原来的省、市、县三级财政体制转变为省—市（县）两级财政体制，在省与县之间建立直接财政关系，不再经过地级市这一中间层级，起到缩短地方财政链条、简化地方财政层级、增强县级财政实力和促进县域经济发展的作用；还有部分省份先实行的"强县扩权"，即对于省内一些经济较发达、综合实力较强的县（市），扩大（或下放）其行政权限，并直接置于省级政府管辖之下。[①]

"省直管县财政体制"和"强县扩权"改革分别是通过扩大县域的财政权和行政权来激活县域经济的发展活力，这两种形式本质上是平行的，都仅仅是省直管县改革的雏形，实行的初衷是解决市管县多层次、重管制、高成本运行体制中存在的"市卡县""市刮县"问题，激发县域经济的发展活力，解决县乡财政困难，在本书的第四章中有明确的解释，这里不再赘述。

（一）从"省直管县财政体制"走向"省直管县财政体制+强县扩权"

政府间的关系包括财政关系、权力关系和公共行政关系三个主要部分。其中财政是各级政府履行职能的基础，因此，政府间的财政关系直接决定了府际关系的基本现状。[②]

---

[①] 邱哲：《江苏省强县扩权改革的必要性分析》，《辽宁工程技术大学学报》（社会科学版）2007年第1期。

[②] 林尚立：《国内政府间关系》，浙江人民出版社1998年版，第70—71页。

对我国多数省份来说，县域经济发展缓慢，县级财政供养人员过多，债务沉重，财力与事权不对称，资金调度困难。县级财政困难，甚至难以保证县乡工资的正常发放和机构的正常运转，通过财政划分、预算决算、资金调度、转移支付和财政结算五个方面的省直管县财政体制改革，一则，省级、县级的财政实力有所提升，省级财政能够进行有力的宏观调控，如在重大设施供给和转移支付方面的能力有所增强；二则，县级财政实力增强，自收自支能力有所提高，县级财政成为资金净流入者，县级政府的税收分成比例提高，以往被市级财政截留的资金重新回到县级财政手中，同时，县级财政的各种转移支付增多，县级财政实力增强，有更多的财政可以投入有利于民生的基础设施建设、医疗、文化和教育等方面。

但是，财政体制上的省直管县与市管县的行政体制存在着不可调和的矛盾。一方面，市县财政体制上虽然是平级，但是从行政隶属关系来看，市级事权仍然覆盖了县域地区，市级财权与事权明显不对称，而财政直管县（市）受行政审批权和人事权等限制，县级领导干部受头上"帽子"的影响，在与市"争利"的决策方面缩手缩脚，经济发展受限制，如湖北省，除了财政资金、专款、项目、财政预算与省级直接对接，计划生育、财政督察、报表汇总、结算等事项还是由市级负责，人事、行政等权力也仍隶属于市级管辖，对地级市和财政直管县（市）发展都不利；另一方面，省直管县财政体制是不完全的直管，在管理上给财政直管县（市）造成了两个"婆婆"现象，财政直管县（市）在和省、地级市的博弈过程中，在很多方面难免碰壁，无法真正解除县域经济发展束缚。因此，在财政省直管县的基础上，要赋予直管县（市）更大的发展自主权，要走向"强县扩权"。

专栏14.1　HBHC市财政局副局长谈省直管县财政体制存在的问题

财政省直管县后有三个明显成效：第一个是资金直达得比较快，原来地级市管，资金滞留很严重，常压得我们做不成事；第二个是把集中的财力由县放到下面来，到年底再收回去，可以加强县级政府的调控能力；第三个是把结余的资金用于支持中小企业发展，财政起到了重要的杠杆作用。但现在有两个问题：第一，县级政府干部的"帽子"归地级市管，不听它的就会提你的"帽子"；第二，除财政部门外，其他部门的项目都要经过地级市，不经过地级市根本不报县里的项目，把路给你封死了，对我们限制很大。

（访谈记录编号：201204166HBHC）

在我国，浙江省是"强县扩权"改革走在全国前列的省份，浙江先后五次进行强县扩权改革：第一次是在1992年，扩大13个县（市）部分经济管理权限（浙政发〔1992〕169号）；第二次是在1997年，萧山、余杭两市扩大了项目审批、计划和土地管理等11个方面的权限（浙政发〔1997〕53号）；第三次是在2002年，扩大经济强县（市）的12个方面313项经济社会管理权限（浙委办〔2002〕40号）；第四次是在2006年，针对义乌市，开展减少层级的扁平化行政管理体制改革试点，共扩大了603项经济社会管理权限（浙委办〔2006〕114号）；第五次是在2008年，在全省推开扩大县域部分经济社会管理权限工作，将义乌的经济社会管理权限调整为618项（保留原有524项，新增94项）。同时下放其他县（市，包括杭州市萧山区、余杭区）经济社会管理权限443项（浙委办〔2008〕116号）。

从浙江省的放权改革过程可以看出：一方面，我国地方政府的经济社会管理权限项目数量繁多，种类繁复，行政审批已经覆盖了经济和社会活动的几乎每个领域，越是接近基层，受行政审批权的限制越大；另一方面，对经济实力较强的县（市）来说，放权的空间很大，放权所产生的正向效用也是很明显的——各县（市）可以因地制宜发展地方经济，探索符合地方实际的发展路径。

因此，实行财政省直管县的省份，要在改革的推进过程中，深化两方面的改革：一方面，扩大下放给县（市）的权限，行政审批权力下放是行政管理体制扁平化的重要举措，对于减少行政层级、提高行政效率、激活县域经济发展活力具有重要意义。改革过程中，要将下放的权力由单一的财政权延伸到计划、经贸、外经贸、国土资源、交通、建设等经济管理领域的行政审批权，增强县（市）审批、规划、投资以及财税等方面的自主权。另一方面，加强人事制度改革，对于县级政府的主要领导干部可以提高行政级别或升迁，对县政府领导干部进行常规化的培训，县党委书记由省委组织部直接任命，由省里对县里的主要干部进行直接管理和调整。

（二）从"强县扩权"走向"省直管县财政体制+强县扩权"

扩权也就是放权，"强县扩权"也即扩大经济强县（市）的经济社会管理权限，改革的实质是减少审批环节，降低行政成本。

虽然各省各地"强县扩权"改革的具体内容和措施有所差异，但都是扩大经济强县（市）的自主权，将辖县（市）政府的部分权力下放到县级政府。通过增强自主权，扩权县（市）的决策自主权增强，可以更好地因地制宜，科学合理决策。通过减少审批环节，大大缩短审批周期，不仅可以提高效率，还能显著降低成本。同时，省级政府对扩权县（市）提供一系列支持政策，使县级政府能够自主地合理地调配生产资料，自由支配自己的财政收入，扩大县级政府在地方经济发展、计划项目、招商引资等方面的协调运筹权力，增强县级政府的自主性和积极性，促进县域经济的发展。

扩权县（市）的自主权增加，意味着县（市）的事权增加，也需要县（市）财政相应地增加，财权和事权统一协调，才能保证事权得到切实履行。没有省直管县财政体制的配合，"强县扩权"改革过程中也出现了新的问题。地级市成为"抽油机"，倾向于继续对县"刮、卡、要"，县财政的一部分集中到了地级市，成为县域经济发展的阻碍因素，对于扩权县（市），行政事权的扩大和财政体制改革的滞后，导致行政成本增加，而地方财力捉襟见肘，影响了扩权县（市）的经济社会发展。

在地方政府理论中，中央政府与地方政府在分配角度都具有独立的利益主体的地位。相互独立的利益往往使其不顾资源配置的整体效率，可能出现趋利化短期行为。对于地级市政府来说，存在三方面的原因使地级市与扩权县（市）争利，甚至变本加厉地向县财政"抽油"。第一，市管县体制下，地级市倾向于集中全市的财力重点发展市本级的经济，这种倾向已经持续了相当长的时间，短期内不可能轻易改变；第二，在实行"强县扩权"改革下，地级市对扩权县（市）的控制力已经弱化，其管理职能介于"管"和"不管"之间，市级政府的管理主动性减弱；第三，新体制中县级政府的经济社会管理权扩大，成为利益流入方，而地级市却面临着资源支配能力减弱，财政紧张的问题。这三方面的原因决定"强县扩权"必须要与省直管县财政体制改革同步进行，将省和县（市）的财政直接对接，既避免了市级县（市）"截留"，又便于增强省级政府对省内财政资金使用情况的监管，同时也有助于在保证公共支出均等化的基础上，从更高层次规划区域发展格局，促进县域资源有效配置和各县（市）均衡协调发展。

因此，在"强县扩权"的改革过程中，要进行省直管县财政体制的配套改革，只有财权与事权协调一致，事权扩大，财权也扩大，才能使事权的扩大落到实处。

## 二 从"省直管县财政体制+强县扩权"走向"省直管县财政体制+扩权强县"

"强县扩权"与"扩权强县"虽然有些相似，但两者之间无论是改革方向还是推进策略、实现路径都有很明显的差异。[①] 第一，改革地域范围由部分县（市）扩展到全省所有的县和县级市，改革影响由局

---

① 何显明：《从"强县扩权"到"扩权强县"——浙江省管县改革的演进逻辑》，《中共浙江省委党校学报》2009 年第 4 期。

部惠及全省整体；第二，从权限范围和幅度有指定的部分经济社会管理权限扩大到"除法律明确规定之外的其他省、市管理权限"；第三，改革的指导思想从效率优先原则指导下的政策性激励转向规范化的制度安排，改革原则由效率优先转为职责与权限相匹配。

从上述辨析可以看出，"财政省直管县"和"强县扩权"逐渐推进，改革地域和权限范围将逐步扩大，从而"财政省直管县"与"扩权强县"成为上一步改革组合的历史延续。具体原因包括两个方面。

第一，"强县扩权"改革实施之后，省内县域间发展差距进一步拉大，从协调发展和公共服务均等化的角度来讲，需要扩大发展水平相对较低的县（市）的自主权。稳步扩大放权范围，推进城乡统筹，促进区域协调。县级政府得到下放的权力后，将有更大的自主权促进县域经济的发展。由于政策上的偏向，随着扩权的深入，经济实力较强的县（市）得到更多的发展自主权和政策支持，因此经济在原有基础上得到更快速的发展。而对于弱县来说，一方面，基础薄弱，历史遗留问题多，财政困难；另一方面，不具有强县的发展契机和发展条件，难以实现与强县在政治上、经济上和社会上的公平。因此，县域经济快速发展必须有公平的制度作保障，从只对强县（市）下放经济社会管理权限扩大到省内所有县（市）。在改革中，要针对弱县的具体问题进行具体分析，因地制宜提供政策支持，按经济实力、地理位置、历史传统、区位优势等标准进行分类改革，实现区域一体化发展和基本公共服务均等化的实现，为省直管县行政体制改革夯实基础。

第二，实行"扩权强县"改革，有利于实现城乡分治。自古我国就有"郡县安，天下治"之说，郡县这一行政级别在政治上具有重要的地位。从政府职能来说，县作为法律上的基层政权单位，对于维护农村经济发展和社会稳定具有重要的作用。随着改革开放的推进，我国的城乡二元体制带来的贫富差距越来越大，城市与农村在教育、医疗和养老等方面的差距过大，已经引发很多社会不稳定因素。如何缩小城乡差距，实现城乡分治是转型期政府要解决的重要问题之一，而根据分权理论和省管县财政体制的实践，扩权强县，市县并置，实现城乡分治，是地方实现有效管理的改革模式。在我国，地级市是虚化的政府层级，县由省直管不仅符合宪法规定，而且有利于地级市集中财力精力发展和治理城区，县集中财力精力提供公共服务，提高发展和治理乡村的能力。而中央政府和省政府也从具体事务中解放出来，可以专心进行宏观调控，方便因地制宜地对地级市和县进行分类指导和政策支持。

扩权有助于转变县级政府职能，提高社会管理和公共服务能力，使县政府更直接、高效地为企业和公众提供服务，同时激活县域经济发展活力，解决县乡财政困难，促进县域经济又好又快发展。

### 三 从"省直管县财政体制+扩权强县"走向"部分省直管县体制"

从改革的蓝图来看，"省直管县财政体制"和"扩权强县"只是改革的过渡阶段，走向行政的省直管县体制才是最终目标，也是大势所趋。总的方向应当是，地级市和县不再是行政隶属关系，而是以市场作用为主、政府协调为辅进行经济合作，逐步形成区域经济发展的共同体。对已经或基本具备区域中心城市功能的县（市）可归由省直管。对于经济发展较落后的弱县（市），可有针对性地赋予其经济管理权限，提高其发展积极性，为缩小与强县的差距创造条件，从而实现区域经济健康协调发展。

在我国经济发展、政治稳定的时代背景下，市场经济体制的制度保障、科学技术支持以及中央新的战略部署都为省直管县体制改革提供了良好的制度和物质环境，但在推进省直管县体制改革过程中，仍然存在诸多困境。

第一，权力困境。改革中，一方面地级市要放权，另一方面县级政府得到扩权。在扩权方面，作为独立的利益主体，地级市基于自身利益的考虑，与辖县进行利益和权力的博弈，省辖市及部分省直部门有权不放的现象也较为普遍，不少本应由县享有的一些社会经济管理权限并未真正下放。有些地方表面上虽然放了权，但提出许多附加条件，县里还是解决不了问题，等于没有放权。在实际中，不放权、放空权、半放权的现象严重。在权力使用方面，县级政府在改革中权力得到大幅度增加，但缺乏健全的权力监督模式，容易导致权力滥用问题。一方面，对于转移支付资金的使用缺乏有效的管理和监督，财政资金被用来搞劳民伤财的"形象工程""政绩工程"，造成大量低水平重复建设和资源环境问题；另一方面，权力的不恰当使用容易滋生县级领导干部的贪污腐败问题。

第二，管理困境。改革后，县级政府面临两个"婆婆"的困境，财政体制上由省直管，但人事任命权等其他权限仍然保留在市里。对于省级政府和地级市政府，扩权的县要维持关系，都不能得罪。实行省直管县后，县市之间既存在隶属关系，又有竞合关系，因此在新关系中，地级市帮扶县（市）的主动性将大大降低。同时，虽然地级市将继续对所辖县（市）进行指导、监督检查、报表汇总和财政支持，但保留职责基本属于软指标，进行量化考核比较困难，这就意味着这些职能的履行难以保障成效。而省级政府对县级政府的管理鞭长莫及，很难做到有效地管理和考核。

第三，监督困境。实行省直管县后，缺乏建立健全的监督管理机制，省级政府管辖幅度过大，对县级的监管无法全部兼顾，省级监管不完善，市级监管缺位导致对扩权县政府权力的事实监管不足。因为监督机制的不健全，出现两方面的问题：一方面，在项目审批和验收等方面，由于省的辖区较大，涉及县的项目审批又多又杂，有时省里难以掌握县级的实际情况，项目申报和审批就容易出现混乱局面，而在项目推进及检查验收阶段，省里检查团无法对每个项目都具体抽查，难以保证对项目建设的有效监督。另一方面，对扩权县（市）来说，除了要接受多层上级的检查，伴随着改革的深入，检查频率也日益上升，过多的检查消耗了大量人力成本和检查成本。各类检查种类项目繁多，且检查结果不能共享，难以发挥监督的高效率。

面临这些困境，需要通过有效衔接，实行省直管县行政体制，也就是真正意义上的省直管县体制。但在改革的初期，还是要选择部分具有条件的省份和县（市）进行部分省直管县体制。

## 四 从"部分省直管县体制"走向"全面省直管县体制"

随着"部分省直管体制"的推行，衍生出的新的问题亟待解决。第一，省级管辖幅度过大，管理难度增加。目前国内省辖县数量最多的高达181个。随着省直管县行政改革的进行，省级政府的管辖幅度大幅增加，管理半径是市管县体制下的几倍。这种情况下，信息技术和交通的快速发展能否消解管理难题是个值得商榷的问题。第二，实现省直管后，各级政府的机构设置和人员编制面临挑战。省直管县体制是一项重大的行政改革，必然带来相应的机构改革，难以避免地会因触动既得利益者而受到阻挠。第三，由于各省在地理区位、经济和人口规模、社会关系等方面都存在很大差异，因此不同的省份改革的进程并不一致。

在新的问题下，需要相应地对行政区划进行渐进调整，不能简单地进行强行的全面推行，要从国家治理和行政体制改革的角度来看，考虑行政区划的特点。行政区划的调整，有"牵一发而动全身"的作用，它是涉及地方权、责、利的重新划分，以及与此相伴随的经济社会发展空间、财税运行、干部管理等一系列变化，必须审慎而行。

首先，国家的发展要处于一种稳定而有秩序的环境。在一般情况下，对通过社会公共管理形成的秩序，不可轻易打乱，以避免破坏社会稳定，导致社会动荡不安，阻碍国家的发展。而行政区划的变动必然会影响业已形成的管理秩序，行政区划变动频繁则会危害社会和政治的稳定。因此，大多数国家在地方政府的建构上，总力求保持相对稳定，层次越高的地方政府，其稳定度越大。在湖北的行政区划调整中，相对较小的变动却引发了规模巨大的群体性事件，造成了恶劣的社会影响，甚至冲突中的两个政府至今仍存在隔阂，两个辖区的居民仍存在嫌隙。

其次，地方政府演变过程呈现出渐进性特点。在地方政府系统的演变过程中，呈现出变化缓慢、渐进的特点。只是在社会发生急剧变革的少数情况下，地方政府系统才会出现大规模的全面变革。在通常的情况下，地方政府系统的演变是渐进的。

我国历史上湖广行省、江南行省分置，福建省台湾道设省，都是经过不同朝代内部分管的积淀，分置后的新建制地方政府才呈现出相对稳定性。地方政府演变过程的渐进性，满足国家行政管理的需要，有利于政治上的安定，也有利于社会经济的发展。

改革可以根据幅度大小和速度快慢分为激进式改革和渐进式改革。激进式改革是迅速推翻现有的秩序和价值体系，然后通过强制力迅速建立起新的秩序和价值体系，该种改革所花费的时间少，但权威的建立却需要较长的时间。渐进式改革则在改革过程中，在基本不触动旧秩序和价值的同时，创造条件让新的因素成长起来，待它发展稳定并充分显示其优越性的时候，可以更有力地促进对旧秩序的改革，这是相对代价较低的方法，而且更易于维持社会稳定。

在变革行政区划问题上，使用渐进的改革模式，一则可以提供较充分的试错或检验的机会，二则可避免因决策失误导致无法挽回的后果以及社会动荡，保证改革和发展的基础。

专栏 14.2　湖南、湖北的分置历史

明代（1368—1644 年）初，湖北、湖南属湖广行省。后分全国为十三个布政使司，其中之一为湖广布政使司（治江夏，今武汉市武昌）。在明代中后期，由于社会发展，行省内形成南北两个小分区，分设提学道，其后行省内又分置两巡抚。

清代（1644—1911 年）初仍沿用明制。湖广总督、布政使均驻武昌。至康熙三年（1664 年）分湖广右布政使驻长沙，同年，移偏沅巡抚驻长沙，为两省分置之始，湖广分治，大体以洞庭湖为界，南为湖南布政使司；北为湖北布政使司，正式分置湖北、湖南两省，各以一巡抚为行政长官。

综合考虑行政区划变革的特点，全面推开省直管县体制需要从以下几个方面做起：第一，增加二级行政区划，减少省级政府的管理幅度，通过增设直辖市、分拆个别较大的省份等方式适当增加省的数量，从而缩小省级政府的管幅，避免出现省级管理幅度过大而分身乏术和可能存在的指挥不当。第二，减少三级行政区划。通过强县合并升为地级市和合并弱县来调整县级行政区划。我国县级行政区划的设置并不合理，如河北省所辖县数量为全国第二，仅次于四川省，其人口数量与安徽省、江苏省相近，但其县级单位数量相当于两个省的两倍。同时，我国的部门设置上是"圆筒形"结构，而不是像西方国家的"倒圆锥形结构"，县的数量越多，县级政府管辖幅度越小，财政供养人群越多，县级政府退休人员需要财政供养，在职的行政在编人员和大批编外人员需要财政供养，对于很多弱县来说，财政难以做到自给自足，是名副其实的"吃饭财政"。而对于很多强县来说，受行政区划的影响，难以发挥其辐射带动作用，因此可以考虑升为地级市。多管齐下，才能实现地方行政资源与经济资源的合理配置。第三，针对不同的省份，根据不同的发展状况分类规划。在东南部构建或形成区域经济中心的地区，可以适当扩大管辖范围，以开拓新的发展空间。在西部面积比较大的欠发达地区，由于面积大，经济规模和人口规模较小，改革还不具备紧迫性和必要性，可以只做微小调适。对于中部地区，区域面积较小，人口较多，经济不是很发达，可考虑对弱县和强县进行适当的合并处理，积极推进从财政体制过渡到行政体制意义上的省直管县。

# 参考文献

Francois Perroux, "Economic Space: Theory and Applications", *Quarterly Journal of Economics*, 1950 (1).

Hanson, E. M., "Strategies of Educational Decentralization: Key Questions and Core Issues", *Journal of Educational Administration*, 1998 (5).

Michael C. Jensen, William H. Mecking, "Theory of the Firm: Managerial Behavior, Agency Costs and Ownership Structure", *Joumal of Financial Economics*, 1976, 03 (4).

Russell L. Ackoff, *Redesigning the Future: A System Approach to Social Problem*, New York: Willey, 1974.

［美］科斯等：《财产权利与制度变迁——产权学派与新制度学派译文集》，刘守英等译，上海三联书店、上海人民出版社1994年版。

［法］孟德斯鸠：《论法的精神》，许明龙译，商务印书馆2012年版。

［美］鲁宾：《公共预算中的政治：收入与支出，借贷与平衡》，叶娟丽等译，中国人民大学出版社2001年版。

［美］赫希曼：《经济发展战略》，曹征海等译，经济科学出版社1991年版。

薄贵利：《稳步推进省直管县体制》，《中国行政管理》2006年第9期。

鲍辉、赵长心：《市管县推动了农村经济的全面繁荣》，《经济管理》1983年第3期。

陈岚：《锦绣山河 祖国的版图·名山》，新疆青少年出版社2004年版。

陈天祥：《中国地方政府制度创新的角色及方式》，《中山大学学报》2003年第3期。

陈喜生：《对目前省直管县体制的五点思考》，《当代社科视野》2009年第3期。

崔乃夫：《当代中国的民政》，当代中国出版社1994年版，第190页。

丁肇启、萧鸣政：《省管县新模式"全面直管"改革政策效果分析——基于河南省的研究》，《公共管理学报》2017年第2期。

樊纲：《中国经济体制改革的特征》，载吴敬琏等《渐进与激进——中国改革道路的选择》，经济科学出版社1996年版。

范晓春：《新中国成立初期设立大行政区的历史原因》，《当代中国史研究》2009年第4期。

范晓春：《中国大行政区：1949—1954》，东方出版社2011年版。

方大春、郑垂勇：《强县扩权与县域经济发展》，《农业经济》2006年第7期。

冯蕾：《三年内：从791到27——全国财政困难县数量变化追记》，《光明日报》2007年8月22日第7版。

冯文荣、陈少克：《地方政府行为与县乡财政困难的形成：基于两种预算约束的分析》，《宁夏社会科学》2007年第6期。

高文伟：《常州市实行市管县的情况调查》，《政治与法律》1984年第3期。

宫汝凯、姚东旻：《全面直管还是省内单列：省直管县改革的扩权模式选择》，《管理世界》2015年第4期。

辜胜阻：《市管县四大弊端"扩权强县"五个问题》，《理论导报》2009年3月3日。

韩艺：《省直管县体制改革进程中的市县关系——嬗变、困境与优化》，《北京社会科学》2015年第5期。

郝国庆：《"县财省管"在湖北》，《领导之友》2006年第1期。

何盛明：《中国财政改革20年》，中国古籍出版社1999年版。

何显明：《从"强县扩权"到"扩权强县"——浙江省管县改革的演进逻辑》，《中共浙江省委党校学报》2009年第4期。

何显明：《省管县体制与浙江模式的生成机制及其创新》，《浙江社会科学》2009年第11期。

何显明：《市管县体制绩效及其变革路径选择的制度分析——兼论"复合行政"概念》，《中国行政管理》2004年第7期。

侯桂红：《1978—1999年地区行署的职权新探——以河北省为中心》，《当代中国史研究》2016年第2期。

侯桂红：《一九七八年至二〇〇二年地区（行署）制度利弊探析》，《中共党史研究》2017年第8期。

湖北省经委课题组：《改革市管县体制的研究报告（连载二）——市管县体制的利弊分析》，《当代经济》2006年第5期。

贾康、白景明：《县乡财政解困与财政体制创新》，《经济研究》2002年第2期。

江荣海等：《行署管理——阜阳行署调查》，中国广播电视出版社1995年版。

姜秀敏、戴圣良：《我国"省直管县"体制改革的阻力及实现路径解析》，《东北大学学报》（社会科学版）2010年第4期。

课题组：《完善省以下财政体制增强基层政府公共服务能力》，《财金研究》2009年第14期。

寇明风、王晓哲：《省直管县改革的三维视角：历史经验、西方模式与实践问题》，《地方财政研究》2010年第3期。

劳动人事部编制局编：《机构编制体制文件选编》（上），劳动人事出版社1986年版。

李初升：《从市管县到省管县的轮回之路》，《21世纪经济报道》2006年4月25日。

李达昌：《县级财政：困难和出路》，《财贸经济》1991年第4期。

李丽辉：《中央对地方转移支付效果明显，财政困难县从791个减至27个》，《人民日报》2007年12月16日第1版。

李猛：《"省直管县"改革的经济影响》，《经济学家》2012年第3期。

厉以宁：《超越市场与超越政府》，经济科学出版社1999年版，第22页。

梁朋、张冉燃：《地方债务危局》，《瞭望新闻周刊》2004年第38期。

梁小青：《市管县体制演变与利弊分析》，《现代商业》2008年第36期。

林尚立：《国内政府间关系》，浙江人民出版社1998年版。

刘芳：《河南强县扩权进程中的问题与对策研究》，硕士学位论文，河南农业大学，2009年。

刘佳、马亮、吴建南：《省直管县改革与县级政府财政解困——基于6省面板数据的实证研究》，《公共管理学报》2011年第3期。

刘君德：《中国行政区划的理论与实践》，华东师范大学出版社1996年版。

刘新生：《基层地方政权机构改革的模式研究》，中国社会科学出版社2010年版。

陆军：《省直管县：一项地方政府分权实践中的隐性问题》，《国家行政学院学报》2010年第3期。

罗豪才、宋功德：《坚持法治取向的行政改革》，《行政管理改革》2011年第3期。

罗湘衡：《对市管县和省管县体制的若干思考》，《地方财政研究》2009年第4期。

马骏、刘亚平:《中国地方财政风险研究:"逆向软预算约束"理论的视角》,《学术研究》2005年第11期。

马寅初:《关于华东军政委员会组织条例的报告》,《华东政报》1950年3月7日。

毛捷、赵静:《"省直管县"财政改革促进县域经济发展的实证分析》,《财政研究》2012年第1期。

宁骚主编:《公共政策学》,高等教育出版社2003年版。

潘小娟:《关于推行"省直管县"改革的调查和思考》,《政治学研究》2012年第1期。

庞明礼、马晴:《"省直管县"改革背景下的地级市:定位、职能及其匹配》,《中国行政管理》2012年第4期。

庞明礼:《对"省直管县"改革问题的理性反思》,《武汉科技大学学报》(社会科学版)2009年第11期。

庞明礼:《省管县:我国地方行政体制改革的趋势?》,《中国行政管理》2007年第7期。

庞明礼:《省管县能解决县乡财政困难吗?》,《中国行政管理》2009年第7期。

庞明礼:《市管县的悖论与省管县的可行性研究》,《北京行政学院学报》2007年第4期。

皮建才:《省管县与市管县的比较制度分析》,《中国经济问题》2015年第6期。

浦善新等:《中国行政区划概论》,知识出版社1995年版。

钱其智:《改革地区体制 撤销地区建制》,《中国行政管理》2000年第7期。

乔国栋、张春阳:《汝南"村村通"强行集资还是自愿捐资?》,《中国经济时报》2007年12月25日。

邱哲:《江苏省强县扩权改革的必要性分析》,《辽宁工程技术大学学报》(社会科学版)2007年第1期。

省财政厅预算处：《对我省"省直管县"财政改革情况的调研》，《山西财税》2009年第2期。

石亚军、施正文：《从省直管县财政改革迈向省直管县行政改革——安徽省直管县财政改革的调查与思考》，《中国行政管理》2010年第2期。

石亚军：《中国行政管理体制专项问卷调查数据统计》，中国政法大学出版社2008年版。

舒振发：《县级财政的困难与对策》，《财会月刊》1990年第7期。

孙达山、林晓鸣：《成都市市管县体制改革情况调查》，《理论月刊》1986年第12期。

孙学玉、伍开昌：《当代中国行政结构扁平化的战略构想——以市管县体制为例》，《中国行政管理》2004年第3期。

唐若兰、师丽：《我国县乡财政解困与政府层级改革》，《国家行政学院学报》2007年第1期。

唐在富：《财政"省直管县"改革面临的挑战与出路》，《中国财政》2010年第6期。

王瑾、丁开杰：《社会建设与和谐社会》，浙江人民出版社2007年版。

王娜：《"省直管县"体制下的市县关系新发展——基于复合行政的理念》，《惠州学院学报》（社会科学版）2011年第4期。

王青云：《县域经济发展的理论与实践》，商务印书馆2003年版。

王绍光：《分权的底限》，中国计划出版社1997年版。

王雪丽：《"省直管县"改革：目标定位、认知偏差与理性思考》，《中共浙江省委党校学报》2014年第6期。

王一鸣：《对发展县域经济的几点认识》，《宏观经济研究》2002年第12期。

吴爱明、朱国斌、林震：《当代中国政府与政治》，中国人民大学出版社2010年版。

吴海燕:《"东亚模式"的行政学审视:有限政府的缺失》,《深圳大学学报》2001 年第 6 期。

吴红梅:《县政改革的职能定位与权力配置——省管县的视角》,《成都行政学院学报》2010 年第 1 期。

吴金群:《从市管县到省管县:历史制度主义视角下的变迁逻辑》,《中共杭州市委党校学报》2016 年第 2 期。

吴金群:《统筹城乡发展中的省管县体制改革》,《经济社会体制比较》2010 年第 5 期。

吴帅、陈国权:《中国地方府际关系的演变与发展趋势——基于市管县体制的研究》,《江海学刊》2008 年第 1 期。

辛向阳:《大国诸侯:中国中央与地方关系之结》,中国社会出版社 2008 年版。

许艳娟:《河南省"省直管县"改革道路综述》,《现代商贸工业》2011 年第 3 期。

杨志勇:《省直管县财政体制改革研究——从财政的省直管县到重建政府间财政关系》,《财贸经济》2009 年第 1 期。

叶兵、黄少卿、何振宇:《省直管县改革促进了地方经济增长吗?》,《中国经济问题》2014 年第 6 期。

叶敏:《增长驱动、城市化战略与市管县体制变迁》,《公共管理学报》2012 年第 2 期。

叶前:《广东省直管县试点今年推至全省每市一个省直管县》,中央人民政府网,http://www.gov.cn/jrzg/2011 - 03/07/content_1818627.htm,2002 年 2 月 28 日。

易玉珏:《省直管县财政体制改革研究》,硕士学位论文,湖南大学,2006 年。

袁政:《我国新一轮市管县体制改革思考》,《华中师范大学学报》(人文社会科学版)2012 年第 3 期。

张明庚、张明聚:《中国历代行政区划 公元前 221 年—公元 1991

年》，中国华侨出版社 1996 年版。

张占斌：《"省直管县"改革的经济学解析》，《广东商学院学报》2009 年第 4 期。

张占斌：《城镇化发展与省直管县改革战略研究》，《中国机构改革与管理》2011 年第 2 期。

张占斌：《省直管县体制改革的实践创新》，国家行政学院出版社 2009 年版。

赵建吉、吕可文、田光辉、苗长虹：《省直管能提升县域经济绩效吗？——基于河南省直管县改革的探索》，《经济经纬》2017 年第 3 期。

郑新业、王晗、赵益卓：《"省直管县"能促进经济增长吗？——双重差分方法》，《管理世界》2011 年第 8 期。

郑烨、李金龙：《历史演进、现实困境与法律重构——市管县体制的合宪性问题探究》，《社会主义研究》2011 年第 5 期。

中共河南省委党史研究室编：《中原解放区史》，河南人民出版社 1996 年版。

中共吉林省委党校"扩权强县"政策课题组：《吉林省"扩权强县"政策实施情况的调查报告》，《行政与法》2006 年第 12 期。

《中共中央国务院关于加大统筹城乡发展力度进一步夯实农业农村发展基础的若干意见》，《人民日报》2010 年 2 月 1 日。

《中华人民共和国地方各级人民代表大会和地方各级人民政府组织法》，中国民主法制出版社 2004 年版。

《中央人民政府关于撤销大区一级行政机构和合并若干省、市建制的决定》，《人民日报》1954 年 6 月 20 日。

中共中央文献研究室：《周恩来年谱（1949—1976）》上卷，中央文献出版社 1989 年版。

中央档案馆编：《共和国雏形——华北人民政府》，西苑出版社 2000 年版。

中央机构编制委员会办公室本书编写组编：《中国行政改革大趋势——行政管理体制和机构改革》，经济科学出版社1993年版。

周芙蓉等：《西部县乡财政深陷危机 领导称已无力为民服务》，《经济参考报》2005年11月18日。

周功满：《论省管县体制改革的合法化进路》，《云南社会科学》2010年第3期。

周仕雅：《财政级次制度研究——中国财政级次制度改革互动论》，经济科学出版社2007年版。

朱光磊：《以权力制约权力——西方分权论和分权制评述》，四川人民出版社1987年版。

# 后　记

本书是在我的国家社科基金项目"我国省直辖县体制改革实践模式的跟踪比较研究"结项成果的基础上修改而成的。

2005年年底，国家发改委发布的《中国国民经济和社会发展"十一五"规划纲要》征求意见稿中提出："理顺省级以下财政管理体制，有条件的地方可实行省级直接对县的管理体制。"这句话激起了我的学术兴趣，开始思考省以下政府间关系问题，并逐渐认识到这可能是未来的学术热点问题之一。在此后的十多年里，学术界对省直管县改革问题进行了大量的研究，我本人也发表了多篇论文，并成功申请了2007年的教育部人文社科项目和2011年的国家社科基金项目。

管县改革是包括省直管县财政体制、强县扩权、扩权强县、省直管县行政体制等在内的地方行政体制改革。一般认为，这项改革以2002年浙江的强县扩权改革为起点，2010年达到了顶峰。这中间有县域经济发展的呼声，也有省级政府的主动作为，更有中央政府的政策指导。三者共同推动了这项改革的快速进行。

我曾经非常看好河南的省直管县改革工作。河南省从2014年起对巩义市等十个县（市）全面实行由省直接管理的体制，这是省直管县改革从强县扩权、省直管县财政体制向省直管县行政体制的重大进步，也是经济发展水平一般的中西部辖县大省进行的大胆尝试。然而，因种种原因，这项改革推行四年之后，河南省宣布这十个省直管县回归地级市管理，正式宣告改革中止。我曾在结项报告中详细分析了河南省直管县改革的来龙去脉，但在慎重考虑之后，本书删除了此部分的内容，这也是本书最大的缺憾。我相信，随着信息技术的发展和治理工具多样化，目前省以下政府间关系改革的步伐只是中断而非终止。

在课题研究和本书出版过程中，太多的人给予了帮助和支持。感谢课题组成员万健琳、岳晓、姜原成、李永久、樊建飞、刘东红、徐干的支持与帮助；感谢的我研究生张东方、柯锐、罗慧琳、李艺、王敏杰等同学的辛勤付出；感谢中南财经政法大学徐双敏教授、李明强教授、杜兴洋副教授的关心与指导；感谢中国社会科学出版社李庆红老师的敬业与专业，此书的出版工作被我一拖再拖，如果没有李老师的帮助，还不知道何时能够了却此心事。

受本人的学术视野、研究水平所限，书中观点和资料可能存在不严谨甚至错误之处，其产生的所有文责均由本人承担。

庞明礼

2020 年 3 月 5 日

Slocombe, K. E. & Zuberbühler, K. (2007), "Chimpanzees Modify Recruitment Screams as a Function of Audience Composition", *Proceedings of the National Academy of Sciences*, Vol. 104, No. 3.

Smith, L. B., "Childrenps noun Learning: How General Learning Processes Make Specialized Learning Mechnisms", in MacWhinney, B. (1999), *The Emergence of Language*, Mahwah, New Jersey: Lawrence Erlbaum Associates, Publisher.

Smith, A. D. M., Smith, K. & Ferrer-i-Cancho, R. (2008), *The Evolution of Language: Proceedings of the 7th International Conference*. Singapore: World Scientific Press.

Smith, T. M., Toussaint, M., Reid, D. J., Olejniczak, A. J. & Hublin, J. J. (2007), "Rapid dental development in a Middle Paleo-lithic Belgian Neanderthal", *Proc Natl Acad Sci USA*, Vol. 105, No. 3。

Smith, A., Marieke S. & Bart de Boer (2010), *The Evolution of Language. Evolution of Language: Proceeding of the 8th International Conference*, New York: World Scientific.

Snow, C. E. (1999), "Social Perspectives on the Emergence of Language", in MacWhinney, B. (ed.), *The Emergence of Language*, Mahwah, New Jersey: Lawrence Erlbaum Associates Publishers.

Sporns, O. (2011), *Networks of the Brain*, Cambridge, MA: MIT Press.

Sprachwissenschaft. 姚小平（译）达尔文理论与语言学——致耶拿大学动物学教授、动物学博物馆馆长恩斯特·海克尔先生,《方言》2008 年第 4 期。

Stanford, C. B., "Cognition, Imitation, and Culture in the Great apes", in Arbib M. A. (2006), *Action to Language via the Mirror Neuron System*, Cambridge: Cambridge University Press, pp. 91 – 109.

Starostin, S. (1995), "Old Chinese Vocabulary: a Historical Perspective", in: Wan g WSY (ed.) The Ancestry of the Chinese Language, Berkeley: *Journal of Chinese Linguistics*, Vol. 2, No. 2.

Steels, L. (2005), "The Emergence and Evolution of Linguistic Structure: From Lexical to Grammatical Communication Systems", *Connect Sci*,

Vol. 17, No. 3.

Steels, L., "Cognition and Social Dynamics Play a Major Role in the Formation of Grammar", in Bickerton D., Szathmáry E. (2009), *Biological Foundations and Origin of Syntax*, Cambridge, MA: MIT Press, pp. 345 – 368.

Steels, L. (2011), "Modeling the Cultural Evolution f Language", *Physics of Life Reviews*, Vol. 21, No. 8.

Swain, M. (1985), "Communicative Competence: Some rorl of Comprehensible Input and Comprehensible Output in its Development", in S. Gass & C. Madden (eds.), *Input in Second Language Acquisition*, Rowley, MA.: Newbury House.

Tallerman, M. (2005), *Language Origins: Perspectives on Evolution*, Oxford: Oxford University Press.

Thompson. G. (2011), 国内有关反对进化论的文章汇总, http://meeting.dxy.cn/72/article/i7867.html.

Tomasello, M. (2004), "What Kind of Evidence could Refute UG Hypothesis: Commentary on Wunderlich", *Studies in Language*, Vol. 28, No. 3.

Trask, R. L. (1997), *A Student's Dictionary of Language and Linguistics*, London/New York: Arnold.

Trey Hedden, Sarah Ketay, Arthur Aron, et al. (1997), Chysel Hill, N.C.: Linguistic Association. *Cultural Influences on Neural Substrates of Twenty-Third Locus Forum*, Ullman M. T., S. Corkin, M. Coppola, et al. (1997), "A Neural Dissociation within Language: Evidence that the Mental Dictionary Is Part of Declarative Memory, and that Grammatical Rules Are Processed by the Procedural System", *Journal of Cognitive Neuroscience*, Vol. 9, No. 2.

Umiltà M. A., Kohler E., Gallese V., Fogassi L., Fadiga L., Keysers C. & Rizzolatti G. (2001), "I know what you are doing", *A neurophysiological study*, Vol. 31, No. 1.

Valdés, G., Fishman, J., Chávez, R. & Pérez, W. (2006) *Developing Minority Language Resources: the Case of Spanish in California*, Clevedon:

Multilingual Matters.

Valdés, G. (2005), "Bilingualism, Heritage Language Learners and SLA Research: Opportunities Lost or Seized?" *Modern Language Journal*, Vol. 89, No. 3.

Valdés, G., "Heritage Language Students: Profiles and Possibilities", in Peyton J. K., Ranard D. A., McGinnis S. (eds.) (2001), *Heritage languages in America: Preserving a national resource*, Washington, DC&McHertry, IL: Center for Applied Linguistics&Delta Systems, pp. 37 – 77.

Van Deusen-scholl, N. (2003), "Toward a Definition of Heritage Language: Sociopolitical and Pedagogical Considerations", *Journal of Lanugage, Identity, and Education*, Vol. 21, No. 2.

Van Heijningen C. A. A., De Visser J., Zuidema W., Ten Cate C. (2009), "Simple Rules can Explain Discrimination of Putative Recursive Syntactic Structures by a Songbird Species", *Proc Natl Acad Sci USA*, Vol. 106, No. 3.

Varela, F., E. Thompson & E. Rosch (1991), *The Embodied Mind: Cognitive Science and Human Experience*, Cambridge, MA: MIT Press.

Wang, W. S. Y. (1995), "The Ancestry of the Chinese Language. Berkeley", *Journal of Chinese Linguistics Monograph*, Vol. 21, No. 8.

Watkins K. N., Dronkers N., Vargha-Khadem F. (2002), "Behavioral Analysis of an Inherited Speech and Language Disorder: Comparison with Acquired Aphasia", *Brain*, Vol. 125, No. 3.

Wen-Jui Kuo, Tzu-Chen Yeh, Jun-Ren Lee, et al. (2004), "Orthographic and Phonological Processing of Chinese Characters: an fMRI Study". *NeuroImage*, Vol. 21, No. 3.

White S. A., Fisher S. E., Geschwind D. H., Scharff C. & Holy T. E. (2006), *Singing mice, songbirds, and more: Models for FOXP2 function and dysfunction in human speech and language.*

William S-Y. Wang, (1991), *The Emergence of Language: Development and Evolution*, W. H. Freeman and Company. (语言涌现：发展与进化，林幼菁译，"中央"研究院语言学研究所，中国台湾，2008)

Wittenberg, G., Sullivan, M. & Tsien, J. (2002), "Synaptic Reentry Reinforcement based Network Model for Long-term Memory Consolidation", *Hippocampus*, Vol. 12, No. 1.

Wong, Y. W. (2009), "Report: Conference in Evolutionary Linguistics I, Guangzhou", *Journal of Chinese Linguistics*, Vol. 37, No. 3.

Wray, A. (2002), *The Transition to Language*, Oxford: Oxford University Press.

Zuberbühler, K. (2000), "Causal Cognition in A Non-human Primate: Field Playback Experiments with Diana Monkeys", *Cognition*, Vol. 76, No. 3.

Zuberbühler, K. (2002), "A Syntactic Rule in Forest Monkey Communication", *Animal Behavior*, Vol. 21, No. 3.

Zwart, J. (2011), "Recursion in Language: A Layered-Derivation Approach", *Biolinguistics*, Vol. 5, No. 1-2.

陈建民:《语言文化社会新探》,上海教育出版社 1989 年版。

楚行军:《语言进化研究动态一瞥——记第六届语言进化国际研讨会》,《现代外语》2006 年第 4 期。

[英] 达尔文:《物种起源》,舒德干等(译),陕西人民出版社 1999 年版。

[英] 达尔文:《人类的由来及性选择》,叶笃庄、杨习之译,科学出版社 1984 年版。

[英] 达尔文:《人类与动物的情绪表达》,曹骥译,科学出版社 1996 年版。

代天善:《普遍语法与语言范式——从哲学、心理学到生物学的历程》,《自然辩证法研究》2002 年第 2 期。

代天善:《生物学范式下的语言研究综述》,《现代外语》2007 年第 3 期。

董粤章、张韧:《语言生物机制研究的新视野:FOXP2 与人类语言机能》,《东北大学学报》(社会科学版) 2009 年第 4 期。

[法] 福尔迈:《进化认识论》,舒远招译,武汉大学出版社 1994 年版。

傅玉:《最简方案框架下的局域性研究新进展——〈理解最简句法〉述评》,《山东外语教学》2010 年第 5 期。

顾曰国：《当代语言学的波形发展主题二：语言、人脑与心智》，《当代语言学》2010年第4期。

桂诗春：《新编心理语言学》，上海外语出版社2000年版。

桂诗春：《语言与交际新观》，《外语教学与研究》2012年第5期。

何晓炜：《语段及语段的句法推导——Chomsky近期思想述解》，《外语教学与研究》2007年第5期。

[德] 赫尔德：《论语言的起源》，姚小平译，商务出版社1998年版。

冀小婷：《关于复杂系统与应用语言学——拉尔森·弗里曼访谈》，《外语教学与研究》2008年第5期。

乐眉云：《自然发生论：语言习得新理论》，《外语研究》2003年第4期。

李朝：《叶斯伯森论语言的变化》，《外语教学与研究》2000年第6期。

林俊男：《从生物、心理、符号角度解读Affordance理论意义》，博士论文，台湾云林科技大学工业设计研究，1998年。

刘颂浩：《第二语言习得导论：对外汉语教学视角》，世界图书出版公司2004年版。

刘润清：《西方语言学流派》，外语教学与研究出版社2002年版。

刘小涛、何朝安：《从动物语言到人类语言的进化》，《哲学动态》2010年第6期。

刘振前：《第二语言习得关键期假说研究评述》，《当代语言学》2003年第2期。

[美] 乔姆斯基：《乔姆斯基语言学文集》，宁春岩（译），湖南教育出版社2002年版。

宁春岩：《乔姆斯基的语言哲学观》，2010年10月（http://www.chomsky-in-asia.info/onchomsky）。

宁春岩：《普遍语法》，《中国外语》2011年第2期。

牛龙菲：《人文进化学——一个元文化学的研究札记》，甘肃科学技术出版社1988年版。

裴文：《关于语言起源的假说与现代研究》，《徐州师范大学学报》2002年第2期。

[法] 齐科：《第二次达尔文革命——用进化论解释人类学习的过程》，赖春、赵勇译，华东师范大学出版社2007年版。

钱冠连:《语言全息论》,商务印书馆 2002 年版。

[美] 乔姆斯基:《乔姆斯基语言哲学文选》,徐烈炯、尹大贻、程雨民译,商务印书馆 1992 年版。

[美] 乔姆斯基:《如何看待今天的生物语言学方案》,司富珍译,《语言科学》2010 年第 2 期。

邱春安:《生成语法的生物语言观》,《安徽工业大学学报》(社会科学版) 2008 年第 1 期。

任绍曾:《叶斯伯森语言观研析》,《外语教学与研究》2004 年第 4 期。

盛炎:《语言教学原理》,重庆出版社 1990 年版。

[美] 史迪芬·S. 平克《语言本能:探索人类语言进化的奥秘》,洪兰译,汕头大学出版社 2004 年版。

舒远招:《从进化的观点看知识——福尔迈进化认识论研究》,湖南教育出版社 2000 年版。

司富珍:《语言论题:乔姆斯基生物语言学视角下的语言与语言研究》,中国社会科学出版社 2008 年版。

王巍、寇世琪:《追寻人类语言的来源——析乔姆斯基与皮亚杰、普特南的哲学争论》,《自然辩证法通讯》1998 年第 2 期。

王强,龚涛:《2008 第七届语言进化国际研讨会纪要》,《现代外语》2009 年第 4 期。

王士元:《语言涌现:发展与进化》,林幼菁译,台湾"中央"研究院语言研究所(Institute of Linguistics, Academia Sinica) 2008 年版。

王士元:《进化语言学的进化》,南开大学主办的第二届进化语言学研讨会会议论文,天津,2010 年 5 月。

王士元:《进化语言学中的电脑建模》,《北京大学学报》2006 年第 2 期。

王士元、李葆嘉:《汉语的祖先》,中华书局 2008 年版。

王士元:《语言进化的探索》,Raung-fu Chung(钟荣富)、Hsien-Chin Liou(刘显亲)、Jia-ling Hsu(胥嘉陵), and Dah-an Ho(何大安)(Eds):《门内日与月:郑锦全先生七十寿庆论文集》,台湾中研院 2006 年版。

王士元:《语言、进化与大脑》,商务印书馆 2011 年版。

王世龙:《语言机能:是什么,谁拥有,怎样进化而来?"述评》,《暨南大学华文学院学报》2007 年第 4 期。

吴文：《生物语言学：历史与进化》，《外国语文》2012 年第 5 期。

吴文：《〈语言进化〉述介》，《江苏外语教学研究》2012 年第 2 期。

吴文：《从动物语言到人类语言进化研究综述》，《浙江外国语学院学报》2012 年第 4 期。

吴文：《生物语言学及术语考究》，《中国科技术语》2012 年第 2 期。

吴文：《语言学研究范式转向：从转换生成语法到语言突现》，《天津外国语大学学报》2012 年第 4 期。

吴文：《生物语言学研究综述》，《外国语言文学》2013 年第 2 期。

吴文：《论达尔文的"乐源性语言进化理论"》，《山东外语教学》2013 年第 4 期。

吴文：《语言进化本质初探》，《西安外国语大学学报》2013 年第 2 期。

吴文：《乔姆斯基的进化—发育观评价》，《天津外国语大学学报》2013 年第 1 期。

吴文：《语言学研究的生物学范式转向：乔姆斯基近期语言学思想述评》，《北京第二外国语学院学报》2013 年第 12 期。

吴文：《语言进化本质研究：历史与展望》，《北京第二外国语学院学报》2014 年第 4 期。

吴文：《再读赫尔德的〈语言的起源〉》，《浙江外国语学院学报》2014 年第 2 期。

吴文、李森：《社会文化视野下的生态语言教学观》，《山东外语教学》2009 年第 6 期。

吴文、潘康明：《亚洲语境下任务型语言教学研究》，《现代外语》2012 年第 3 期。

吴文、郑红苹：《论乔姆斯基的语言进化论倾向——与刘小涛、何朝安的商榷》，《外国语》2012 年第 1 期。

吴会芹：《"语言官能"假说之争中的高端对决》，《外国语》2009 年第 4 期。

谢玉杰、鲁守：《"语言机能"述评》，《当代语言学》2005 年第 1 期。

徐烈炯：《生成语法理论》，外语教学与研究出版社 1982 年版。

杨梅:《基于处理器的语言涌现观——William O'Grady 访谈》,《现代外语》2009 年第 4 期。

[德] 奥古斯特·斯莱歇尔:《达尔文理论与语言学——致耶拿大学动物学教授、动物学博物馆馆长恩斯特·海克尔先生》,姚小平译,《方言》2007 年第 4 期。

袁晓红、刘桂玲:《语言研究中的生物观》,《外语学刊》2008 年第 4 期。

张梦井:《达尔文的"语言观"》,《文化长廊》1994 年第 2 期。

张伟琛、金俊歧:《乔姆斯基语言先天性思想》,《自然辩证法通讯》1999 年第 3 期。

朱枫:《防守与竞争机制与二语句子加工》,《苏州大学学报》2010 年第 4 期。

祝畹瑾:《社会语言学概论》,湖南教育出版社 1994 年版。

# 附 件

# 标题含有"生物语言学"的论文列表

**Apendix**: Chronological list of publications with "biolinguistic(s)" in the title

外文
**1950s**
1. Myskens, J. H. & Ross, H. B. (1958), *Speech Therapy from the Bio-Linguistic Point of View, With Organized Exercises for Public School Classes*, H. B. Ross.

2. Meader, C. L. & Muyskens, J. H. (1959), *Handbook of Biolinguistics*, Toledo, OH: Herbert C. Weller.

**1980s**
1. Von Raffler-Engel, W. (1984), *A Contribution to Biolinguistics: The Synchronous Development of Language & Kinesics*, Duisburg: L. A. U. D. T.

2. Jenkins, L. (1988), Second Language Acquisition: A Biolinguistic Perspective, in S. Flynn & W. O'Neil (eds.), *Linguistic Theory in Second Language Acquisition* (pp. 109 – 116). Dordrecht: Kluver.

**From 1990 to 2009**
1. Jenkins, L. (1997), *Biolinguistics-structure, development and evolution of language*, in V. Solovyev (ed.), The 40th Anniversary of Generativism. special issue of Web Journal of Formal, Computational and Cognitive Lin-

guistics [available at: http://fccl.ksu.ru/papers/gp008.pdf].

2. Jenkins, L. (2000), *Biolinguistics: Exploring the Biology of Language*, Cambridge: Cambridge University Press.

3. Kelemen, J., Kelemenová, A. & Mitrana, V. (2001), "Towards biolinguistics, *Grammars*", Vol. 4, No. 3.

4. Givón, T. (2002), *Bio-linguistics: The Santa Barbara Lectures*, Amsterdam: Benjamins.

5. Fujita, K. (2002), *Review of Biolinguistics by L. Jenkins* (2000), Gengo Kenkyu, 121, 165 - 178.

6. Fujita, K. (2003), "Progress in Biolinguistics-geneses of Language—A View from Generative Grammar", *Viva Origino*, Vol. 31, No. 2.

7. Cheng, B. Y. M., Carbonell, J. K. & Seetharaman, J. (2004), *Biolinguistics: The Use of Analogies for Interdisciplinary Research*. Manuscript [available at: http://www.andrew.cmu.edu/course/60 - 427/aisd/biolinquistics.pdf].

8. Chomsky, N. (2004a), "The Biolinguistic Perspective after Fifty Years", *Quaderni del Dipartimento di Linguistica*-Università di Firenze, Vol. 14, No. 2.

9. Chomsky, N. (2004b), *Biolinguistics and the Human Capacity*, Lecture delivered at MTA, Budapest, May 17, 2004 [available at: http://www.chomsky.info/talks/20040517.htm].

10. Jenkins, L. (ed.) (2004), *Variation and Universals in Biolinguistics*. Amsterdam: elsevier.

11. Madhavi Ganapathiraju, N., Balakrishnan-raj, R. &Klein - seetharaman, J. (2004), *Biolinguistics: Analogy of Speech and Language Processing in Computational Biology*, Manuscript [available at: http://www.cs.cmu.edu/~madhavi/publications/biolinguisticsfinal.pdf].

12. Lothmann, T. (2005), *Psycholinguistics, Neurolinguistics, Biolinguistics*, Manuscript [available at: http://www.narr-studienbuecher.de/downloads/psycholinguistics.pdf].

13. Aaron, P. G. & Joshi, R. M. (2006), "Written Language is as Nat-

ural as Spoken Language: A Biolinguistic Perspective", *Reading Psychology*, 27 (4), 263 – 311.

14. Bird, S. (2006), "Biolinguistics: What is it, Who does it, and How should it Proceed?" *Chomskyan Studies*, Vol. 1, No. 2.

15. Jenkins, L. (2006), "Explanation in Biolinguistics", *Linguistic Variation Year Book*, Vol. 6, No. 1.

16. Rosselló, J. & Martín J. (eds.) (2006), *The Biolinguistic Turn, Issues on Language and Biology*, Barcelona: Publicacions Universitat de Barcelona.

17. Lee, S. W. (2006), "Chomsky and Biolinguistics", *Chomskyan Studies*, Vol. 1, No. 1.

18. Boeckx, C. & Grohmann, K. K. (2007), "The Biolinguistics Manifesto", *Biolinguistics*, Vol. 1, No. 1.

19. Chomsky, N. (2007), "Biolinguistic Explorations: Design, Development, Evolution", *International Journal of Philosophical Studies*, Vol. 15, No. 1.

20. Di Sciullo, A. M. (2007). "A Remark on Natural Language Processing from the Biolinguistic Perspective", in H. Fujita & D. M. Pisanelli (eds.), *New Trends in Software Methodologies, Tools and Techniques* (pp. 126 – 144), Amsterdam: IOS Press.

21. Epstein, S. D. & Seely, D. T. (2007), "The Anatomy of Biolinguistic Minimalism", *Biolinguistics*, Vol. 1, No. 1.

22. Labelle, M. (2007), "Biolinguistics, the Minimalist Program, and Psycholinguistic Reality", *Snippets*, Vol. 14, No. 2.

23. Larini, G. (2007), "Biolinguistica e cognitivismo nelle lingue classiche", *Pragma*, Vol. 30, No. 2.

24. Boeckx, C. & Grohmann, K. K. (2008), "A Brief Note on the Scope of Biolinguistics", *Biolinguistics*, Vol. 2, No. 1.

25. Hauser, M. & Bever, T. (2008), "A Biolinguistic Agenda", *Science*, Vol. 332, No. 7.

26. Ladd, D. R., Dediu, D. & Kinsella, A. R. (2008), "Languages

and Genes: Reflections on Biolinguistics and the Nature-nurture Question", *Biolinguistics*, Vol. 2, No. 1.

27. Piattelli-palmarini, M. & Uriagereka, J. (2008), "Still a Bridge too Far? Biolinguistic Questions for Grounding Language on Brains", *Physics of Life Reviews*, Vol. 5, No. 2.

28. Wildgen, W. (2009), "Sketch of an Evolutionary Grammar based on Comparative Biolinguistics", in L. Röska – hardy & E. M. Neumann – held (eds.), *Learning from Animals? Examining the Nature of Human Uniqueness* (pp. 45 – 59), Hove/New York: Psychology Press.

29. Boeckx, C. & Grohmann, K. K. (2009), "A Brief Note on the Scope of Biolinguistics", *Biolinguistics*, Vol. 3, No. 1.

30. Boeckx, C. & Grohmann, K. K. (2009), "Introducing Special Issues in Biolinguistics", *Biolinguistics*, Vol. 3, No. 2 – 3.

31. Fitch, W. T. (2009), "Prolegomena to a Science of Biolinguistics", *Biolinguistics*, 3 (4), 283 – 320.

32. Postal, P. M. (2009), "The Incoherence of Chomsky's 'biolinguistic' Ontology", *Biolinguistics*, Vol. 3, No. 1.

**From 2010 till Now**

1. Benítez-burraco, A. & Longa, V. M. (2010), "Evo-Devo-Of Course, But Which One? Some Comments on Chomsky's analogies between the Biolinguistic Approach and Evo-devo", *Biolinguistics*, Vol. 4, No. 1.

2. Di Sciullo, A. M. (2010), "The biolinguistics Network", *Biolinguistics*, Vol. 4, No. 1.

3. Narita, H. & Fujita, K. (2010), "A naturalist Reconstruction of Minimalist and Evolutionary Biolinguistics", *Biolinguistics*, Vol. 4, No. 1.

4. Benítez-Burraco, A. & V. M. Longa (2010), "Evo-Devo-Of Course, But Which One? Some Comments on Chomsky's Analogies between the Biolinguistic Approach and Evo-Devo", *Biolingistics*, Vol. 4, No. 1.

5. Narita, H. & K. Fujita (2010), "A Naturalist Reconstruction of Minimalist and Evolutionary Biolinguistics", *Biolinguistics*, Vol. 4, No. 1.

6. Berwick, R. C. (2010), "Syntax Facit Saltum Redux: Biolinguistics

and the Leap to Syntax", in A. M Di Sciullo & C. Aguero (eds.), *Biolinguistic Investigations*, Cambridge, MA: MIT Press [available at: http://alphaleonis. lids. mit. edu/~ berwick/Publications _ files/syntax-facit-saltumv3. pdf].

7. Berwick, R. C. & Chomsky, N. (2010), "The Biolinguistic Program: the Current State of its Evolution and Development", In A. M Di Sciullo & C. Aguero (eds.), *Biolinguistic Investigations*, Cambridge, MA: MIT Press [available at: http://alphaleonis. lids. mit. edu/~ berwick/Publications_ files/mitpress-biolinguistics. pdf].

8. Berwick, N. & Chomsky, N. (2011), "The Biolinguistic Program: The Current State of its Evolution", in A. M. Di Sciullo & C. Boeckx (eds.), *The Biolinguistic Enterprise, New Perspectives on the Evolution and Nature of the Human Language Faculty*, Oxford: Oxford University Press.

9. Boeckx, C. (2011), "Some Reflections on Darwin's Problem in the Context of Cartesian Biolinguistics", in A. M. Di Sciullo & C. Boeckx (eds.), *The Biolinguistic Enterprise, New Perspectives on the Evolution and Nature of the Human Language Faculty*, Oxford: Oxford University Press.

10. Di Sciullo, A. M. (2011), "A Biolinguistic Approach to Variation", in A. M. Di Sciullo & C. Boeckx (eds.), *The Biolinguistic Enterprise, New Perspectives on the Evolution and Nature of the Human Language Faculty*, Oxford: Oxford University Press.

11. Di Sciullo A. M. & Boeckx, C. (2011), "Introduction: Contours of the Biolinguistic Research Agenda", in A. M. Di Sciullo & C. Boeckx (eds.), *The Biolinguistic Enterprise, New Perspectives on the Evolution and Nature of the Human Language Faculty*, Oxford: Oxford University Press.

12. Jenkins, L. (2011), "Biolinguistic Investigations: Genetics and Dynamics", in A. M. Di Sciullo & C. Boeckx (eds.), *The Biolinguistic Enterprise, New Perspectives on the Evolution and Nature of the Human Language Faculty*, Oxford: Oxford University Press.

13. Longobardi, G. & Guardiano, C. (2011), "The Biolinguistic Program and Historical Reconstruction", in A. M. Di Sciullo & C. Boeckx

(eds.), *The Biolinguistic Enterprise, New Perspectives on the Evolution and Nature of the Human Language Faculty*, Oxford: Oxford University Press.

14. Manzini, R. & Savoia, L. (2011), "(Bio) linguistic Diversity", in A. M. Di Sciullo & C. Boeckx (eds.), *The Biolinguistic Enterprise, New Perspectives on the Evolution and Nature of the Human Language Faculty*, Oxford: Oxford University Press.

15. Augustyn, P. (2012), "What Connects Biolinguistics and Biosemiotics?" *Biolinguistics*, Vol. 6, No. 1.

16. Johansson, S. (2012), "Biolinguistics or Physicolinguistics? Is the Third Factor Helpful or Harmful in Explaining Language?" *Biollinguistics*, Vol. 6, No. 1.

17. Watumull, J. (2012), "Biolinguistics and Platonism: Contradictory or Consilient?" *Biolinguistics*, Vol. 6, No. 1.

18. Jenkins, L. (2013), "Biolinguistics: A Historical Perspective", in C. Boeckx, K. K. Grohmann (eds.), *The Cambridge Handbook of Biolinguistics*, Cambridge University Press.

19. Piattelli-palmarini, M. (2013), "Biolinguistics Yesterday, Today and tomorrow", in C. Boeckx, K. K. Grohmann (eds.), *The Cambridge Handbook of Biolinguistics*, Cambridge University Press.

20. McGilvrary, J. (2013), "The Philosophical Foundations of Biolinguistics", in C. Boeckx, K. K. Grohmann (eds.), *The Cambridge Handbook of Biolinguistics*, Cambridge University Press.

21. Wexler, K. (2013), "Luria's Biolinguistics Suggestion and the Growth of Language", in C. Boeckx, K. K. Grohmann (eds.), *The Cambridge Handbook of Biolinguistics*, Cambridge University Press.

22. Okanoya, K (2013), "Birdsong for Biolinguistics", in C. Boeckx, K. K. Grohmann (eds.), *The Cambridge Handbook of Biolinguistics*, Cambridge University Press.

23. Bickerton, D. (2014), "Some Problems for Biolinguistics", *Biolinguistics*, 8 (1).

24. Leivada, E. (2014), *From Comparative Linguistics to Comparative*

(*Bio*) *linguistics*: *Reflections on Variation*, Vol. 8, No. 1.

**中文**

1. 傅顺华:《论乔姆斯基生物语言学范式下的语言研究转向》,《长沙理工大学学报》2016 年第 5 期。
2. 李硕、郭会会:《乔姆斯基生物语言学视角下的第二语言理解能力培养研究》,《开封教育学院学报》2016 年第 6 期。
3. 王强:《经典生物语言学的三大原则及其与现当代生物语言学的关联》,《外国语》2016 年第 3 期。
4. 杨烈祥:《生物语言学的哲学基础》,《语言教育》2015 年第 4 期。
5. 杨烈祥:《生物语言学的论题和前瞻》,《语言与翻译》2015 年第 3 期。
6. 孔慧芳、袁婧:《〈音系结构:来自生物语言学的视角〉述评》,《教育生物学杂志》2015 年第 1 期。
7. 段胜峰、吴文:《生物语言学视野中"儿童语言习得关键期"推析》,《外语学刊》2014 年第 6 期。
8. 陈建祥:《生物语言学研究综述》,《盐城工学院学报》(社会科学版) 2014 年第 2 期。
9. 丁立福:《〈人类语言进化:生物语言学视角〉评介》,《外语教学与研究》2014 年第 3 期。
10. 李雯:《语言的生物演化研究——〈人类语言演化:生物语言学视角〉评介》,《中南林业科技大学学报(社会科学版)》2013 年第 5 期。
11. 李慧:《后基因组时代的生物语言学研究》,《外语学刊》2013 年第 1 期。
12. 吴文:《生物语言学研究综述》,《外国语言文学》2013 年第 2 期。
13. 晋小涵:《语言研究的新发展——从生物语言学到神经语言学的嬗变》,《西华大学学报》(哲学社会科学版) 2013 年第 3 期。
14. 司艳辉、康光明:《"先天与后天"语言习得的生物语言学诠释》,《哈尔滨学院学报》2012 年第 4 期。

15. 吴文：《"生物语言学"及术语考究》，《中国科技术语》2012年第2期。

16. 吴文：《简论生物语言学的发展》，《郑州师范教育》2012年第2期。

17. 何丽萍：《生成语法理论：生物学角度的语言研究——〈语言论题——乔姆斯基生物语言学视角下的语言和语言研究〉评介》，《求索》2012年第9期。

18. 吴文：《生物语言学：历史与进化》，《外国语文》2012年第5期。

19. ［西］塞得里克·鲍克斯：《生物语言学：释惑与展望（英文）》，《语言科学》2011年第5期。

20. 李文龙、万晓卉：《语言理据的生物学阐释——〈语言论题：乔姆斯基生物语言学视角下的语言和语言研究〉评介》，《伊犁师范学院学报》（社会科学版）2011年第4期。

21. 胡朋志：《理性·科学·跨学科——从有关"语言机能"的论辩看生物语言学的研究方法》，《山东外语教学》2011年第3期。

22. ［美］诺姆·乔姆斯基：《如何看待今天的生物语言学方案》，司富珍、黄正德、沈阳译，《语言科学》2010年第2期。

23. 李芝：《S. Pinker的生物语言学思想评析》，《北京林业大学学报》（社会科学版）2010年第4期。

24. 王世龙：《从生物语言学角度论语言、思维、交流三者之间的关系》，《文教资料》2010年第5期。

25. 俞建梁：《内在论·最简主义·生物语言学——〈生成语法研究〉评介》，《山东外语教学》2008年第3期。

26. 王强：《2007年意大利生物语言学国际研讨会纪要》，《语言科学》2007年第6期。

27. 刘宁、李小华：《生物语言学视野中的英语拟声词习得》，《文教资料》2006年第32期。

28. ［美］L. Jenkins、唐玉柱：《〈生物语言学〉述评》，《当代语言学》2004年第4期。

29. 卫志强：《生物语言学》，《语文建设》1998年第5期。